바울의 가시

나는 조현병 환자다

개정증보판

바울의 가시

나는 조현병 환자다

개정증보판

옥탑방 프로덕션

들어가는 말

제가 이 책을 통해 무엇을 자랑 할 수 있을까요?
제가 이 책을 통해 무엇을 간증 할 수 있을까요?
언젠가 소중한 친구가 저를 걱정하며 말했습니다.

"요즘 대한민국 사회가 혐오하는 집단이 있는데, 그중 하나는 기독교인들이고 다른 하나는 조현병 환자들이야. 네가 책을 통해 세상에 알려지는 게 한편으론 걱정이 돼."

친구의 말대로 저는 조현병에 걸린 기독교인입니다.
그런 제가 이 책을 통해 무엇을 말할 수 있을까요?

저는 하나님을 알기 전,
마음도 행동도 악하고 약한 사람이었습니다.
그로 인해 세상의 다양한 고통과 깊은 좌절을 겪었습니다.
되돌아보면 그 시간들이 이 책을 위해 존재했다고 생각합니다.
책을 만들지 않았다면 그 시간들은 아무 의미도 없을 것입니다.

하나님은 제 삶의 어둠을 빛으로 드러내시고
하나님은 제 실패를 그분의 성공으로 바꾸셨습니다.
하나님이 변화시킨 제 삶을 책을 통해 증거하고 싶었습니다.
또한 저처럼 힘들고 아픈 길을 걷고 있는 많은 사람들에게
하나님의 사랑과 위로를 전하고자 용기 내어 이 글을 썼습니다.

이 책은 24개의 에피소드와 짧은 묵상,
그리고 8개의 외부원고로 구성되어 있습니다.

1화부터 8화까지는 하나님 없이 살다 조현병으로 인해 겪은 고통을, 9화부터 16화까지는 하나님이 조현병을 통해 주신 생명을, 17화부터 24화까지는 하나님이 조현병을 통해 일하신 축복을, 마지막 외부 원고는 제가 만난 귀한 분들의 나눔을 담았습니다.

첫 번째 큰 목차인 '1부 고통의 가시'에서는

죄악으로 인해 몸과 마음, 영혼까지 병들었던 제 이야기를 있는 그대로 전달하려 노력했습니다. 한편, 나 자신을 꾸미거나 미화하지 않고 죄악 된 본성을 있는 그대로 말하고 싶었습니다. 우리는 무한경쟁과 물질만능주의, 성과 중심의 팍팍한 사회에서 살아갑니다. 때로는 가해자로 때로는 피해자로 살며 죄를 짓습니다. 하나님이 아닌 세상 가치관을 따라 살 때 인생이 얼마나 비참한 지 제 경험을 통해 보여주고 싶었습니다.

두 번째 큰 목차인 '2부 생명의 가시'에서는

하나님을 만나고 말씀을 통해 회복되어 가는 과정을 고백했습니다. 크고 작은 일상 속에서 조금씩 하나님의 은혜를 깨달아 가는 과정을 담았습니다. 하나님으로 인해 인생에 대한 자세와 시선이 변할 수 있음을 증거하고 싶었습니다. 이처럼 하나님의 형상으로 새 생명을 얻어가는 과정을 독자들과 함께 나누고 싶습니다.

세 번째 큰 목차인 '3부 축복의 가시'에서는

정신 질환과 같은 아픔을 가진 환자들과 가족들에게 책을 통해 위로와 희망을 주고 싶었습니다. 저 역시 아직도 이 병에서 완전히 자유롭지 않습니다. 하지만 하나님은 그 고통 가운데서도 크고 놀라운 사명을 감당하게 해주셨습니다. 그러니 끝까지 포기치 않고 살아내어 달라고 부탁하고 싶습니다. 언젠가 하나님은 당신의 인생을 통해 세상을 아름답게 변화시킬 것입니다.

마지막 큰 목차인 '4부 나눔의 가시'에서는

『바울의 가시』 책을 통해 만났던 분들의 외부 원고로 이루어졌습니다. 오래전부터 알고 지낸 인생의 스승부터 당사자와 가족에 이르기까지 다양한 분들의 목소리를 담았습니다. 또한 전문가들의 원고를 통해 이 책이 더 전문적이고 풍성하게 만들어 졌습니다. 바울의 가시는 저만의 책이 아닌 함께 만들어가는 책이 되었습니다.

제게 이 한 권의 책은 매우 특별한 의미가 있습니다. 이 책이 없었다면 저는 평생 죄인처럼 조현병을 숨기고 살았을 겁니다. 하지만 책을 통해 제 연약함과 아픔을 드러낼 수 있었습니다. 그리고 다른 이들과 함께 간증을 나눌 수 있었습니다. 조현병이라는 가시를 통해 하나님께 영광 돌리는 스토리는 어떤 시나리오 작가나 소설가도 생각할 수 없을 것입니다. 인간의 생각과 상상을 뛰어넘어 일하고 역사하시는 하나님이 이 책을 만드셨습니다. 제가 자랑하고 간증할 분은 오직 하나님 한분 이십니다.

1부. 고통의 가시

01화. 조현병 환자로 산다는 것 · · · · · · · · · · · · · · 16
　　　　　　　　　　　　　　　　　　　　살아내세요

02화. 아버지를 향한 기도 · · · · · · · · · · · · · · · · · 24
　　　　　　　　　　　　　　　　　　　　삐에로

03화. 머릿속 전쟁이야기 · · · · · · · · · · · · · · · · · 33
　　　　　　　　　　　　　　　　　　　　우산

04화. 악마에게 판 영혼 · · · · · · · · · · · · · · · · · · 42
　　　　　　　　　　　　　　　　　　　　가시

05화. 무너져 버린 탑 · · · · · · · · · · · · · · · · · · · 52
　　　　　　　　　　　　　　　　　　　　병들게 하소서

06화. 길거리의 낭만고양이들 · · · · · · · · · · · · · · 61
　　　　　　　　　　　　　　　　　　　　애벌레의 반론

07화. 부산 스파르타 기숙학원 · · · · · · · · · · · · · 71
　　　　　　　　　　　　　　　　　　　　주님만은 아십니다

08화. 눈에 보이지 않는 고통 · · · · · · · · · · · · · · 80
　　　　　　　　　　　　　　　　　　　　새벽공포

2부. 생명의 가시

09화. 행복으로의 초대 ·················· 94
　　　　　　　　　　　　　　　　장막이 되게 하소서

10화. 용서는 회복을 낳고 ················ 104
　　　　　　　　　　　　　　　　내가 당신을 사랑하는 이유

11화. 좌우명을 준 스승들 ················ 112
　　　　　　　　　　　　　　　　죄인의 몸으로 기도합니다

12화. 나는 글쟁이다 ···················· 122
　　　　　　　　　　　　　　　　장마

13화. 바다 건너온 사랑 ·················· 132
　　　　　　　　　　　　　　　　이별의 끝자락에서

14화. 최초의 전자출판학 석사 ············· 142
　　　　　　　　　　　　　　　　잃어버린 10년

15화. 케냐 단기선교 이야기 ··············· 151
　　　　　　　　　　　　　　　　한 방울 한 걸음

16화. 가족 여행 그리고 이별 ·············· 158
　　　　　　　　　　　　　　　　10년 전 제자의 편지

3부. 축복의 가시

17화. 아프지만 괜찮아 · · · · · · · · · · · · · · 172
조현병과 살아가기

18화. 세상에 나온 바울의 가시 · · · · · · · · · · · · · 181
세상이 아름다운 이유

19화. 언론이 만든 조현병 포비아 · · · · · · · · · · · 191
백조

20화. 정신요양원의 천국잔치 · · · · · · · · · · · · 200
아픈 사람들을 위한 기도문

21화. 여러 모습의 간증 · · · · · · · · · · · · · · 210
삶은 참 맛있다

22화. 하나님이 경영하는 옥탑방 · · · · · · · · · · · 220
인생이란 건

23화. 화재의 베스트셀러 · · · · · · · · · · · · · 227
나는 조현병 환자다

24화. 나에게 조현병은 축복입니다 · · · · · · · · · · 238
간증에 대한 소감문

4부. 나눔의 가시

바울의 가시를 읽은 소감 ················ 254
배정규 (재은심리상담센터 센터장)

당사자로서 세상을 사는 방법 ············· 263
장우석 (회복의 등대 대표)

사람들이 죽지 않았으면 좋겠다 ············ 270
송유중 (한동대학교 국제어문학부 17학번)

당사자 아들을 둔 어머님의 회복간증 ········ 277
강진희 (당사자의 가족)

사랑만 하겠습니다 ···················· 285
백윤미 (서울정신요양원 원장)

회복의 여정 중에 있는 당신에게 ············ 294
조용혁 (아주대학교병원 정신건강의학과 전공의)

조현병에 대한 '마녀사냥'을 멈춰라 ·········· 308
박종언 (마인드포스트 대표)

치유자 예수님, 그 사랑의 품 안에서 ········· 315
추태화 (안양대학교 기독교문화학과 교수)

죄와 사망의
권세에
사로잡히다

"오직 각 사람이 시험을 받는 것은 자기 욕심에 끌려 미혹됨이니
욕심이 잉태한즉 죄를 낳고 죄가 장성한즉 사망을 낳느니라"

야고보서 1장 14~15절

1부
고통의 가시

01화

조현병 환자로 산다는 것

 2019년 12월 14일, 복지TV '특별한 공감 대화'라는 강연 프로그램에 출연했다. 신촌에 위치한 아담한 스튜디오에 피디와 작가, 10여 명의 스텝들이 촬영을 위해 분주히 움직이고 있었다. 그리고 피디의 시작 신호와 함께 진행자가 무대 위로 나와 나를 소개했다.

 "사람들은 이분을 다양한 호칭으로 부른다고 해요. 작가, 선생님, 기자, 출판사 대표, 그리고.. 조현병 환자. 마음의 장애를 숨기기보다는 솔직하게 고백하고 당당하게 맞서 싸우는 이관형 씨를 소개합니다."

 방청객들의 박수 속에 무대 중앙으로 나아갔다. 모두의 시선과 카메라가 나를 비추고 있었다. 난 말하고 싶었다. 강연을 통해, 그리고 이 책을 통해 말하고 싶었다. 내 인생의 모든 어둠과 아픔을 드러내서라도 말하고 싶었다. 한 인간이 죄로 인해 질병과 고통을 겪고 회개하며 하나님의 자녀가 되어가는 과정을. 그 과정 가운데 놀라운 주님의 은혜를 말하고 싶었다. 그렇게 나의 이야기는 시작되었다.

숨기고 싶은 이름, 정신분열병

나는 조현병 환자다. 스무 살 때인 2003년부터 병이 시작되었다. 그때는 정신분열증 혹은 정신분열병이라 불렸다. 나는 아무에게도 내 병에 대해 말하지 않았다. 심지어 몇 안 되는 대학 친구들에게조차 사실을 숨겼다. 내 입으로 정신분열증이란 단어를 내뱉고 싶지 않았다. 하지만 증상들마저 숨길 수는 없었다. 날마다 먹는 약에 취해 하루 12시간을 잤다. 오전 수업은 늘 지각하거나 결석했다. 친구들은 그런 나를 보며 집도 가까운데 늦는다며 놀리곤 했다. 그나마 깨어있는 시간에도 늘 정신이 멍해 있었다.

군대를 면제받았을 때 친구와 주변 사람들이 사유를 궁금해했다. 처음에는 면역력이 약해서라고 둘러댔다. 그러다가 콩팥이 하나 없어서 면역력이 약하다고 말하곤 했다. 나중에는 어릴 적 교통사고로 콩팥 하나를 잃었고 이로 인해 면역력이 약해져 군 면제를 받은 걸로 정리했다. 차마 내 입으로 정신분열증 환자라서 면제받았다고 말할 수 없었다. 나를 인격이 분열된 다중인격자나 사이코패스로 바라볼 것 같았기 때문이다.

하지만 서류가 내 앞에 놓여 있을 때는 거짓말 할 수 없었다. 취업을 위한 이력서를 작성할 때, 군필 유무와 미필에 따른 면제 사유를 적어야 했다. 정신분열 장애라고 적기 싫었다. 그렇다고 육군 병장 제대라고 쓰는 건 더욱 싫었다. 거짓말을 해야 할 정도로 내 병에 대해 수치스럽게 받아들이고 싶지 않았다. 그러나 낮은 학점에 정신병력까지 있으면 서류전형부터 떨어질 것이 뻔했다.

병을 고백하며 감성을 자극하는 자기소개서로 승부를 걸어 볼까도 생각했다. 하지만 인사담당자에게 값싼 동정심을 얻으면서까지 취업하고 싶지 않았다. 그나마 작은 회사들은 이력서 형식이 자유했다. 그래서 학점과 군필 유무의 칸 자체를 지운 채 이력서를 썼다. 자기소개서에도 군대나 병에 대한 내용을 아예 언급하지 않았다.

일찌감치 이름 있는 대기업은 포기했다. 대신 언론학 전공을 살려 작은 기독교 언론사와 출판사 위주로 입사지원을 했다. 기독교 회사는 이력서와 자기소개서 외에 신앙 고백서도 요구했다. 이점이 내게 유리했다. 신앙을 담아 글을 감동적으로 쓰는 것에 자신 있었다. 그래서 여러 기독교 회사에서 면접까지 볼 수 있었다. 비록 건강상의 문제로 한곳에 오래 다니지는 못했지만, 여러 회사에서 일하며 다양한 경험을 쌓았다. 이를 통해 정신분열병이라는 병명을 내가 먼저 말하지 않으면 세상을 사는 데 전혀 지장 없을 거라 믿었다. 그러나 그 믿음은 작은 사건에서 깨지기 시작했다.

정신분열병 환자로서 겪은 상처

군 면제로 대학을 일찍 졸업하고 시간적 여유 속에 운전을 배웠다. 한겨울이었고 그해에 가장 눈이 많이 내리던 날 주행시험까지 합격했다. 필기와 실기시험 모두 좋은 점수를 받았다. 그리고 운전면허증 신청서를 제출하려 가까운 면허시험장 발급과에 갔다. 준비 서류를 받고 이름과 주민등록번호, 주소 등을 써 내려갔다. 그런데 생각지도 못한 문제에 봉착했다. 정신과 치료 병력이 있는지 묻는 칸이었다. 그리고 바로 옆에는 병명을 적어야 했다. 오래 망설이다 결국 사실대로 '정신분열병'이라는 단어를 적었다. 칸 아래에 "허위사실을 적을 경우 법적 조치를 취할 수 있다"는 문구가 있었기 때문이다.

 서류를 받은 직원은 잠시 당황하더니 나를 이상한 눈빛으로 쳐다봤다. 살면서 한 번도 겪어보지 못한 눈빛이었다. 직원은 바로 상급자에게 보고했다. 상급자는 나를 따로 불러내 사무 공간 안쪽 자리에 앉혔다. 치료를 받은 기간이 얼마나 되는지, 어느 병원에 다니고 있는지를 물은 뒤 의사 소견서를 떼어 오라고 주문했다. '이 환자는 운전해도 아무 문제가 안 된다'라는 내용의 소견서를 가져오라는 것이다. 나는 알았다고 하고 발급과를 나와 집으로 가는 버스를 탔다. 가는 동안 창밖을 바라보다가 하차한 뒤 집을 향해 걷고 있었다. 걷는 동안 머릿속이 멍했다. 그런데 아무도 없는 골목길에 들어서자 눈물이 쏟아졌다. 그 직원의 눈빛이 생각났다. 내가 범죄자도 아니고 전염병 환자도 아닌데 왜 그런 눈빛으로 쳐다봤는지 분하고 억울하다가 슬퍼졌다. 운전을 하는데 의사소견서까지 필요할 정도로 내가 부족한 사람이라 생각하지 않았다. 알 수 없는 복잡한 감정으로 골목에서 눈물이 쏟아진 것이다. 이 일이 '정신분열병'이라는 병명을 가진 환자로서 겪은 첫 번째 현실이었다.

정신분열병을 바라보는 시선의 차이

 교회를 통해 미국에 단체 여행을 갈 기회가 있었다. 팀원 중 한 사람이 단체 비자를 담당했다. 그런데 유독 나만 단체 비자 신청에서 거부당했다. 어쩔 수 없이 비자를 받기 위해 직접 미국 대사관을 방문했다. 대사관 직원과의 인터뷰를 위해 만반의 준비를 했다. 신청자가 영어를 너무 능숙하게 하면 미국 내 불법 체류가 의심될 수 있고 반대로 너무 못해도 발급이 거부된다는 이야기를 들었다. 난 평상시대로 영어를 하면 되는 수준이니 무난히 발급받을 수 있을거라 생각했다.

차례가 되어 미국인 대사관 직원과 유리벽을 사이에 두고 인터뷰를 시작했다. 어려운 말은 옆에 한인 통역관이 설명해 주었다. 미국에 가는 목적, 기간, 장소 등에 대한 질문과 대답이 이어졌다. 그리고 우려했던대로 군대에 대한 질문을 받았다. 아마도 군 미필자는 병역을 회피하기 위해 미국에 불법 체류할거란 의심 때문일 것이다. 대학을 졸업했지만 병역 기록이 없기에 충분히 그럴만했다.

그래도 거짓말을 할 수 없어 면제라는 사실을 말했다. 직원은 군대를 면제받은 이유에 대해 물어봐도 되냐고 말했다. 나는 잠시 주춤해 하다가 건강이 좋지 않아서라고 대답했다. 직원은 다시 어떤 건강 문제 때문인지 물어봤다. 내가 대답하기를 망설이자 유리벽 아래 구멍으로 펜과 종이를 건네주었다. 뒤에 줄 서서 차례를 기다리는 다른 사람들이 보거나 듣지 못하게 하려는 배려였다. 종이에 솔직하게 '정신분열병'이라고 적었다. 그리고 종이를 통역관에게 건네주었다. 통역관의 설명을 들은 미국인 직원은 내게 '솔직하게 적어줘서 고맙다'는 인사를 했다. 똑같은 질병에 대해서도 한국과 미국의 문화에서 바라보는 시선의 차이가 있음을 느낀 사건이었다.

조현병, 현악기의 줄을 고르다.

병이 시작된 지 10년이 지난, 2013년 서른 살이 되었을 때다. 뉴스를 검색하다가 우연히 '정신분열병'이 '조현병'이란 이름으로 바뀐 사실을 알게 되었다. 내가 겪고 있는 조현병에 대해 자세히 알고 싶었다. 그래서 포털 사이트에서 '조현병'을 검색했다. 검색을 통해 흥미로운 정보를 알게 되었다. '아름다운 동행'이라는 환자와 가족들의 커뮤니티 모임에서 병명 개정을 위한 운동을 펼쳤던 것이다. 심지어 일부 의사와 전문가들도 이 운동에 동참했다. 그 결과, 2011년 '현악기의 줄을 고르다'라는 뜻을 가진 '조현병'이라는 새 이름이 탄생했다. 조현병의 자세한 뜻은 현악기의 줄을 고르면 좋은 소리가 나는 것처럼, 치료를 통해 뇌와 마음의 신경망을 조절하면 건강한 생활이 가능하다는 의미다. 물론 이전까지는 이 내용을 전혀 몰랐다.

계속 검색을 하다가 '대한조현병학회, 조현병 바로 알기 캠페인 진행'이라는 뉴스 기사 제목을 보았다. 수필과 사진, 그림 부문으로 나누어 접수하고 있었다. 평소 글 쓰는 걸 좋아했기에 '질환 극복 수기'를 주제로 수필 부문에 도전하기로 결심했다. 당시도 불면증이 심하던 터라 당일 날 늦은 새벽에 글을 썼다. 4페이지 분량의 수필을 단숨에 써 내려갔다. 다 쓴 글을 읽어보니 왠지 1등을 할 것 같은 좋은 예감이 들었다.

'용서는 회복을 낳고'라는 제목의 이 수필은 과거 증오와 분노에 잡혀 살던 중 성경 말씀대로 용서하여 회복되는 과정을 담았다. 그리고 한 달 뒤 내 수필은 대상작으로 선정되었다.

며칠 뒤에는 국민일보를 비롯해 여러 언론사에서 이번 캠페인과 수상작들을 소개했다. 이 일을 계기로 조현병을 이겨내는 것은 물론 글 쓰는 것에 대한 자신감도 갖게 되었다. 또한, 나의 이야기를 바탕으로 책을 써내는 것이 하나님이 주신 사명이라는 확신도 가졌다.

조현병에 대한 변화된 시선

2017년 여름, 면허증을 갱신하기 위해 다시 면허시험장 발급과를 찾았다. 조현병으로 병원에서 상담과 약을 받는 사실은 변치 않았다. 그러나 마음가짐은 달랐다. 갱신을 위한 서류를 준비할 때도 정신과 진료 병력을 묻는 칸을 채워야 했다. 달라진 게 있다면 '정신분열병' 대신 '조현병'으로 표시해야 할 이름이 바뀐 것이다. 서류를 접수하고 나니 예상대로 담당 직원이 날 불렀다. 안내에 따라 사무 공간 안쪽 자리에 앉았다. 난 담담한 표정, 흔들리지 않는 눈빛, 자신감 있는 말투를 유지하려 노력했다. 담당자는 내 병과를 체크하며 치료 기간과 현재 복용 중인 약에 대해 물었다. 나는 거리낌 없이 있는 그대로 대답했다. 7년 전처럼 눈물 흘리지 않고 씩씩하고 담대하게 대응하고 싶었다. 그래서인지 직원은 요즘 정신질환자에 대한 발급 기준이 강화되었지만 나에 대해선 큰 문제가 되지 않을 것 같다고 말했다. 그리고 10년짜리 면허증을 의사소견서도 없이 그 자리에서 발급해 주었다. 새로 갱신된 면허증을 바라보며 조현병에 대한 인식이 많이 나아졌다고 느꼈다.

살아내세요

몸이 아프지만

마음이 아프지만

할 일이 너무 많아 힘들고

할 수 있는 일이 없어 힘들고

과거의 상처가 보이고

미래의 앞날이 보이지 않고

사라졌으면 하는 사람으로 괴롭고

나타났으면 하는 사람으로 외롭고

아침에는 오늘이 두렵고

새벽에는 내일이 걱정되지만

살아내세요.

살아내세요.

아버지를 향한 기도

주름지고 가냘픈 얼굴, 아주 작은 키에 굽은 허리. 세월의 흔적이 고스란히 남겨진 아버지의 모습이다. 어릴 적 아버지는 거대하고 두려운 존재였다. 하지만 지금은 날마다 여러 종류의 약을 먹어야 할 정도로, 왜소하고 건강치 못한 노인이 되셨다. 목소리도 기운이 없으셔서 크게 내지 못하고, 귀도 잘 들리지 않아서인지 티비 소리를 크게 틀어야 할 정도다. 망가진 몸처럼 아버지의 마음도 이전과는 비교도 할 수 없을 정도로 연약해지신 것 같다. 가끔 어머니의 핀잔에도 아무런 대꾸를 하지 못할 정도다. 그런 아버지를 보고 있으면 말로 표현할 수 없는 복잡한 감정들이 밀려온다.

아버지의 성장 이야기

아버지는 충청북도 어느 시골 마을에서 5남 1녀 중 넷째로 태어나셨다. 할아버지는 옛 선비와 같았다고 한다. 말하자면 기울어져 가는 초가집에서 책만 읽으시는 그런 분이랄까. 젊은 시절 글공부 덕인지 공무원 생활도 하셨다는데, 일찍 공무원 생활을 접으시고 80세에 돌아가시기까지 계속 책만 읽으셨다.

할아버지는 정작 당신의 자녀들에게는 교육의 기회를 주지 못했다. 할머니는 어린 자녀들을 먹여 살리기 위해 농사를 짓다가 쓰러져 돌아가셨다고 한다. 당시 내 아버지의 나이 다섯 살. 할머니의 사랑도, 할머니의 얼굴도 모른 채 자랄 수밖에 없었다. 청년이 된 아버지는 가난과 농사일이 싫어서 무작정 서울로 상경하셨다. 내세울 학력이 없는 아버지는 인쇄소에서 일하기 시작했다. 인쇄 중 결과물에 실수가 발생할 때마다 사장에게 맞아가면서도 8년을 버티셨다. 그렇게 모은 돈으로 옷 장사를 시작했는데 낯가림과 소극적인 성격으로 몇 달 만에 재산을 모두 날렸다. 결국, 공사장에서 막노동을 시작하셨다. 성실히 일하며 점차 기계도 익히고 기술을 쌓다보니 나름대로 공사에 일가견이 있는 기술노동자가 될 수 있었다.

그리고 나이 서른이 넘어 같은 고향 출신의 여자를 소개받아 결혼했다. 그분이 바로 내 어머니다. 어머니는 가난한 집안의 9남매 중 다섯번째 딸로 태어났다. 어릴 적 형제들 중 집안일을 가장 많이 맡았다고 한다. 두 분은 서울 변두리의 100만 원짜리 월세방에 신혼집을 차리셨다.

아버지는 비나 눈이 오는 날을 제외하고는 매일 새벽 4시에 일어나 공사장으로 출근하셨다. 어머니는 아버지가 벌어 온 돈을 아끼고 모으며 집안 살림을 해나갔다. 아버지의 일이 워낙 힘들고 위험해서 수당이 많았다. 여기에 어머니의 알뜰함까지 더해져 지금은 집도 소유할 정도로 부족함 없이 살고 있다.

당시 많은 시골 청년들이 아버지처럼 꿈을 안고 서울로 상경했다. 아버지의 두 남동생도 그 무리에 속했다. 내가 태어난 지 얼마 안 되었을 때쯤, 아버지의 두 동생은 우리 집에 머물러 지냈다. 불행하게도 서울에 오자마자 1년 차이로 두 분 다 돌아가셨다. 한 분은 자전거를 타고 가다 뺑소니 사고로, 다른 한 분은 공장에서 숙식하며 일하다 연탄가스 사고로 세상을 떠나셨다. 작은삼촌은 어릴 때 돌아가신 할머니가 그리워 밤마다 하늘을 보며 울었다고 한다. 아버지는 그런 동생들에게 자신이 먹던 밥도 덜어 줄 정도로 잘 챙기셨다고 한다. 그런데 왜 유독 나한테는 그리 매정하게 대했을까.

엄하셨던 아버지

할머니의 사랑을 충분히 받지 못해서일까? 배우지 못해서? 아니면 하늘로 떠나보낸 두 동생 때문에 정을 주지 않기로 하신 걸까? 어쩌면 흙먼지 날리는 거친 공사장의 영향일지도 모르겠다. 어린 시절 아버지는 내게 많은 상처를 주었다. 유치원 때 밥상에서 투정 부리면 아버지는 장난감을 던졌다. 날아드는 장난감을 피해 어머니 등 뒤에 숨었다. 또 밥을 먹다가 소리를 내도 혼났고 도중에 텔레비전을 켜거나 화장실을 갈 수도 없었다. 컵을 내려놓을 때도 식탁 유리에 닿는 소리를 내면 야단치셨다. 그때마다 아버지는 부릅뜬 눈으로 나를 노려보았다. 때릴 듯이 한 손을 들고 입으로 '콰악!'하는 소리를 냈다. 난 무서워서 손으로 얼굴을 감싸고 온몸을 움츠릴 수밖에 없었다. 가끔 주먹으로 머리를 때리거나 머리채를 잡고 끌어내기도 했다. 사실 맞는 것보다 손짓과 소리로 겁을 주는 게 더 두려웠다.

어릴 적 아버지와 식사하는 시간이 어찌나 괴롭던지. 그래서 지금도 나는 집에 있을 때 혼자 밥 먹기를 좋아한다. 그래야 마음 편하게 음식이 넘어간다. 그것도 그나마 나아진 것이다. 중고등학교 때는 어머니가 차려주신 밥상을 들고 방에 들어가 문을 잠가야만 마음 편히 식사 할 수 있었다.

식사 시간 외에도 내 방에서 텔레비전을 보다 소리가 너무 크다고 아버지께 야단을 맞았다. 그래서 방문을 닫고 이어폰을 텔레비전에 꽂았다. 하지만 아버지는 방문 틈 사이로 새어 나오는 텔레비전 빛 때문에 신경 쓰여서 잠을 잘 수 없다며 혼냈다. 아버지는 새벽 4시에 일어나 일터에 나가시기에 그만큼 일찍 잠자리에 드셔야 했다. 하지만 성격이 예민하다 보니 조그만 방해에도 수면을 이루지 못하셨다. 그래서 나와 동생에게 최소 밤 10시 전에는 잠에 들기를 강요했다.

밤 10시가 넘으면 이불로 텔레비전의 빛을 가렸다. 다시 이어폰을 꽂고 좋아하는 프로그램을 봤다. '봉숭아 학당', '네로 24시', '동작그만' 같은 코미디도 좋아했지만, 밤 10시에 시작하는 '왕초', '허준' 같은 드라마들도 챙겨 봐야 했다. 그 외에도 '가요톱텐', '경찰청 사람들', '테마게임'은 내가 놓칠 수 없는 프로그램들이었다.

초등학교 수업을 마치고 집에 오면 하루 6시간 넘게 텔레비전에만 매달렸다. 어린 시절 유일한 즐거움이었다. 학교에서 괴롭힘을 당하고 와도 텔레비전만 보면 아픔이 씻겨 내렸다. 웃을 일이 없다가도 텔레비전만 보면 웃을 수 있었다. 날마다 요일별로 보는 프로그램이 정해져 있었다. 매일 좋아하는 프로그램의 방송 시간만 기다렸다. 아버지는 그런 내 모습에 치를 떨었던 것 같다. 내 방에 있는 텔레비전을 버리겠다며 수시로 윽박지르곤 했다. 가끔은 텔레비전을 들고 밖으로 나가려는 아버지를 붙잡고 울기도 했다. 어머니는 그런 아버지에게 적당히 보게 할 테니 한 번만 봐주라고 애원했다. 나중엔 아버지가 텔레비전의 전기선을 가위로 자르면 어머니가 새 전기선을 연결하여 고쳐주셨다.

아버지와의 추억

아버지를 무서워하고 싫어했던 건 때리거나 혼내서만은 아니다. 아버지와 함께한 소중한 추억이 거의 없기 때문일 것이다. 아버지는 돈을 버는 일에만 매달렸다. 자녀와 시간을 보내며 추억을 쌓는 방법도 모르셨다. 다만 학교 운동장에서 함께 만든 행글라이더를 날렸던 추억, 그리고 한밤 중 당신이 직접 껍질을 벗기던 귤을 건네며 "너도, 귤 먹을래?"라고 한 말이 기억에 남는다. 물론 다른 아버지와 아들들처럼 함께 목욕탕에 가기도 했다. 하지만 집에 돌아올 때 아버지는 늘 열 걸음 먼저 앞서 걸으셨다. 그런 게 너무 서운했다. 다른 아버지들처럼 손이라도 잡고 걸었다면 좋았을 텐데.

아버지에 대한 애틋한 감정을 갖기 힘들었다. 내가 성장하며 키가 커질수록 아버지는 일하며 등이 굽어져 갔다. 중학교 때 아버지와 등을 맞대고 키를 쟀는데 내가 살짝 더 컸었다. 하지만 아버지는 싫은 내색 없이 오히려 웃으며 좋아하셨다. 그런 아버지를 이해할 수 없었다. 다만 "*머지않아 내가 아버지보다 힘이 강해져서 혼나거나 맞지 않아도 되겠구나!*" 희망을 가질 뿐이었다. 그 희망은 갑작스레 현실이 되었다. 공사장에서 일하던 아버지가 추락사고로 병원에 입원했다. 입원 6개월 동안 난 집에서 진정한 자유를 누렸다. 어쩌면 걱정보다도 기쁨이 앞섰다. 6개월간 병문안도 단 한 번만 갔었다. 더는 굳이 아버지를 찾아가고 싶지 않았다.

하나님이 주신 마음

시간이 흘러 대학을 졸업한 뒤로 아버지는 예전의 강한 모습이 많이 사라졌다. 어느 날, 집에 왔는데 아버지가 여동생과 말다툼을 하고 있었다. 나는 화가 나서 소리를 질렀다.

"그만 좀 하라고!!"

아버지는 놀라서 온몸이 위축된 채 당혹스러운 눈빛으로 나를 보았다. 그럴수록 나는 더 매섭게 노려보았다. 나로도 모자라 동생에게까지 그런 모습을 보이는 게 화가 났다. 등이 굽어 내 어깨에도 미치지 못하는 키와 추락사고 후유증으로 한쪽 다리마저 저는 아버지는 더 이상 두려움의 존재가 아니었다.

그리고 다음 날 아버지는 또다시 입원하셨다. 갑자기 배가 아파 입원했는데 검사를 해보니 허파에 물혹이 생기고 담석이 발견된 것이다. 수술을 통해 물혹을 제거하고 돌덩이를 떼어 냈다. 그러나 여전히 작은 돌들이 몸 안에 남아 있었다. 이때도 난 병원에 가지 않았다. 자식으로서의 애정도 전혀 없었다. 단지 원망만 남아 있었다. 나는 하나님께 불만을 토해내곤 했다.

"왜 이런 아버지를 내게 주셨냐고? 왜 괴로움과 상처만 남기는 아버지를 주셨냐고? 아버지의 학벌, 직업, 외모는 바라지도 않는다고. 그저 감싸주고 안아주고 따뜻한 말 한마디 할 줄 아는 아버지를 왜 주시지 않았냐고?"

그때 하나님이 주신 마음이 있었다.

"다섯 살 때부터 어머니의 사랑을 받지 못하고 자라난 사람. 기억 속에 얼굴조차 있지 않은 어머니를 그리워하는 사람. 그리고 아끼던 두 동생을 먼저 하늘로 보낸 사람. 무작정 서울로 올라와 할 줄 아는 건 막노동뿐이지만 가족을 위해 누구보다 열심히 일해 온 사람. 그러나 그런 가족에게조차 외면당하는 사람. 네가 그 사람이 가장 믿고 신뢰할 수 있는 아들로 태어나 못다 한 사랑을 베풀어 달라고."

작은 치유의 기적

그리고 그날, 아버지의 병실로 찾아갔다. 마취가 덜 풀렸는지 졸린 눈으로 날 바라보던 아버지는 말씀하셨다.

"아들을 보니, 이제 몸이 다 나은 것 같구나."

태어나 처음으로 아버지와 긴 대화의 시간을 가졌다. 아버지는 어린 시절 상처를 줘서 미안하다고 했다. 나 역시 이제 아버지를 미워하지 않는다고, 진심으로 존경한다고 얘기했다. 다시 잠든 아버지의 왼손을 두 손으로 잡고 기도했다. 마음 한 켠에 아직 아버지에 대한 원망이 남아 있지만 이제는 아버지를 사랑할 수 있게 해달라고. 어서 아버지의 몸이 나을 수 있게 해달라고. 오랜 시간 눈물을 흘리며 기도했다.

며칠 뒤 몸속에 남은 돌들을 제거하는 2차 수술 날이 되었다. 나도 오전에 볼일을 마치고 병원에 갈 준비를 하고 있었다. 그때, 어머니로부터 문자 한 통이 왔다. 수술 전 엑스레이를 찍었는데 돌덩어리들이 몸에서 빠져나갔는지 사라졌다는 것이다. 수술은 취소되었으니 병원에 오지 않아도 된다는 문자였다. 혹시 모르니 나중에 다시 검사를 받기로 하고 아버지는 집으로 돌아오셨다. 난 재검사를 해도 아버지의 몸에 담석이 남아 있지 않을 거라 믿었다. 계속해서 아버지를 위해 기도할 것이기 때문이다. 아버지가 건강할 수 있도록. 그리고 이제는 아버지를 사랑할 수 있도록.

삐에로

우스꽝스런 옷을 입고
위태로운 외발자전거를 타도
얼굴은 항상 스마일

재주부리고 넘어지고
사람들의 환성 속엔 어느 정도의 비웃음
그래도 항상 스마일

통 속에 들어간 타이즈의 어릿광대는
자신의 인생을 몇 장의 일당으로 바꾸고
앞 발 들고 아장아장 걷는 고깔모자 강아지는
던져주는 과자에 꼬리 흔들지만

그래도 웃을 수 있는 건

보일러 없이도 따뜻한 한겨울 다락방 보금자리
배불러 온 아내와 코흘리개 녀석을 생각하면
검은 봉지 속 귤 몇 개와 크레파스 손에 쥐고
가로등 별빛 아래 밤 골목 걸어갈 생각에

오늘도 하얀 분과 립스틱으로 눈물을 감추고
화려한 조명등 아래 슬픔을 감추고
마음은 언제나 스마일

머릿속 전쟁이야기

지금도 망상이 날 괴롭힌다. 밥 먹을 때, 걸을 때, 샤워할 때, 계속 떠오른다. 어릴 적 아버지의 학대, 학창 시절 왕따, 회사 상사의 폭언, 친구들에게 받은 상처 등등. 귀에 이어폰을 꽂고 소리를 반복 재생하듯이, 눈앞 스크린에 장면들이 펼쳐지듯 생생하게 떠오른다. 너무 괴로워서 밥을 먹다 주먹으로 식탁을 치고, 씻다가 소리를 지른다. 그중 가장 괴로운 망상은 날 왕따 시켰던 강희(가명)에 대한 복수다.

나는 중2 시절로 돌아간다. 어머니가 의뢰한 조폭들과 함께 강희를 납치한다. 조폭들을 병풍 삼아 녀석을 무릎 꿇린다. 옷을 벗기고 알몸에 발길질한다. 머리 위에 오줌을 싸고 그것을 마시게 한다. 그리고 사진을 찍은 뒤 학교 곳곳에 뿌린다. 이토록 통쾌하고 시원한 복수를 상상하면 기분이 나아져야 하는데. 그 뒤에 찾아오는 증오와 허탈감이 나를 삼켰다. 불씨가 화마가 되어 심장을 태우듯 분노가 솟구친다. 그리고 실제 일어날 수 없음에 우울해한다. 그렇게 20여 년 전, 중학교 2학년 때의 이루지 못한 복수가 망상이 되어 날 괴롭히고 있다.

잘못된 만남

중학교 2학년 반 배정이 되었을 때, 유난히 아는 친구가 없었다. 키 순서에 따라 자리를 정했다. 내 옆에는 강희라는 이름의 아이가 앉았다. 키는 나와 비슷했으나 빼빼 마른 나와 달리 덩치가 조금 있었다. 그는 유난히 선생님들에 대한 불만을 토로하고 심지어 욕도 했다. 나로서는 선생님들을 욕하는 모습이 다소 당황스러웠다.

그런 강희와 처음에는 어느 정도 친하게 지냈다. 가끔 서로 붙잡고 도망가는 놀이를 했다. 처음에는 단순한 장난이라 모두가 웃을 수 있었다. 그런데 어느 순간 도망가는 사람은 나 하나였고, 붙잡는 아이들의 숫자는 늘어났다. 내가 복도를 지나가면 아무 이유 없이 "저 새끼, 잡아라!" 하고 쫓아왔다. 붙잡힌 나는 강희 앞으로 끌려갔다. 붙잡힌 벌을 받아야 한다며 강희와 아이들은 내 팔목을 한 대씩 때렸다. 팔을 놔달라고 애원할 뿐, 반항할 수 없었다. 아이들의 모습에 아버지가 생각나서 겁이 났다. 그저 몸을 움츠리면 한 대라도 약하게 맞을 뿐이었다.

강희는 야한 농담을 좋아했다. 내게도 성과 관련된 수치스런 별명을 붙였다. 창녀의 아들이란 뜻으로 '창자', 성기가 늘 발기되어 다닌다는 뜻으로 '꼴린맨'이라 불렸다. 그 외에도 내 실수, 웃기는 행동 하나하나를 놓치지 않고 그에 맞는 별명을 지어 줬다. 그때마다 반 아이들은 박장대소를 하며 비웃었다. 심지어 별명으로만 불리다 보니 내 이름을 모르는 아이들도 많았다. 괴롭히는 방법도 지능적이었다. 어느 날 복도를 걷는데 주변 아이들이 모두 나를 쳐다봤다.

이상하게 여기던 중 기둥 뒤에서 갑자기 강희가 나타났다. 종이 위에 가득 쌓인 분필 가루를 들고 내 얼굴로 향해 입바람을 내뱉었다. 내 얼굴은 가루로 하얗게 뒤덮였다. 도시락을 싸 오는 날에는 반찬이 모두 없어지기도 했고 급식을 시작한 뒤로는 내 국그릇에 쓰레기를 집어넣기도 했다.

누구도 도와주지 않았다.

반 아이들도 강희를 따라 나를 괴롭히기 시작했다. 선생님들마저 도움이 되지 않았다. 수업 시간에 숙제 검사를 위해 반 아이들과 줄을 섰다. 맨 앞 아이부터 '하나!' '둘!' '셋!'이라고 외쳤다. 네 번째 아이가 내 귀에 입을 가까이 대고 '넷!'이라고 목청껏 외쳤다. 고막이 터질 듯 아팠다. 한 손으로 귀를 움켜쥐고 있었다. 반 아이들은 그런 내 모습에 박장대소했다. 마음이 가장 아팠던 건, 날 바라보던 선생님의 표정이다. 내게 "얘들이 너 괴롭히냐? 응?"이라고 물으며 능글맞은 웃음을 지었다. 지금도 그 표정이 잊히지 않는다. 폭력보다 상처가 된 건 그들의 모욕적인 말이다.

"넌 왜 사냐? 자존심도 없냐? 나 같으면 죽어버리겠다!"
"야! 바닥에 고인 걸레 물 좀 핥아!"
"니 여동생 맛있겠다!"

비웃는 얼굴로 날 바라보며 입맛을 다시는 퍼포먼스를 보인 아이도 있었다. 간혹 매우 조직적이기도 했다.

쉬는 시간에 반 아이에게 맞다가 교실 창문에 머리를 부딪쳐 창문이 깨졌다. 선생님이 들어오자 아이들은 *"혼자 장난치다가 창문에 부딪혀서 깨졌어요!"*라고 입을 모아 주장했다. 중학교를 졸업 할 때는 내 중2 때 출석기록이 30일이나 결석 처리 된 사실을 알았다. 선생님 대신 출석부를 관리하던 아이가 30일을 결석했던 강희의 기록을 내 앞으로 결석 표시한 것이다.

모두가 피해자고 가해자

왕따는 나뿐이 아니었다. 어딘가 부족하거나 힘이 약하면 괴롭힘 당하는 것이 반 분위기였다. 어느 날 아이들 10여 명이 교실 뒤편에서 누군가를 둘러싸고 있었다. 키가 매우 작고 약간 장애가 있는 아이를 폭행하는 중이었다. 나는 떨리는 마음으로 주먹을 꽉 쥐고 그곳을 향해 천천히 걸어갔다. 그리고 맞고 있는 그 친구를 바라보았다. 그 친구의 머리를 향해 힘껏 주먹을 날렸다. 그러면 나도 반 아이들에게 인정받고 왕따를 벗어 날거라 생각했다. 강희는 그런 내 모습을 바라보며 말없이 미소만 지었다. 하지만 달라진 건 없었다.

그렇게 중2 생활을 이름 없는 왕따로 지냈다. 강희는 나를 통해 웃음과 재미를 주는 슈퍼스타였다. 반 아이들도 대세에 동참하며 나를 놀리거나 때렸다. 그나마 학년 초기, 나와 친했던 아이들은 강희의 눈치를 보며 나를 피하거나 아예 적으로 돌아섰다. 어느 날, 강희에게 이젠 그만 좀 괴롭혀 달라고 애원했다.

"그럼, 싸대기 200대만 맞자!"

나의 간절한 부탁마저 사실상 거부 당했다. 강희는 나를 통해 반에서 자기 위치를 높일 수 있었다. 나는 그에게 학교에 오는 즐거움이자 이유가 되는 이름 없는 왕따였다.

수업이 끝나고 집에 가는 길은 너무 힘들었다. 괴롭힘에서 잠시 벗어났다는 해방감도 있었다. 하지만 늘 혼자 걷는 길이 외로웠다. 버스를 타고 집에 가는 길이 멀게 느껴졌다. 차 안에서 울음을 참는 것이 힘들었기 때문이다. 발걸음을 재촉하며 겨우 집에 도착하면 내 방으로 달려가 문을 걸어 잠갔다. 침대에 엎드려 베개에 얼굴을 묻고 소리 내어 펑펑 울었다. 밖에서는 어머니의 걱정스런 목소리가 들려왔다.

"또, 무슨 일이 있었던 거니?"
"관형아~ 문 좀 열어봐, 제발!"

문을 두드리는 어머니의 외침을 뒤로 한 채 계속 울고 나면 조금은 살 것 같았다. 어머니도 그런 자식의 모습을 보고만 있을 수는 없었다. 처음에는 반 아이들을 집에 불려다가 맛있는 걸 해먹이자고 했다. 그런다고 나를 봐줄 아이들이 아니기에 거절했다. 나중에는 돈을 주고 조폭들을 시켜서라도 손을 봐주자고 하셨다. 이번에도 나는 거절했다. 어리석었던 건지, 착했던 건지, 나는 거절하고 말았다.

그때의 선택에 대한 후회와 회상이 지금까지 남아 있는 대표적인 망상이다. 그 생각을 떨쳐내기 위해 찬양을 듣는다. 씻을 때나 걸을 때나 차 탈 때, 늘 귀에 이어폰을 꽂고 찬양을 듣는다. 찬양 곡조에 따라 가사를 곱씹으면 생각들이 잠잠해지기 때문이다.

차라리 그때 실행으로 옮겼다면 내가 이렇게까지 병들지 않았을 거란 생각도 해봤다. 하지만 하나님 앞에서 떳떳할 수는 없을 것 같다. 평생 그때를 회개하며 지내야 할지도 모른다.

악순환의 굴레 속에서

사실, 강희도 중학교 1학년 때 반에서 왕따를 당했다고 전해 들은 적이 있다. 그래서 2학년이 되어 당한 만큼 갚아 줄 누군가를 찾았던 것 같다. 강희 입장에선 운 좋게도 짝이 된 내가 좋은 먹잇감으로 보였을 것이다. 그래서 더 악하고 계획적으로 괴롭혔던 것 같다. 복수는 당한 것보다 몇 배로 갚아야만 통쾌하기 때문이다. 하지만 강희는 여전히 만족하지 못한 것 같다. 20대 중반에 우연히 길에서 학교 동창을 만난 적이 있었다. 그렇게 친하진 않았지만, 요청에 못 이겨 전화번호를 교환한 적이 있다. 며칠 뒤부터 발신자표시 제한으로 전화가 오기 시작했다. 그리고 전화를 건 남성은 다짜고짜 욕을 해댔다. 통화를 끊으면 며칠 뒤 다시 익숙한 남성의 목소리로 욕하는 전화가 걸려 왔다. 누구냐고 물어도, 자신을 밝히지 않고 계속 욕만 해댔다. 대충 그 남성이 강희라는 사실을 눈치챌 수 있었다. 길에서 만났던 동창이 강희와 친한 사이였기 때문이다. 그래서 내 전화번호를 건네받았을 것이다. 어쩌면 중2 때의 기억은 나만큼이나 강희의 영혼마저 피폐하게 만든 것 같다. 누군가에게 상처받고 누군가에게 복수하는 악순환의 굴레 속에선 피해자와 가해자 구분 없이 모두가 병들어 갈 뿐이다. 나 역시 그 굴레에서 벗어날 수 없었다.

꿈속 용서의 기쁨

20여 년이 지난 요즘, 가끔 나도 모르게 페이스북으로 강희의 근황을 살펴본다. 그의 프로필 대문 사진엔 다음과 같은 글귀가 적혀 있다. 'I am who i am.' 무슨 이유와 의도로 그 글을 적어 놨는지는 모르겠다. 다만 세상의 기준으로 보기에 그는 소위 잘나가는 중인 것 같다. 지금은 미국에서 생체학을 공부하며 백인 여자와 가정도 꾸렸다. 사진 속 그는 늘 웃고 있다. 한국인과 미국인을 가리지 않고 많은 사람들과 페이스북 친구를 맺고 있다. 학창 시절 공부를 그토록 못하던 강희가 미국에서 살 정도로 영어에 능숙한 건 놀라웠다.

그에 비해 나는 아직도 과거 트라우마에 시달린다. 매일 밤 약을 먹어야 잠들 수 있을 정도다. 하나님이 계신다면 선은 흥하고 악은 망해야 한다. 그래서 그의 망하는 모습을 확인하기 위해 페이스북을 확인하는지도 모르겠다. 페이스북으로 그의 사진을 본 날이면 꿈에 강희가 나타난다. 어느 날은 꿈에서 강희가 비웃는 표정으로 나를 찾아왔다. 나를 괴롭히려고 온 것이다. 그런 강희에게 나는 이렇게 말했다.

"나는 이제 너를 용서했어. 더 이상 너를 미워하지 않아. 그리고 너도 하나님을 믿었으면 좋겠어. 너를 위해서 기도할게."

그 말을 하고 나서 꿈에서 깨어났다. 깨고 나니 온몸과 마음이 가뿐하고 상쾌했다. 기쁨에 눈물이 날 뻔했다. 꿈이었지만, 내 잠재의식 속에 강희를 용서하는 마음이 있다는 사실에 기뻤다.

이것은 인간으로서 할 수 없는 기적이다. 저절로 하나님께 감사 기도를 드렸다. 지금도 내 안에는 미움과 용서의 마음이 공존한다. 내 머리와 가슴에는 선과 악의 보이지 않는 싸움이 벌어진다. 아직도 악과 미움의 감정에 휘둘리는 날이 많다. 하지만 일시적인 전투에서 질 수는 있어도 전쟁 전체는 이미 승리했다고 믿는다. 내 힘이 아닌 하나님의 말씀과 기도로 이 망상과 싸워나갈 것이다.

우산

어릴 적 맑고 화창한 날에
소나기는 예고도 없이 쏟아집니다.

친구와 한 우산 아래 어깨동무하며 걸어갑니다.
한쪽 어깨가 젖지만 그래도 고마운 친구입니다.

마중 나온 어머니와 우산을 쓰고 걸어갑니다.
바지 밑단이 젖지만 그래도 소중한 어머니입니다.

그런데 어느 순간 내 옆에 아무도 없었습니다.
소나기를 맞으며 홀로 가는 길이 춥고 외로웠습니다.

날 도와주지 않는 사람들을 원망하고
차가운 비를 내리는 하늘을 미워합니다.

좌절하고 힘들어할 때 하나님이 내게 오셨습니다.
하늘 전체를 덮고도 남을 큰 우산을 들고 오셨습니다.

왜 이제야 내게 나타나셨냐고 묻습니다.
내가 얼마나 힘들었는지 아시냐고 울면서 묻습니다.
그러자 하나님은 눈물을 닦아주시며 대답하십니다.

처음부터 곁에서 함께 울고 계셨노라고
앞으로도 영원히 함께 하겠노라고

04화

악마에게 판 영혼

대학을 졸업하고 취업을 위해 여러 번 면접을 봤다. 그중 기억에 남는 곳이 있다. SNS 마케팅 회사였다. 회사 입구에는 밤새 야근하며 시켜 먹은 듯 빈 그릇들이 놓여 있었다. 문을 열고 들어가니 사무실 공기가 무겁게 느껴졌다. 따닥따닥 붙어 있는 책상에서 직원들은 말없이 기계처럼 일하고 있었다. 회의실에서 회사 대표와 몇몇 임원들이 지켜보는 가운데 면접을 시작했다. 질문 내용은 다소 강하고 공격적이었다. 말 그대로 압박 면접이었다.

"본인은 스스로가 얼마나 독하다고 생각하세요?"

뜻밖의 질문을 받았다. 아마도 이 회사에서 살아남으려면 독하게 일해야 한다는 뜻 같았다. 그 한 가지 질문에 이 회사 분위기를 짐작할 수 있었다. 잠시 후 "면접 기회를 주셔서 감사합니다."라는 말로 면접을 마무리했다. 더 이상 나는 독한 사람도 아니고 독하게 살고 싶지도 않았다. 이미 학창 시절 독하게 살아봤기 때문에 그 고통을 잘 안다. 특히 하나님 없이 내 힘으로 독하게 사는 인생은 불행할 수밖에 없음을 겪어 보았다.

시멘트 바닥에 쓰러지며

독하게 살기로 마음먹었던 건 중2 생활이 막바지로 향했을 때다. 날 왕따시킨 강희에게 맞선 사건이 계기였다. 이유는 자세히 기억나지 않지만 나는 몹시 화가 나 강희를 노려보고 있었다. 그는 기죽은 채 자리에 앉아 있을 뿐이었다. 곧 반의 모든 아이들이 나와 강희를 둘러쌌다. 멀리 있는 아이들은 책상 위까지 올라가 지켜볼 정도였다. 그리고 아이들은 외쳤다.

"야! 그렇게 당하고 분하지도 않냐?"
"이게, 니가 왕따에서 벗어날 마지막 기회야!"

모두가 내게 싸우라고 외쳤다. 강희는 그 외침 속에 위축되었다. 하지만 선뜻 용기가 나지 않았다. 다른 사람이면 모르겠는데 강희는 왠지 두려웠다. 그동안 내게 모욕적인 말과 행동으로 겁을 주었다. 이미 심리적으로 나를 발아래 놓은 것이다. 강희를 보면 한 손을 들고 때릴 듯이 '콱~!'이라 외치던 아버지가 떠올랐다. 그 순간 누군가 나의 손을 잡고 강희의 머리를 향해 밀어 쳤다. 그러자 강희는 자리에서 일어나 나의 한쪽 팔을 잡았다. 그리곤 내 몸을 등에 밀착시켜 바닥에 내동댕이쳤다. 그는 유도를 배웠던 터라 엎어치기 기술을 쓴 것이다. 머리가 먼저 시멘트 바닥에 꽂혔다. 난 정신을 잃다시피 쓰러져 일어나지 못했다. 그리고 반 아이들은 실망한 채 자리로 돌아갔다. 결국, 난 손 한번 쓰지 못하고 진 것이다. 차가운 시멘트 바닥에 쓰러진 채 생각했다.

"어차피 싸움은 쓰레기들이 하는 것, 유도를 배우건 권투를 배우건 인생에 아무 도움이 되지 않겠지. 날 괴롭힌 쓰레기 같은 인간들은 지금처럼 계속 놀고 싸우다가 대학도 못 가겠지. 머리를 노랗게 물들이고 알바를 전전하다 술집 여자나 만나겠지. 지금은 바닥에 내동댕이쳐있지만 나중엔 너희들의 인생이 영원히 내동댕이쳐질 거라고! 밑바닥을 헤매는 너희들을 높은 곳에서 바라보며 실컷 비웃어 주겠다고!"

하지만 지금의 나로서는 아무것도 할 수 없었다.

"초등학교도 나오지 못해 막노동하는 아버지 밑에서 얼마나 다른 인생을 살 수 있을까? 반에서 중간도 못 드는 성적으로 대학이나 갈 수 있을까?"

문득 어려서부터 아버지가 습관적으로 해 온 말이 떠올랐다.

"너는 그렇게 살면, 나중에 리어카에 쓰레기나 싣고 다닐 거야!"

그런 아버지를 생각하며 다짐했다.

"일요일도 없이 새벽에 나가 뼈 빠지게 일하는 아버지. 자신보다 어린 사람에게 반말 소리나 들으며 무시받는 삶을 살지 않겠다고! 공부는 커녕 운전면허증도 못 따서 20킬로 넘는 기계를 등에 지고 지하철과 버스를 타는 인생. 공사장에서 먼지를 마셔가며 일하다 떨어져 다리나 부러지는 인생. 아비가 천하면 자식도 천한 법이라지만, 보란 듯이 성공하겠다고! 누구한테도 무시 받지 않을 것이며, 누구한테도 당하지 않는 인생을 살겠다고!"

성공을 향한 반격

중 3이 되어 새로운 환경에서 자연스레 왕따를 벗어날 수 있었다. 그런데 중 3 첫 시험 성적은 평균 63점 대였다. 진로 문제로 만난 담임선생님은 내게 실업계 고등학교로 진학할 것을 권유했다. 이대로 인문계 고등학교에 가지 못하면 또 그 쓰레기 같은 인간들을 만날 것이 뻔했다. 나중엔 대학도 못 가서 아버지와 다를 바 없는 인생을 살아갈 거라 생각했다.

공부를 잘하고 싶었다. 먼저 동기부여가 필요했다. 친구들을 사람이 아닌 적으로 봐야 한다는 결론이 나왔다. 지금은 친구라는 말로 포장되어 함께 밥도 먹고 집에도 같이 가지만, 본질적으로 경쟁상대일 뿐이다. 학교를 졸업하면 계급사회로 넘어간다. 변호사, 의사 같은 최상위 계층이 있고 회사원 같은 중간 계급, 가장 밑바닥에는 아버지 같은 노동자들의 하위 계급이 있다고 생각했다. 오직 지금만이 공부를 통해 신분을 뒤집을 기회라 생각했다. 먼저 교실 뒷벽에 붙어 있는 성적표를 확인했다. 그리고 내 윗 등수에 누가 있는지 확인했다. 그들이 나의 표적이다. 표적 중 한 친구에게 다가가 장난스런 표정으로 말했다.

"이번 시험에선, 니가 내 위네? 다음에 내가 널 꺾어주지..
이제부터 넌 내 라이벌인거야~!"

나는 그 아이를 마주칠 때마다 "어이! 라이벌~!" 하고 불렀다.
그 친구도 장난스레 "어! 왜? 라이벌~!" 하고 맞받아쳤다.

결과는 대성공이었다. 다음 시험에서 무려 14점이나 오른 평균 77점의 성적을 받은 것이다. 그 친구는 내게 더 이상 라이벌이라 부를 수 없었다. 난 이 방법을 계속 이용했다. 다음 시험에선 나보다 5등수 위에 있는 친구를 라이벌 삼아 이겼고, 다음 시험에선 더 높은 등수의 친구를 라이벌 삼았다. 그렇게 시험 때마다 라이벌이었던 친구들을 발밑의 존재로 만들었다. 그 기쁨과 희열로 학교생활을 해나갔다. 이후 2학기 중간고사에서 평균 82점을 받았고, 마지막 2학기 기말고사에서 85점을 받았다. 반 40여 명의 아이들 중 정확히 10등으로 중학교를 졸업했다.

그러나 기쁨도 잠시였다. 영어 과목 선생님이 영어 점수 상위권 다섯명에게만 졸업 선물로 영문 소설책을 주었다. 선생님께 책을 받고 박수를 받으며 자리로 돌아오는 아이들을 증오했다. 더 높은 성적과 등수에 올라야 함을 뼈저리게 느끼고 있었다.

악마에게 바친 몸과 마음

시험 기간에는 11시가 넘어야 학원 수업을 마치고 집에 돌아왔다. 돌아오는 길에는 어둡고 으스스한 인적이 드문 언덕이 있다. 우리 동네는 일제 강점기 때 공동묘지를 재개발하여 만든 곳이다. 이 언덕도 과거 누군가의 묘지일거라 생각했다. 언덕만 지나가면 무언가의 기운을 받아 내면이 강해짐을 느꼈다. 마치 언덕 아래 묻혀 있을 어떤 영으로부터 악의 기운을 받는 것 같았다. 몸과 마음이 지칠 때면 일부러 이 언덕을 지나가며 재충전할 수 있었다.

고등학교에 진학하고 나서 공부 못하고 인성까지 나쁜 아이들을 '쓰레기'라 칭했다. 그들이 날 부르면 내 이름이 더럽혀지는 것 같아 기분이 나빴다. 공부 못하는 쓰레기들, 서로 물고 뜯으려는 쓰레기들. 애써 상대하거나 쳐다볼 필요도 없었다. 쓰레기들이 나에게 분노할수록 나 역시 그들에 대한 혐오가 깊어졌다. 다시는 저런 쓰레기들에게 당하지도, 상대하지도 않겠다는 생각으로 더 공부했다. 나의 열심히 공부하는 모습이 그들에게 열등감과 좌절감을 심어 주도록 말이다. 특히 선생님들에게 칭찬받고 인정받을 때면, 반대로 야단맞고 체벌 당하는 그들에게서 우월감을 느꼈다.

내게 공부 못하는 것들은 다 쓰레기였다. 학교 반 아이들 뿐 아니라 폭력밖에 모르는 아버지도, 심지어 중학생이던 내 여동생도 반에서 중간 등수에도 들지 못하는 쓰레기였다. 난 동생을 볼 때마다 야단쳤다.

"아빠나 엄마는 돈이 없어서 공부를 못 했다 쳐!
 너는 왜 공부를 못하는 건데?"

동생을 볼 때면 답답하고 분이 났다.

"그럴 거면 실업계에 가서 기술을 배워!"

난 동생을 쓰레기라 부르며 온갖 폭언과 저주를 퍼부었다. 어려서는 싸울 일 없이 친하게 지내던 사이였다. 눈만 마주쳐도 미소 짓는 사이였다. 하지만 동생이 중학생이 되어 성적표가 나오면서 불행이 시작되었다.

동생의 성적표를 볼 때마다 분노가 솟구쳤다. 아버지가 물려준 폭력을 여동생에게 그대로 갚았다. 머리를 향해 주먹을 날리고 발로 복부를 찼다. 배를 감싸 안으며 숨쉬기 힘들어하는 동생에게 크게 소리쳤다.

"너도 쓰레기야! 맞기 싫으면 공부를 하면 되잖아!"

이런 행동이 나올 때마다 어머니는 나를 온몸으로 막아섰다. 마치 날 때리던 아버지를 말리듯이, 이젠 여동생을 때리는 나를 막아야 했다. 이후로도 공부하지 않는 동생을 볼 때마다 화를 냈다. 오렌지 주스를 얼굴에 쏟고 의자를 집어 던지기도 했다. 나를 바라보는 동생의 시선에는 늘 겁이 가득했다. 하지만 내 머릿속에는 동생을 쓰레기로 만들 수 없다는 생각만 가득 찼다. 늘 당하던 내가 독하게 공부를 하게 되었듯, 동생도 독하게 마음먹기를 바랐던 것이다. 아버지가 내게 *"다, 너 잘되라고 때린 거야"* 라는 말을 했던 것처럼 나도 스스로를 합리화하며 동생을 때렸다. 그럴 때면 어머니는 온몸으로 내 팔을 잡으며 동생을 보호했다. 마치 내가 어릴 적 아버지가 던지는 장난감들을 피해 어머니 등 뒤에 숨었던 것처럼, 동생은 나를 피해 어머니 뒤에 숨었다. 그런 나의 모습에 어머니는 눈물을 글썽이며 소리쳤다.

"넌, 네 아빠보다 더 하고 있어!"

맞는 말이었다. 따지고 보면 모든 것이 아버지 때문이었다. 집안이 한번 뒤집히고 나면 난 어머니 앞에서 다짐했다.

날 이렇게 만든 아버지를 내 손으로 죽이고 말겠다고. 아버지가 폭력으로 날 기죽이지만 않았다면 학교에서 괴롭힘을 당해서 내가 이렇게까지 변하지는 않았을 거라고.

삭발과 독기 가득한 눈빛

고등학생이 된 내 키는 어느덧 아버지 키를 훌쩍 넘어섰다. 아버지는 키가 큰 나를 보며 흐뭇해했다. 나 역시도 흐뭇했다. 이젠 아버지에게 맞설 수 있다는 생각이 들었기 때문이다. 그 후 언젠가 날 때리려는 아버지의 두 손을 잡고 서로 밀치게 되었다. 공사장 노동으로 단련된 아버지에게 아직은 힘에서 밀릴 수밖에 없었다. 그러나 이후 아버지는 더 이상 날 때리지 못했다. 변한 건 키뿐이 아니었다. 나의 눈빛도 매섭게 변해갔다. 집에서 아버지를 마주칠 때마다 항상 원망과 증오의 눈으로 노려보았다. 그런 나를 아버지는 무섭다고 말할 정도였다.

학교에서도 늘 살기 어린 눈빛에 머리를 삭발한 채로 다녔다. 만만해 보이지 않기 위해 웃음을 보이지도 않았다. 그렇게 내 얼굴에선 표정이 사라졌고 말도 거의 하지 않았다. 고등학교에서도 내게 별명이 생겼다. 악마였다. 날 놀리거나 괴롭히기 위해 지은 별명이 아니었다. 그냥 그 자체로 악마처럼 느껴져서 붙여진 별명이다. 게다가 주머니 안에는 컷터 칼이나 뾰족한 컴퍼스를 넣고 다녔다. 공부를 하다 졸릴 때 허벅지를 찌르기 위함이었다. 아니면 손 등을 이빨로 깨물며 졸음을 쫓아냈다. 이빨 자국으로 손등이 멍들 정도였다.

점수는 계속 올라 고2 때 모의고사에서 전교 6등까지 할 수 있었다. 내 주위엔 공부 잘하는 아이들이 몰려들었다. 모르는 문제를 알려주기도 하고 동영상 강의를 공유했다. 선생님들에게 성실하고 모범적인 학생으로 인정받았다. 날 무시할 수 있는 아이들도 없었다. 이제는 과거처럼 왕따 당하거나 맞는 일도 없었다. 아무도 싸움이나 시비를 걸어오지 않았다. 나 역시 쓰레기들을 상대하거나 말도 섞지 않았기에 부딪힐 일도 없었다. 아예 인간 취급을 하지 않았다.

당시 내 인생의 주인은 하나님이 아닌 나 자신이었다. 성공을 위해서라면 별명처럼 악마에게 영혼이라도 팔았을 것이다. 만일 성공의 길을 계속 걸었다면? 더 좋은 대학에 가고 더 좋은 직장에서 더 높은 위치에 올랐다면? 난 하나님을 믿을 이유가 없다. 더욱 독하게 인생을 헤쳐나가며 성공의 꿈을 이루었을 것이다. 하지만 가족들을 포함한 주변 사람들은 많이 힘들 수밖에 없다. 결국, 내 곁에는 아무도 남아 있지 않았을 것이다. 성공 뒤 찾아오는 공허함을 달콤한 죄로 달래며 평생 고달프고 외로운 삶을 살아갔을 것이다.

가시

나로 인해 고통 받는 이가 없기를
나로 인해 시험 받는 이가 없기를
반목과 미움, 질투와 욕심, 판단과 정죄
내 안에 이런 죄들이 사라지면 얼마나 좋을까요?

오늘도 나 때문에 누군가 상처를 받았네요.
계산적인 생각, 어리석은 마음, 이기적인 행동
이런 나의 더러운 입술과 못난 행위 때문에 말이죠.

어린 새는 쉬어가려 앉은 가시나무에 찔리고
도마뱀은 반갑다고 포옹했던 선인장의 가시에 베입니다.

이보다 슬픈 존재가 있을까요?
이보다 비참한 만물이 있을까요?

저의 날카로운 말은 주님의 가시면류관이 되었습니다.
저의 폭력적인 행동이 주님의 옆구리를 찔렀습니다.
넘쳐 나는 저의 가시가 주님을 계속 찌르고 있습니다.

제가 천국에 가는 날 주님 품에 안긴다면
제 안의 가시로 주님의 몸이 상하지 않을 겁니다.
오직 눈물만이 주님의 옷자락을 적실 겁니다.
그날을 소망합니다. 그날을 기도합니다.

05화

무너져 버린 탑

조현병은 많은 교훈을 주었다. 특히 인생에서 무엇을 추구하며 어떤 가치관으로 살아야 하는지 알려줬다. 조현병 환자만의 축복이다. 물론 지금도 가끔 망상에 시달린다. 초조함과 불안감에 감정을 다스리기 힘들 때도 많다. 심지어 약 없이는 밤에 잠자는 것조차 마음대로 안 된다. 그러나 이 증상들은 내 가치관을 변화시켰다. 더 이상 성공과 돈, 명예에 집착할 수 없었다. 대신 긍정적인 생각과 편한 마음, 건강한 육체와 밤마다 스르르 잠드는 것만 바랄 뿐이다. 정말 구해야 할 것은 일상에서 오는 소소한 행복과 감사할 수 있는 나의 건강이 아닐까? 이런 생각은 고3 때 몸과 마음이 무너지며 갖기 시작했다.

운명 같은 재회

우연일까? 아니면, 운명일까? 고 3이 되어 나를 괴롭혔던 강희와 다시 같은 반이 되었다. 같은 고등학교에 진학했지만 같은 반이 되리라곤 상상도 못 했다. 처음엔 당황했다. 하지만 어쩌면 잘된 일이라 여겼다. 나의 성공을 통해 강희를 철저히 짓밟을 기회였다. 아니, 그냥 무시할 생각이었다. 어차피 강희는 반에서 꼴찌를 벗어나기 힘든 쓰레기 인생이니까.

성공을 향해 달려야 하기에 녀석까지 신경 쓸 틈이 없었다. 고3 내내 우리는 대화 한마디 나누지 않았다. 서로 투명인간 취급했다. 강희는 1년 동안 맨 구석 자리에 앉아 존재감 없이 지냈다. 반 분위기를 주도하던 과거의 영광은 찾아 볼 수 없었다. 그저 있는 듯 없는 듯, 공부는 못하는 그런 학생이었다.

어느 날, 쉬는 시간에 강희가 노트에 뭔가 열심히 적고 있는 것을 보았다. 뭘 적나? 옆을 지나가다 슬쩍 훔쳐봤다. 내 이름 석 자를 한 페이지에 반복해서 적고 있었다. 그리고 한자로 참을 인(忍)자를 또 반복해서 적었다. 처음엔 나를 해치고 싶은 마음을 참는다는 뜻인 줄 알았다. 나중에 생각해보니 그 한자는 칼도(刀)에 마음심(心)자의 조합이었다. 내 마음을 칼로 찌르는 주술 같았다. 하지만 쓰레기들의 일에 신경 쓸 겨를이 없었다. 당장 눈앞에 시험이 우선이다.

날개 없는 추락

고3이 되어서도 성적은 계속 올랐다. 1학기 수능 모의고사에서 반 50명 중 3등까지 할 수 있었다. 아이들은 내 성적을 보며 부러워했다. 담임선생님도 열심히 하는 학생이라며 칭찬해주셨다. 하지만 다음 시험부터 마음이 조급해지기 시작했다. 언어영역 과목에서 시간에 쫓겨 뒷부분 열문제를 아예 풀지도 못했다. 처음으로 시험을 망쳤고 큰 절망감에 빠졌다. 하지만 한 번의 실수라 여기고 다음 시험을 준비했다. 그때부터 초조함이 생겨났다. "원하는 대학에 갈 수 있을까?"라는 걱정에 마음이 답답하고 조급해졌다.

결국 3.3.3 작전을 세웠다. 고3으로서 새벽 3시에 3시간만 자고 일어나 공부하는 전략이다. 이 작전을 실행하는 동안 몸이 무척이나 피곤해 수업 시간에 집중조차 할 수 없었다. 그래도 성적상승을 기대하며 버텼다. 그러나 모의고사를 다시 망치고 말았다. 내신 기말고사도 성적이 오르지 않았다. 실망한 마음에 체력도 바닥났다.

게다가 담임선생님과의 마찰이 시작되었다. 내 책가방은 늘 무거웠다. 교과서와 학원 교재, 문제집을 합치면 거의 15권이 넘는 책을 넣고 다녔다. 그래서 교과서는 학교 책상 서랍에 놓고 학원 교재와 문제집만 가방에 챙겼다. 어느 날, 선생님은 교실 미관상 좋지 않다며 책상 서랍에 책을 두고 다니지 말라는 방침을 내리셨다. 담임선생님은 영어를 가르치는 할아버지 선생님이셨는데, 원리 원칙을 중시하는 분이셨다. 하지만 방침을 따를 수 없었다. 그날도 10여 권의 교과서를 서랍 안에 둔 채 학원을 갔다.

다음날 불호령이 떨어졌다. 선생님은 날 교무실로 불러 바구니에 담긴 내 책들을 가리키며 꾸중하셨다. 어쩔 수 없이 다시 무거운 책가방을 메고 다녔다. 등에 땀이 차도록 메고 다니다 무게를 견디지 못한 가방끈이 끊어지기도 했다. 몇 번은 선생님 몰래 책을 서랍에 놓고 다녔다. 한 번은 청소 당번이던 강희가 내 서랍 속을 확인하고 있었다. 그래서인지 선생님은 날마다 검사를 하지 않고도 내 행동을 아셨다. 더 이상 책을 놓고 다닐 수 없었다. 그래서 생각한 방법이 아무도 오지 않는 학교 쓰레기장 구석에다 모든 책과 노트를 숨겨 놓는 것이었다. 등교할 때마다 쓰레기장에 들러 책과 노트를 챙겼다. 또 수업이 끝나면 다시 쓰레기장에 놓고 학원에 갔다. 며칠은 그렇게 편히 지냈다.

그러나 그 방법에는 큰 함정이 있었다. 장마철이 시작된 것이다. 전날부터 밤새 비가 내리던 날, 일어나자마자 서둘러 학교 쓰레기장에 달려갔다. 하지만 역시나.. 교과서와 문제집, 노트까지 모두 젖어 버렸다. 심지어 책에 곰팡이까지 폈다. 시험에 나올만한 내용을 필기한 노트까지 잉크가 번져 있었다. 글씨를 알아볼 수 없었다. 너무 비참했다. 군인에게 총이 중요하듯 내게는 매우 소중했던 책과 노트들이다. 책에 밑줄도 긋고 중요한 내용을 필기했는데, 모두 날아가 버렸다. 그나마 덜 젖은 책과 노트를 햇볕에 말리고, 나머지는 교실 쓰레기통에 버릴 수밖에 없었다.

가혹한 운명

곰팡이 피고 쭈글쭈글해진 책과 노트를 보면 공부할 마음이 사라졌다. 이미 무리한 생활로 체력도 바닥났다. 1학기 마지막 모의고사도 성적이 떨어졌다. 이대로 맞이하는 여름방학은 망할 것 같았다. 담임선생님은 이번 여름방학에 반 아이들 모두 보충수업을 들어야 한다고 통보했다. 학교 수업 분위기는 여전히 '떠들지 말라'는 선생님의 고함과 아이들의 매 맞는 모습으로 채워졌다. 이곳에서는 공부가 안 될 것 같았다. 그래서 방학 동안 기숙학원에 들어가기로 다짐했다. 이왕이면 아무도 나를 모르는 먼 곳으로 떠나고 싶었다.

부모님께 부산에 있는 스파르타 기숙학원에 가겠다고 말씀드렸다. 그러나 어머니는 강력히 반대했다. 하필이면 2001년 내가 고2 때, 예지 학원이라는 광주의 기숙학원에서 화재로 10여 명의 학생들이 사망했었다. 아직 1999년에 발생한 청소년 수련원 화성 씨랜드 참사의 여파가 가시지 않았을 때다. 유난히 걱정 많은 어머니를 이해할 수 없었다. 한번 사고가 났다고 다른 모든 학원에서 화재가 발생하는 건 아니라 생각했다. 선생님도 방학 보충수업에 모든 학생이 참여해야 한다며 허락하지 않으셨다. 평생을 결정지을 고3 여름방학을 이대로 망칠 수 없었다. 우편으로 받은 부산 기숙학원의 팜플릿을 들고 담임선생님을 찾아갔다. 하지만 선생님은 그 팜플릿을 쳐다보지도 않은 채 가라고 손짓만 할 뿐이었다. 나는 너무 억울하고 분한 표정을 지었다. 그런 내게 선생님은 말씀하셨다.

"네가 이 학교에 다니고, 나를 담임으로 만난 건 네 운명이야. 네가 변호사 아들로 태어나지 못한 것도, 의사 아들로 태어나지 못한 것도, 모두 네 운명이야."

가혹한 운명을 받아들일 수밖에 없었다. 결국, 기숙학원은 포기했다. 방학이 시작되어 보충수업에 참여했다. 수업시간에 곰팡이 핀 교과서를 펼치면 마음이 슬펐다. 그리고 화도 났다. 물론 수업에 집중 할 수 없었다. 그저 곰팡이 핀 책을 한 장, 한 장씩 찢었다. 갖고 다니던 칼과 컴퍼스로 이유 없이 허벅지를 찔러댔다. 머리카락을 쥐어 뽑기도 하고 갑자기 울기도 했다. 반 아이들은 그런 나를 이상하게 보았다. 평소 친하던 친구들은 자신의 공부에 집중할 뿐이었다. 아무도 내게 위로의 말조차 건네주지 않았다.

허무하게 무너져 버린 탑

수업이 끝나면 친구들에게 노래방을 가자고 졸라댔다. 그렇게 노래를 하면 기분이 나아졌다. 그러나 잠시뿐, 이내 우울함과 좌절감이 찾아왔다. 이후 본 모의고사에서는 단 한 문제도 풀 수 없었다. 시험 시간 내내 머리카락을 쥐어 뽑을 뿐이었다. 문제를 풀고 나서 성적표를 받는 것이 두려웠다. 차라리 풀지 않고 내 성적을 숨기는 게 나았다. 문제를 보지도 않고 답안지에 대충 마킹했다. 시험이 끝날 때까지 엎드려 있었다. 왠지 말도 안 되는 내 성적표를 보며 아이들이 비웃을 거 같았다. 스스로도 나는 이젠 끝났다고 생각했다.

여름방학을 지나 고3 2학기가 되어서는 아예 손에서 책을 놓았다. 그리고 무력감과 패배주의에 빠지기 시작했다. 간혹 다시 공부하려 펜을 들었지만 얼마 못 가 관두기를 반복했다. 시간이 흘러 중간고사, 모의고사를 모두 망쳤다. 그리고 수능 전 마지막 모의고사를 보았다. 늘 그랬듯이 시험에 집중할 수 없어 몇 문제만 골라서 풀었다. 시험이 끝난 후 모든 반 아이들의 성적표가 교실 벽면에 붙여졌다. 내 점수는 400점 만점에 120점으로 반에서 꼴찌였다. 다른 아이들도 저마다 자신의 성적을 확인했다. 그러나 나의 점수에는 아무도 관심을 갖지 않았다. 다만 강희만이 웃으며 내 성적표를 보고 있었다. 민망했던 나는 자리에 앉아 책을 펴고 공부하는 척했다. 이내 강희는 다른 반에 있던 자신의 친구를 데려왔다. 그리고 벽면에 붙인 성적표에서 내 성적을 향해 손가락으로 가리켰다. 그리고 그 손가락 끝은 다시 앉아 있던 나를 향했다. 내 성적을 보던 강희의 친구도 손끝을 따라 나를 쳐다본 뒤 비웃으며 한마디 내뱉었다.

"병~신~"

이후, 수능일이 다가왔지만 시험을 치르고 싶지 않았다. 보나 마나 망할 게 뻔했고 더 비참해질 것 같았다. 그러나 어머니는 성적이 못 나와도 좋으니 시험장에만 들어가 달라고 애원했다. 할 수 없이 억지로 수능 시험을 봤다. 역시나 결과는 좋지 않았다. 과거 2등급이던 성적이 전국 평균인 4~5등급으로 떨어졌고 수시를 넣었던 지방대마저 모두 떨어졌다. 고3 때 나와 강희는 말 한마디 섞지 않았다. 그러나 서로 지켜보며 의식하고 있었던 건 사실이다.

보이지 않는 싸움에서 내가 이기고 있다고 생각했는데. 좋은 성적에 일류 대학에 가는 모습을 보여주려 했는데. 결국은 다시 처참하게 패배한 것이다.

진정 쌓아야 할 탑

그렇게 학창 시절 강하고 튼튼해 보였던 나의 탑은 무너지기 시작했다. 어쩌면 무너지는 것이 당연하다. 그 바닥 기초는 불타는 증오와 복수의 받침돌이었다. 기둥을 이루는 돌들도 하나 같이 남들에게 뽐내기 위한 화려하고 예쁜 장식품에 불과했다. 게다가 남의 등을 밟고 올라서야만 더 높이 쌓을 수 있었다. 탑의 가장 꼭대기에는 내가 앉아 있었다. 워낙 높은 탑을 쌓으려 해서일까? 탑이 무너질 때 꼭대기가 높을수록 추락의 충격은 컸다. 그리고 그 충격은 지금의 병으로 이어졌다.

하지만 원망하지 않는다. 오히려 감사하다. 조현병을 통해 새로운 탑을 쌓을 수 있었다. 이 글을 쓰는 것도 그 과정 중 하나다. 살면서 겪은 아픔과 눈물이 지반을 만드는 밑거름이 되었다. 그리고 내 옆에는 소중하고 고마운 사람들이 함께 해줘서 외롭지 않다. 기본이 되는 받침돌은 반석이다. 기도와 말씀으로 기둥을 세우고 꼭대기에 하나님이 계신다. 탑이 높을 수도 낮을 수도 있다. 하지만 그것은 내게 더 이상 중요하지 않다. 다만 지금 탑을 쌓고 있는 이 순간이 행복할 뿐이다.

병들게 하소서

내가 세상의 중심인양 살며 교만해질 때마다
아프게 하시어 겸손하게 낮추심에 감사합니다.

주님 없이 평생 누워 지낼 인생을 돌이키시고
주님의 사명을 감당하는 영광을 주심에 감사합니다.

어차피 허망하게 죽어야 할 육체를
언제든 주님 위해 사용 할 수 있음에 감사합니다.

병들게 하소서
병들게 하소서

주님 없이 천년 만년 누리기보다
곪아 썩어도 단 하루를 주님과 함께 하길 원합니다.

축복 가운데 불평하는 세상 속에서
고통 가운데 감사하는 삶을 살게 하심에 감사합니다.

06화

길거리의 낭만고양이들

2017년, 제법 가을바람이 쌀쌀한 퇴근길에 한 통의 전화를 받았다. 기독교인 모임에서 알게 된 상담 전공 교수님의 전화였다. 의정부 청소년 이동 쉼터에서 진행하는 프로그램 하나를 맡아 달라는 것이다. 작가의 관점에서 길거리 아이들의 살아온 이야기를 듣고 책으로 만드는 프로그램이었다. 주저 없이 승낙했다. 어릴 적 부모에게 받은 상처와 왕따 경험이 아이들을 이해하는 데 도움 될 것 같았다. 언론학, 출판학을 전공하고 기자로 일한 경험도 있다. 게다가 사회복지사 자격증까지 있으니 내 사명이라 생각했다. 그리고 나의 짧은 길거리 생활마저도 오늘을 위해 쓰임에 감사했다.

잘못된 다짐

나의 길거리 생활은 고3 여름방학 때 시작되었다. 성적이 떨어지고 기숙학원도 좌절되었다. 아직 대학에 대한 꿈과 성공에 대한 집착을 버릴 수 없었다. 정신을 다잡고자 삭발한 머리 스타일을 유지했다. 오전에 방학 보충 수업이 끝나면 바로 학교 앞 독서실로 갔다. 오후부터 공부하다 독서실이 문을 닫는 밤 12시면 근처에 있는 종로미 대사관 앞 작은 공원에 갔다. 독서실이 끝나고 공원에 가는 이유는 밤새 잠을 자지 않고 가로등 밑에서 공부하기 위해서였다.

그 다짐은 텔레비전 방송을 보며 생겨났다. 휴먼드라마 같은 프로그램에서 매일 잠을 자지 않고도 지장 없이 일상생활을 하는 대학생이 소개되었다. 그 대학생은 아침부터 저녁까지 공부와 아르바이트를 병행했다. 새벽이 되면 운동을 하거나 한강 유원지를 달렸다. 그리고 아침이 밝아오면 다시 학교에 가서 공부했다.

물론 그 사람은 생리적으로나 신경학적으로 보통 사람들과 달랐다. 병원 진단 결과 눈을 깜빡일 때마다 수면효과가 나타나서 굳이 잠을 자지 않아도 되는 신체 조건이었다. 방송을 보며 그 대학생 형을 따라 하고 싶었다. 몸 건강은 생각도 않은 채 강한 정신력과 의지라면 충분히 가능하다 생각했다.

떨어진 성적과 가까워지는 수능 날로 초조하고 불안했다. 이성적 판단을 할 수 없었다. 그래서 오전에는 학교, 오후에서 밤까지는 독서실, 새벽에는 공원에서 공부하기로 했다. 수능일까지 잠을 자지 않겠다고 다짐했다.

불면의 시간

　방학 첫째 날 월요일, 공원에서 밤을 새우며 새벽은 아주 긴 시간이라는 사실을 깨달았다. 공원 주변에 지나가는 차도 사람도 거의 없었다. 모든 상점과 건물들은 문을 닫았다. 그나마 24시간 편의점은 늘 열려 있었다.

　방학 둘째 날 화요일, 잠을 자지 않기 위해 4개의 캔 커피를 마셨다. 속이 너무 쓰리고 커피를 생각만 해도 토할 지경이었다. 그래서일까? 하루 종일 밥을 먹지 않아도 배고프지 않았다. 이후로 허기지면 커피를 더 마셔서 배를 채울 뿐, 배가 너무 부르면 졸릴까 봐 음식을 먹지 않았다.

　방학 셋째 날 수요일, 가만히 앉아만 있어도 졸렸다. 공원에 앉아 있기보다 몸을 움직이는 게 낫다고 생각했다. 가로등 아래서 공부하다 졸리면 동네 한 바퀴를 돌았다. 다시 돌아와 공부하다가 또 졸음이 쏟아졌다. 이번엔 한 시간 정도 차도를 따라 걸었다. 그리곤 다시 공원으로 돌아와 공부했다. 걸을 때마다 신나는 음악을 들으니 제법 버틸 수 있었다.

　방학 넷째 날 목요일, 몇 시간이고 새벽 공기를 마시며 서울 시내를 돌아다녔다. 학교가 있는 종로를 벗어나 남산을 넘어 한강 대교에 도착했다. 대교를 건넜다가 다시 왔던 길로 되돌아갔다. 남산을 지나고 종로에 있는 학교 정문에 도착했을 때 새벽 4시 반이었다. 정문은 아직 열리지 않았었다. 정문 앞에 쭈그리고 앉아 기다리다 보니 6시가 되어 경비 아저씨가 정문을 열어 주셨다.

방학 다섯째 날 금요일, 이날도 학교와 독서실 공부를 마치고 새벽 동안 서울 시내를 돌아다녔다. 다시 학교에 도착하여 정문 앞에 쭈그려 앉아 있었다. 경비 아저씨는 문을 여시며 부지런한 학생이라고 칭찬해주셨다. 복도 끝 화장실에서 대충 세수를 하고 양말을 벗어 발을 씻은 뒤 다시 보충수업을 들었다.

월요일부터 잠을 한숨도 안 자고 방학 여섯째 날인 토요일 새벽이 되었다. 이날도 서울 시내를 걷다가 이른 아침에 종로에 도착했다. 학교를 향해 걷는 데 평소보다 두 배의 시간이 걸렸다. 걷다가 졸면서 멈춰 서고, 또다시 걷다가 졸면서 멈춰 서기를 반복했다. 몽롱한 정신으로 겨우 학교에 도착했다.

이날은 수업 대신 CA 동아리 활동이 있었다. 나는 영화 감상 반이었다. 교실에서 출석 체크를 하고 동아리 반 아이들은 모두 광화문에 있는 영화관에 갔다. 그날 본 영화가 2002년 8월에 개봉한 '인썸니아'(불면증)라는 영화였다. 크리스토퍼 놀런 감독에 알파치노와 로빈 윌리엄스가 나오는 영화였다. 다행히 영화를 보면서 졸지는 않았다. 이대로 영화관에서 잠들면 스스로와의 약속을 깨는 것이기 때문이다. 하지만 영화가 끝나고 밖에 나와서 갈 곳이 없었다. 아직 해가 창창한 낮이었다. 하지만 토요일은 독서실이 문을 닫는 날이었다. 무슨 이유에서인지 집에 들러 씻은 뒤 옷을 갈아입고 다시 나와야겠다고 생각했다.

결국 월요일 집을 떠난 지 5박 6일 만에 다시 집으로 돌아왔다. 집에 아무도 없었다. 안방으로 들어가 교복도 벗지 못하고 그대로 누워 잠들어 버렸다. 잠을 한숨도 안 자고 버틴 지 120시간 정도 지나서였다.

그리고 잠든 지 17시간 만에 깨어났다. 깨어남과 동시에 후회와 허탈감, 좌절감에 빠졌다. 결국, 나는 잠을 이기지 못했다. 모두 실패로 끝났다는 생각에 사로잡혔다.

나는 낭만 고양이

그래도 공부를 포기할 수 없었다. 다시 학교와 독서실에서 공부하다가 밤 12시가 되면 공원에 갔다. 그래도 나름 타협을 해서 무조건 밤을 새우지는 않았다. 너무 졸리면 새벽 3~4시쯤에 벤치 위에 누워 신문지를 덮고 잠들었다. 새벽이 되면 인적이 뜸했다. 다만 2~3명의 노숙자가 벤치 위에서 잠을 자곤 했다. 삭발한 채 교복을 입고 잠자는 나를 누구도 건들지 않았다. 다만 공원 안의 몇 노숙인들이 나를 보며 이상한 웃음만 지었다. 미 대사관 앞이다 보니 의경들이 밤새 지켜보고 있어서 위험한 일은 일어나지 않았다.

어느 날 비가 와서 어쩔 수 없이 공원 화장실에 들어갔다. 화장실 문을 열었는데 이미 다른 노숙인이 그 안에서 자고 있었다. 다행히 옆 칸은 비어 있었다. 안에 들어가 변기 뚜껑을 덮고 그 위에 엎드려 잤다. 허리가 아파서 잠든 지 2시간 만에 깨어났다. 화장실을 나와 서울 시내를 돌아다녔다. 걷다 보면 지하철이나 다른 공원에서 다양한 노숙자들을 볼 수 있었다. 그 중엔 여자도 있었고 머리를 노랗게 염색한 사람도 있었다. 당시로선 귀하던 휴대폰으로 통화를 하는 노숙자도 있었다. 난 그들을 혐오했다. 나는 이렇게 밤을 새우면서 죽어라 하고 공부하는데, 그들은 게을러서 공짜 밥이나 먹고 길거리에서 잠자는 나약한 쓰레기들이라 생각했다.

하지만 나의 행색과 생활도 노숙인들과 별반 다를 바 없었다. 제대로 씻지도 못했고, 오래도록 교복도 갈아 입지 못했다.

그렇게 여름방학 한 달 내내 공원에서 지냈다. 여름이라 춥지 않아서 가능했다. 그래도 새벽 4~5시가 되면 추운 바람에 햇살이 눈 부셔서 저절로 눈이 떠졌다. 공원을 가로질러 출근하는 사람들의 구둣발 소리를 듣고 창피해서라도 벤치에서 일어났다. 그래도 마음은 집보다 공원이 편했다. 나와 갈등을 빚는 아버지도 싫었고, 외할아버지의 장례를 치르고 우울해하는 어머니도 보기 싫었다. 끼니는 24시간 편의점 도시락으로 해결했다. 가끔 공중전화로 어머니에게 만나자고 연락했다. 혹시나 나를 찾아올까 공원이 아닌 곳에 약속장소를 잡았다. 난 어머니를 만나 돈만 받고 다시 어딘가로 사라졌다. 어머니는 집으로 돌아와 달라고 애원했다. 하지만 난 단호했다. 남은 방학동안 학교 보충수업도 가지 않았다. 그 사실을 몰랐던 어머니는 새벽 4~5시마다 학교 정문 앞에서 나를 기다리셨다고 한다. 그래서 학교 경비아저씨들로부터 미친 여자로 오해를 받았었다.

남은 방학 내내 새벽마다 서울 시내를 돌아다녔다. 이제는 멈출 수 없었다. 수능일은 다가오고 초조함과 실패의식, 좌절감은 커져만 갔다. 그럴수록 온몸을 혹사해가며 거리를 걸어야 머릿속에 잡념이 사라졌다. 다리가 아프고 몸이 피곤해도 마음은 편했다. 세상이 모두 어두워지면 별빛과 가로등 빛 사이로 혼자 걸어 다녔다. 나의 보물이던 MP3로 음악에 취해 웃기도 하고 울기도 했다. 걸어 다니며 자주 듣던 체리필터의 낭만고양이 노랫말처럼 나는 그렇게 낭만을 즐기고 있었다.

"내 두 눈 밤이면 별이 되지~ 나의 집은 뒷골목~

달과 별이 뜨지요~"

하나님이 직접 키우시는 아이들

이런 나의 이야기를 의정부 길거리 아이들에게도 나누었다. 그러자 아이들도 자신의 삶을 솔직히 이야기해줬다. 그들이 겪어야 했던 아픔과 상처는 생각보다 컸다. 부모의 학대와 학교 폭력은 물론 건강과 경제적 문제까지 어린 나이에 감당하기 힘든 일들이었다. 그러나 우리는 눈물을 흘리거나 어두운 표정을 짓지 않았다. 오히려 웃으며 대화를 이어 나갔다. 서로 비슷하게 겪었던 아픔과 상처를 나누고 공감했다.

그중에서도 승화(가명)라는 한 남자아이가 기억에 남는다. 첫인상부터 매우 어둡고 우울해 보였다. 과거의 많은 상처와 아픔이 느껴졌다. 어릴 적 승화의 아버님은 가족들에게 폭행을 가할 때가 많았다. 어머님은 승화가 어릴 적 자살을 시도한 적이 있었고, 가정에 소홀했다고 한다. 그래서 승화와 누나는 컵라면으로 끼니를 때울 때가 많았다. 경제적으로도 파산하여 사채업자들이 집에 찾아왔다. 누나는 방황의 시기를 보냈고 어머니는 승화를 잠시 쉼터로 보내기도 했다. 승화는 학교에서 왕따를 당하여 17살 때 학교를 자퇴했고 병원에서 대인기피증을 동반한 우울증 진단을 받았다. 그리고 현재는 조현병까지 갖고 있었다.

하지만 승화와 대화를 나누며 내면만큼은 강하고 밝은 아이라는 것이 느껴졌다. 누구라도 원망할 수밖에 없는 부모님을 용서했고 심지어 사랑하고 있었다. 승화의 아버님도 어릴 적 당신의 아버지를 여의고 자라났다. 어머님도 밖에서 돈을 버느라 가정에 소홀했다. 승화는 그런 부모님을 이해하고 가족들과 따뜻한 대화를 나누려 노력 중이다. 그리고 이런 말을 자주 한다고 했다.

"나는 누나가 잘 되었으면 좋겠어."
"아빠, 내가 실수했어. 미안해."

승화는 경제적 부족함을 메우기 위해 여러 가지 아르바이트를 하고 있다. 실수와 부족함이 많지만 계속 일자리를 구해 왔다. 지금은 편의점 아르바이트를 하며 작은 일에도 감사하고 성실한 자세로 살아가고 있다.

그리고 희성(가명)이라는 아이도 만났다. 유난히 밝고 내면이 성숙해 보이는 아이였다. 희성이는 고등학교를 졸업하고 만두 공장에서 일하며 목회자의 꿈을 꾸고 있었다. 자신처럼 어려운 시기를 보내는 청소년들을 돕고 싶어 했다. 열심히 공부하고 눈물로 기도해왔다. 그러나 나와 만나는 날 안타깝게도 신학대학교 면접에서 불합격했다는 통보를 들었다. 실망스러운 표정으로 날 만나러 왔을 법한데, 희성이의 얼굴은 언제나 밝았다. 그리고 내게 확신에 찬 표정으로 담대히 말했다.

"전 하나님을 원망하지 않아요. 이유가 있을 거라 생각합니다. 하나님은 두 가지 길을 주세요. 목적지를 향해 직진하는 길과 멀리 돌아서 가는 길을 주시죠. 하나님은 제가 감당할 길을 걷게 하실 겁니다."

희성이는 과거의 상처와 아픔보다 꿈과 비전 그리고 신앙에 대한 이야기를 많이 했다. 어쩌면 지금 사회는 희성이처럼 어려움을 직접 겪어 본 목회자가 더 필요하다고 생각한다.

너무 어린 나이에 성숙해진 아이들을 보며 마음이 짠했다. 그리고 정말 기특하다고 생각했다. 하나님의 손길이 아이들을 성장시키고 있었다. 아이들의 아픔과 상처는 지금도 진행 중이다. 다만 힘든 과정을 극복하며 사는 모습이 아름다웠다.

"너희는 다른 아이들처럼 따뜻한 부모의 사랑을 받지 못했지만, 하나님이 직접 키우고 계시는구나.. 하나님이 직접 키우고 계셔.."

애벌레의 반론

사람들은 내게 말하지

작고 볼품없는 그 몸으로 어떻게 사냐고

사람들은 내게 말하지

그렇게 느려서야 이 험한 세상 어떻게 사냐고

주름 잡힌 징그러운 아주 작은 몸

하루 종일 기어가도 겨우 몇 미터

그래도 나에겐 할 말이 있어

알아주지 않는 이 세상에서도

나에 대한 믿음과 사랑은 변치 않아

언젠가 이 두꺼운 껍질을 벗겨내고

세차게 불어오는 바람을 향해

젖은 날개 펼치고 힘차게 날아올라

어딘가에 있을 화사한 꽃을 찾아

새하얀 날갯짓으로 세상에 향기를 전하며

구름 너머 빛을 따라 태양을 향해 날아가

아름다운 한 마리 나비로 거듭나기 위해

오늘도 나는 기어가고 또 기어가며

아무도 알아주지 않는 행진을 멈춤 없이 달려 나가

07화

부산 스파르타 기숙학원

철저히 나만을 위해 살아온 학창 시절에는 주위에 친구가 생겨날 수 없었다. 늘 혼자 밥을 먹고 늘 혼자 집에 가는 시간이 많았다. 원망과 분노로 날카롭게 살았기에 누구도 다가올 수 없었다. 그런 나를 처음으로 이해해주고 포용해 준 건 멀리 부산의 친구들이었다. 말투도 다르고 문화도 다른 나를 그들은 친구로 받아 줬다. 늘 암울하게만 느껴졌던 나의 인생에 부산에서의 추억은 따뜻하게 남아 있다.

어쩔 수 없이 재수

수능을 마치고 대학 원서접수를 위한 담임선생님과의 상담이 이어졌다. 내 차례도 다가왔다. 원망을 가득 안고 교무실에 갔다. 선생님은 2003 수능 대학 배치표의 뒷면을 펼쳤다. 앞면은 서울과 수도권 대학, 뒷면은 지방대와 전문대 지원용이었다. 뒷면을 살펴보던 선생님께 혹시 재수를 하면 어떨지 물었다. 당연히 성적이 예전보다 터무니없이 낮았기에 선생님도 응원해주실 줄 알았다. 그러나 선생님의 대답은 단호했다.

"너는 재수를 하다가 더 박살 날 수도 있어."

선생님이 그렇게 말할 줄은 몰랐다. 이렇게 된 게 선생님과 부모님 때문이라 생각하니 화가 났다. 선생님은 마음속 깊은 불을 끄라는 말과 함께 나를 돌려보냈다. 사실 선생님의 말씀이 맞았다. 그분의 표현대로 난 이미 몸과 마음이 박살 난 상태였다. 공부를 할 수 있는 상태가 아니란 걸 나도 알고 있었다. 지방대 몇 군데에 원서를 넣었지만 모두 떨어졌다. 과거에는 이름도 몰랐던 대학들이다. 이후 더욱 심한 좌절감에 빠졌다. 서울에서 다섯 손가락에 꼽히는 대학을 목표로 했는데 이제는 지방대도 들어갈 수 없었다.

고등학교 졸업 이후 그나마 친했던 학교 친구들과 모든 연락을 끊었다. 당시 내겐 핸드폰도 없었고 집 전화도 받지 않았다. 고등학교 졸업식에도 가지 않았다. 철저히 집에서 혼자 시간을 보내고 있었다. 모든 대학에서 떨어지고 난 뒤 할 수 있는 일은 원하건 원치 않건 재수밖에 없었다.

부산의 재수 생활

그러다 예전에 가고자 했던 부산의 스파르타 기숙학원이 떠올랐다. 새로운 마음과 기분으로 다시 시작하고 싶었다. 어머니도 이번엔 반대하지 않았다. 그동안 기숙학원을 반대했던 어머니를 원망하고 있었다. 어머니도 선생님 수업 방침에 따라 학원에 보내지 않은 걸 후회하고 계셨다. 그렇게 부산행 기차를 탔다. 서울에 아무런 미련이 없었다. 첫 타지 생활에 대한 약간의 설렘도 있었다. 재수한 것에 대한 실망이 컸지만, 다시 성적이 오를 수 있다는 기대도 있었다. 그렇게 기차 안에서 만감이 교차했다.

부산 중심가인 서면에 위치한 기숙학원에 도착했다. 사감 형과 누나들이 짐을 맡아 줬다. 입학생들은 쉴 틈도 없이 바로 교실에 들어갔다. 첫날이니 오리엔테이션이나 입학 행사를 할 줄 알았다. 그러나 우리가 도착하자마자 한 일은 공부였다. 다들 멀리서 오느라 피곤하고 긴장되었을 텐데. 우리 모두 군말 없이 교실에서 공부했다. 물론 제대로 집중할 수는 없었다. 다들 수능에 실패하고 낯선 환경에 들어왔으니 마음이 편할 리 없었다.

밤 12시가 되어서야 숙소에 갈 수 있었다. 큰 방 하나에 2층 침대들이 따닥따닥 붙어 있었다. 그 방에 30여 명의 재수생들이 잠을 잤다. 그리고 아침 7시에 교실로 향했다. 그 전에 공용 화장실이나 대형 욕실에서 씻고 가방을 챙겨야 했다. 조금이라도 숙소에서 늦게 나오면 "일어나! 이 게으름뱅이들아~!" 라는 경비 아저씨의 호통을 들어야 했다. 그리고 숙소의 문은 잠겨 졌다.

숙소는 잠만 자는 곳일 뿐 온종일 교실에 있어야 했다. 사감 형, 누나들은 24시간 우리를 보살피고 통제할 의무가 있었다. 나이는 5살 정도 더 많은 대학 휴학생들이었다. 그들도 이곳 기숙학원 출신으로 모두가 서울대 혹은 의예 학과에 합격한 전설들이었다. 밤마다 사감 형들의 공부 비법과 생활 태도에 대한 이야기를 들으며 잠들었다.

학원 재수생 모두가 부산과 통영, 남해, 울산 등 경상도 출신이었다. 서울에서 온 건 내가 유일했다. 그래서 다들 내게 호기심을 갖고 관심을 주었다. 당시 KTX가 활성화되지 않았고 우리 나이가 고등학교를 갓 졸업한 스무 살이었다. 나도 부산에 처음 왔지만, 그들도 서울 사람을 처음 본 것이다. 많은 친구들이 서울을 동경하고 있었다. 서울에 있는 대학에 가서 서울에 정착하는 것이 인생의 꿈이었다. 자연스레 나는 많은 관심을 받게 되었다. 내게 서울에 대해 묻기도 하고 서울말을 알려 달라는 친구도 많았다.

따뜻한 부산 아이들

기숙학원 생활은 힘들었다. 수능 실패 뒤 학원 건물에 갇혀 지내는 것은 누구에게나 스트레스였다. 학원 건물 앞마당까지가 우리에게 허용된 활동구역이다. 정문을 열고 나가거나 울타리를 넘을 수는 없었다. 그래서 창밖을 바라보며 길거리를 자유롭게 걸어 다니는 사람들을 부러워했다.

이성 문제도 간과할 수 없었다. 스무 살의 남녀들이 하루 종일 교실에서 함께 지내야 했다. 그러다보니 누가 누구를 좋아하는 일은 다반사였다. 하지만 몰래 연애하다 걸리면 학원에서 쫓겨났다. 다들 자유와 감정을 억누르고 공부만 해야 했다.

그나마 스트레스를 풀 수 있는 방법은 운동이었다. 하지만 난 먹는 거로 스트레스를 풀었다. 당시 키 178에 몸무게 60킬로의 빼빼 말랐던 내가 재수를 하며 정상 체중이 되었던 이유다. 한 달에 1박 2일, 혹은 두 달에 2박 3일로 잠시 집에 다녀올 수 있는 단체 휴가가 주어졌다. 서울에서 온 나는 휴가 기간이 길면 집에 다녀올 수 있었다.

그러나 1박 2일처럼 짧으면 부산 안에 머물 수밖에 없었다. 사감 형들에게는 이모가 부산에 살고 있다고 거짓말을 하고 안심시켰다. 그리고 홀로 부산의 해운대나 광안리, 서면 번화가를 돌아다녔다. 그러다 치킨이나 간식을 사 들고 혼자 모텔에 가서 잠을 자고 다음 날 학원으로 복귀했다.

그래도 스트레스는 계속 쌓였다. 여러 마음을 억누르다 보니 학원 생활이 점점 힘들어졌다. 이를 해소할 방법이 없었다. 게다가 과거 상처를 줬던 아이들과 선생님, 아버지에 대한 기억이 떠오르기 시작했다. 이후 공부할 때마다 왼손으로 머리카락을 쥐어 뽑는 습관이 생겼다. 다른 친구들은 머리를 뽑지 말라며 걱정해 줬다. 하지만 나도 모르게 어느 순간 계속 머리를 쥐어 뽑고 있었다. 가끔은 밤마다 악몽으로 소리를 지르며 깨어나기도 했다. 같은 방 아이들이 자다가 놀랄 정도였다. 정도가 심해져 공부를 하다 이유 없이 눈물 흘릴 때도 있었다. 다행히 부산의 아이들은 나를 이상하게 여기거나 따돌리지 않고 위로해 주었다. 그들도 나와 같은 환경에 있었지만 따뜻하게 이해해줬다.

미안해, 그리고 고마워.

하지만 재수학원에 온 지 5개월이 지나 내 머릿속은 더 황폐해졌다. 재수하는 내 모습에 자존감이 낮아졌다. 누군가와 눈이 마주치면 날 비웃는 것 같았다. 어떤 소리가 들리면 나를 욕하는 것 같았다. 심지어 학원 아이들이 나를 왕따 시킨다고 생각했다. 그래서 어느 순간부터 학원 아이들 누구하고도 말을 섞지 않았다. 그저 공부만 하려 했다. 아이들은 걱정하며 내게 말을 걸었지만 난 아무 대답도 하지 않았다.

어느 날, 저녁 자율 학습 시간이었다. 내 뒤쪽에서 누군가 수군거리며 웃는 소리가 들렸다. 그 소리는 나에 대한 험담으로 느껴졌다. 나도 모르게 손바닥으로 책상을 강하게 내려쳤다. "쿵!" 하는 소리와 함께 교실에는 잠시 정적이 흘렀다. 그리고 이내 반 아이들의 웃음소리가 들려왔다. 내 행동에 대한 비웃음으로 느꼈다. 더욱 화가 나서 책상을 손바닥으로 마구 내려쳤다. 그제야 반에 적막이 흘렀다.

반에서 가장 나이가 많은 형이 나를 데리고 교실 밖으로 나갔다. 그리고 학원 교무실로 가서 우리 반 담당 선생님과 이야기를 나누게 했다. 선생님과 형은 내게 "많이 힘들었나 보구나?"라는 한마디 말을 던졌다. 순간 눈물이 쏟아졌다. 이제는 부산을 떠나야 함을 느꼈다. 이대로라면 스트레스가 계속 쌓여 미칠 거 같았다. 이런 나로 인해 다른 친구들에게까지 피해를 주고 싶지 않았다. 그래서 그날 서울의 집으로 보내 달라고 울며 애원했다. 선생님과 형은 나를 위로하고 달랬다. 하지만 나는 당장 서울로 보내 달라고 사정했다. 선생님은 걱정하며 말했다.

"집에 보내주더라도 오늘은 시간이 너무 늦었는데 어떻게 가겠다는 거니?"

선생님은 걱정돼서 지금은 보내 줄 수 없다고 말했다. 결국 그날 밤은 혼자 일찍 숙소 방으로 돌아왔다. 시간이 흘러 자율학습을 마친 아이들이 방에 들어왔다. 그리고 내게로 다가왔다.

"괜찮은 거니?"
"무슨 일 있어?"
"혹시 내가 잘못한 게 있는 거야?"

아이들은 하나 같이 나를 걱정하고 위로해줬다.
나는 울면서 말했다.

"너희들이 나를 싫어했잖아!"

그러자 아이들은 아무도 싫어하지 않는다며 달래 주었다. 그 말을 듣자 더욱 눈물이 쏟아졌다. 그리고 내가 이곳에 있으면서 더 이상 피해를 주면 안 되겠다고 판단했다.

다음 날 아침, 한 친구에게 내 대신 짐을 모두 싸서 서울로 보내 달라고 은밀히 부탁했다. 그 친구는 흔쾌히 그러겠다고 대답했다. 난 교실에서 공부하는 아이들을 뒤로하고 작별 인사도 나누지 못한 채 황급히 서울행 기차를 탔다. 아이들은 내가 휴가를 얻어 서울에서 잠시 쉬다 오는 것으로 알고 있었다. 난 사실대로 말하고 작별 인사를 나눌 면목이 없었다. 그들을 위해서도 나를 위해서도 이곳을 떠나야 했다. 부산 기숙학원에서 나의 마지막 모습이었다.

지금 생각하면 부산의 친구들에게 참 미안하고 고맙다. 우리 모두가 똑같이 힘든 상황에 있었다. 하지만 아이들은 서로 의지하고 격려하며 재수 생활을 버텼다. 그러나 난 그 친구들을 오해하고 때로는 원망했다. 특히 매우 이기적이고 기이한 행동을 보였던 나를 수용하고 걱정해 준 친구들이었다. 만약 그때로 돌아갈 수 있다면, 아이들을 서울로 초대하여 경복궁과 남산타워, 롯데월드를 구경시켜 주고 싶다. 학원에 있을 때 휴가 기간 충분히 할 수 있었던 일이라 더 아쉬움이 남는다. 그래서 더 미안하고 고마운 마음이 남아 있다.

주님만은 아십니다.

저의 마음 속 교만한 본성을 주님만은 아십니다.

저의 인생 속 죄악된 행동을 주님만은 아십니다.

저의 대화 속 거짓된 속임을 주님만은 아십니다.

저의 눈빛 속 음란한 시선을 주님만은 아십니다.

저의 표정 속 어두운 생각도 주님만은 아십니다.

부끄럽고 창피하고 숨고 싶고 도망가고 싶지만

기도하고 회개하고 잘못 빌고 용서 받고 싶어서

늦은 새벽 잠 못 자고 이 시를 쓰는 이유를 주님만은 아십니다.

눈에 보이지 않는 고통

　조현병은 눈에 보이지 않는다. 엑스레이나 혈관 검사로도 알 수 없다. 어디가 부러지거나 피가 나는 병도 아니다. 발병 원인이 뚜렷하지 않으며 증상의 고통도 당사자가 아니고는 느끼기 힘들다. 그러나 눈에 보이지 않는다고 해서 고통이 가벼운 것은 아니다. 직접적으로 죽음에 이르게 하지 않지만 스스로 죽음을 선택하게 만드는 무서운 병이다. 뉴스 기사에 따르면 조현병 환자 10명 중 4명이 자살 시도를 해봤으며 그중 한 명은 실제로 목숨을 잃는다고 한다. 그만큼 이 병은 조기 치료가 시급하다. 그러나 우리나라 사람들은 신경정신과 병원에 가는 것을 피하고 숨긴다. 많은 이들이 우울증과 불면증에 고생하면서도 상담과 약물치료를 거부한다. 사회적 인식과 편견이 사람들을 고통에서 빠져 나오려는 시도조차 하지 못하게 만들었다. 나 역시 스스로 이 병을 이길 수 있을 거라 믿었다. 정신과 의사의 진단을 무시했고 약물치료의 도움을 거부했다. 인생의 큰 실수 중 하나였다.

잘못된 다짐

5개월의 부산 생활을 마치고 서울로 돌아와 며칠간 쉬었다. 쉬는 동안에도 내 머릿속에는 과거 날 괴롭혔던 사람들과 사건들이 계속 떠올랐다. 내 정신적 상태에 대해 알고 싶었다. 그래서 어머니와 동네 정신과 병원에 찾아갔다. 의사에게 그동안 있었던 일들, 떠오르는 생각들을 말했다.

"제가 빨리 마음이 편해져야 공부를 하고 대학에 갈 수 있어요!"라고 간구했다.

그러자 의사는 걱정스런 눈빛으로 나를 바라보았다.

"지금 상태로 공부는 불가능합니다.
어서 약을 먹고 치료를 받아야 합니다!"

아직 수능일이 5개월이나 남아 있었다. 병원에 다니느라 공부할 시간을 허비할 수 없었다. 약을 먹으면 잠자는 시간도 늘어날 것이다. 공부에 방해 된다고 생각했다. 다음에 와서 치료를 받겠다는 말을 하고 병원을 나왔다. 약을 먹지 않고도 강한 정신력으로 버틸 수 있을 것이라 생각했다. 이후 강북에서 제법 규모가 큰 재수 종합학원에 등록했다. 다만 스스로 다짐했다. 이번 학원에서는 선생님이건 다른 재수생이건 아무하고도 말을 하지 않는 것이다. 과거에 받은 상처의 기억들로 괴로웠다. 앞으로도 사람에게서 상처받는 일은 계속 생길 것이라 생각했다.

당시로선 더 이상 티끌만 한 갈등과 문제조차 감당할 수 없었다. 쉽게 상처받고 분노하여 공부에 집중 못 할 것을 알았다. 그래서 사전에 모든 가능성을 끊기로 했다.

자발적 격리생활

학원 등록 첫날부터 나는 인사도 없이 공부만 했다. 누구하고도 말을 하지 않았다. 수업 시간은 물론 쉬는 시간에도 책만 쳐다봤다. 누군가 말을 걸어도 대답하지 않았다. 다만 고개를 좌우로 절레절레 흔들거나 위아래로 끄덕이며 'No'와 'Yes' 정도의 표시만 했다. 말없이 심각한 표정으로 공부만 하다 보니 다들 내게 말 거는 것을 포기했다. 다만 옆자리 여학생만이 *"너는 왜 말을 하지 않니?"*라며 계속 물어볼 뿐이었다. 선생님들도 내 목소리를 들어보는 것이 소원이라 말할 정도였다. 그렇게 난 스스로를 외부로부터 철저히 격리시켰다.

어느 순간부터 말하지 않고 지내는 것이 편했다. 누군가와 부딪힐 일도 없고, 상처받을 일도 없었다. 인간관계에 신경 쓸 일이 없으니 공부에도 집중이 잘 되는 듯했다. 그러나 수업 시간이나 쉬는 시간에 과거 기억들이 계속 생각났다. 그때마다 분노의 감정도 일어났다. 어릴 적 아버지의 폭력과 학창 시절의 왕따, 고3 담임선생님의 말들이 계속 떠올랐다. 미치도록 괴로웠다. 다시 머리를 쥐어 뽑고 멍하니 있다가 눈물 흘리는 행동이 반복되었다.

나쁜 생각이 들 때마다 기분전환을 위해 음식들을 먹어댔다. 학원 식당에서 점심을 먹고 매점에 가서 라면을 또 먹었다. 배가 부른 채 교실에 오면 조금 살 것 같았다.

수업 중에도, 자율학습 중에도 책상 위에 과자와 빵을 쌓아 두었다. 안 좋은 생각들이 떠오를 때마다 먹기 위함이었다. 집에 돌아와서도 악몽을 꾸지 않기 위해 잠들기 전마다 밥이나 라면을 먹었다. 재수 생활 동안 몸무게가 15킬로 정도 늘어났다. 먹지 않고는 견딜 수 없었다.

학원 생활 가운데 위기도 있었다. 쉬는 시간에 화장실을 갔다가 교실에 들어가고 있었다. 한 손으로 교실 문의 손잡이를 잡고 살짝 밀어 닫으려 했다. 그 순간 복도 창문을 통해 강한 바람이 불어왔다. 문이 바람에 의해 '쾅!' 소리를 내며 닫혔다. 교실에 있던 학생들은 놀라며 나를 쳐다봤다. 그때 반에서 나보다 한 살 많았던 형이 노려보며 협박조로 말했다.

"문 좀 살살 닫아라!"

나는 아무 대답 없이 교실 자리에 앉았다. 그리고 가방을 싸서 교실을 나갔다. 답답해서 옥상에 올라가려 했는데 문이 잠겨 있었다. 옥상 문 앞에서 벽을 향해 머리를 박기 시작했다. 피가 날 정도는 아니었지만, 머리에 두통이 생길 정도로 박치기를 하며 분을 풀었다.

"뭐야!"

그때 경비 아저씨가 놀라며 소리쳤다. 그리고 나를 말리려 했다. 하지만 난 울면서 벽을 향해 계속 머리를 박아댔다. 그날은 어쩔 수 없이 일찍 조퇴했다. 그리고 다음 날, 아무 일 없었다는 듯이 학원에 와서 공부를 해나갔다. 그렇게 5개월의 시간을 실어증 환자처럼 지냈다. 집에서도 자연스레 가족들과의 대화가 거의 없었다.

기약 없는 합격 소식

어느덧 11월이 되었고 무사히 두번째 수능 시험을 치렀다. 만족스럽지 않았지만 서울에 있는 대학에 갈 정도의 성적을 받았다. 수능을 마치고 마중 나온 어머니는 모든 고생이 끝났다며 기뻐하셨다. 이젠 가족들과도 대화하고 즐겁게 지내자고 하셨다. 앞으로 좋은 일만 생길 거라 믿었다. 하지만 고통이 끝난 것은 아니었다. 수능을 마치고 대학에 입학하기까지 몇 달의 기간은 초조함의 연속이었다.

가, 나, 다 전형을 통해 세 군데의 대학에 지원서를 넣었다. 어려서부터 텔레비전 보는 것을 좋아하고 글도 잘 쓰는 편이었다. 그래서 방송사 PD나 광고 카피라이터를 꿈꿨다. 자연스레 서울권 대학의 언론학과 위주로 지원했다. 합격자 발표까지는 많은 날들이 남아 있었다. 내가 붙을 수 있을까? 또 떨어져서 삼수를 하면 어쩌지? 라는 생각에 불안했다. 밤에 잠들 때도 초조한 마음에 심장이 빠르게 뛰는 것 같았다.

1차 합격자 발표일이 되었고 세 군데의 학교 모두 불합격했다. 예비 합격자 명단에 내 이름이 있었지만, 앞에 대기자가 꽤 많았다. 한 군데는 이미 예비번호 100번을 훨씬 넘었다. 다른 두 곳도 예비번호 34번, 64번이었다. 모집 정원은 각각 50명, 60여 명에 불과했다. 수능만 보면 대학에 쉽게 갈 줄로 알았던 터라 실망이 컸다. 더 낮은 점수의 대학에 지원하지 않은 것을 후회했다. 결국, 3월 대학교 개강까지 결과를 기다릴 수밖에 없었다.

게임과 코미디로의 도피

　인터넷으로 합격 대기자 상황을 계속해서 지켜보고 또 지켜보았다. 제대로 잠들 수도 없었다. 불안과 초조함에 하루를 보냈다. 수능을 마친 기쁨에 잠시 사라졌던 정신적인 문제들도 다시 시작되었다. 과거의 기억으로 인한 분노에 합격에 대한 걱정까지 겹쳤다. 괴로움에 괴로움이 더해졌다. 그 고통을 벗어나기 위해 게임에 매달렸다.

　당시 유행하던 스타크래프트도 할 줄 모를 정도로 원래는 게임과 친하지 않았다. 하지만 하루 종일 컴퓨터 앞에만 앉아 있다 보니 자연스레 게임에 빠져들기 시작했다. 게임을 하는 나의 모습은 정상적이지 않았다. 여러 명이 함께 하는 '강진축구'라는 축구 게임이 있었다. 나는 계속 자살골을 넣어서 우리 편이 지게 만들었다. 그러면 게임 속 채팅창에 욕설이 쏟아졌다. 열 받는 그들의 모습에 희열을 느꼈다. 또 편을 지어 탱크로 전투를 하는 '포트리스'라는 게임도 있었다. 여기서도 우리 편 탱크를 향해 대포를 쐈다. 역시나 채팅창에는 나를 향한 욕설이 쏟아졌다. 하지만 난 채팅창에 대응하지 않았다. 그저 대화 없이 계속 같은 편을 죽일 뿐이다. 그래야 뭔가 내 안의 화가 풀리는 것 같았다.

　밤을 새워가며 게임을 하다 보니 불면증이 생기고 우울증이 심해졌다. 그래서 인터넷 VOD 다시 보기를 통해 코미디 프로그램을 즐겨봤다. 어려서부터 코미디를 좋아했다. 코미디 프로그램을 보면 마음의 우울함이 좀 사라지는 것 같았다. 방송을 재생시키고 누워 있으면 저절로 잠에 들 수 있었다.

그러나 코미디 프로가 많지는 않았다. 그래서 대하 사극이나 다큐멘터리 프로그램을 켜놓고 같은 방법으로 잠에 들었다. 눈을 감고 소리로만 방송을 들으면 마음이 편했다. 하지만 매일은 아니었다. 많은 날들을 눈을 뜬 채 불안감과 두려움, 분노와 억울함으로 새벽을 맞이했다.

새벽의 공포

겨우 새벽 2시쯤 잠들면 중2 때 아이들과 고3 선생님, 심지어 아버지가 나타나 나를 괴롭혔다. 악몽 속에서 그들을 끊임없이 때리고 욕을 하며 소리쳤지만 결코 사라지지 않았다. 다음날 밤에도, 또 그 다음 날 밤에도 그들은 계속 나타났다. 심지어 난 칼로 그들을 찌르기도 했다. 그러다 내가 지른 괴성에 놀라 깨어보면 아직 새벽 4시도 안 되었다. 그렇게 하루에 서너 시간도 잘 수 없었다. 고통은 꿈이 아닌 현실에서도 이어졌다.

침대에 가만히 누워 있으면 위에서 뭔가 삐그덕 하는 소리가 들렸다. 천장이 무너져 내릴 것 같아 두려웠다. 집에만 계속 있다 보니 밖에 나가는 것조차 두려웠다. 밖에 나갔다가 차에 치여 죽을 수도 있다는 생각에 시달렸다. 가족 관계도 원만하지 못했다. 어머니는 나를 걱정해주고 참아 주셨다. 하지만 아버지와 여동생과는 자주 다투었다. 그렇게 다투는 날이면 내 방문을 잠그지 않고는 잠들 수 없었다. 잠든 사이, 아버지나 동생이 칼을 들고 들어와 나를 해칠 수도 있다는 생각이 들었다.

깨어있는 동안에도 중2 때 아이들과 선생님을 찾아가 복수하는 상상을 즐겼다. 그렇게 해야만 분이 풀릴 것 같았다. 한편으론 내가 진짜 살인을 저지를 것 같은 생각에 주방의 칼만 봐도 소름이 돋아 멀리 피했다. 내가 자살을 선택하는 것도 두려웠다. 남들은 사는 게 힘들어 자살을 한다고 들었다. 하지만 난 자살을 통해 세상에 복수하고 싶었다. 가족들에게는 슬픔을 주고 날 괴롭혔던 이들에게는 죄책감과 두려움을 주고 싶었다. 그만큼 내가 받은 고통을 그들이 함께 느꼈으면 했다. 그러면서도 실제 행동으로 이어질까 무서웠다. 간혹 지하철을 탈 때, 나도 모르게 선로로 뛰어들지 않을까 두려워 뒷걸음질 쳤다. 그렇게 내 머릿속에서는 수많은 살인이 일어났다. 언제나 죽음과 죽임에 대한 공포에 사로잡혀 지내야 했다.

뒤늦게 찾아간 병원

결국 서울대병원 신경정신과에 찾아갔다. 그곳에서 간호사의 안내에 따라 몇 가지 테스트를 받았다. 심리와 성격에 대한 설문조사와 아이큐 검사를 했다. 기초적인 사고 능력과 기억력 테스트도 받았다. 모든 사전 검사를 끝내고 상담실 밖 대기실에 앉았다. 대기실에 있으면 왠지 다른 사람들의 시선이 신경 쓰였다. 환자의 가족들로 보이는 사람들이 나를 쳐다봤다. 나를 미친 사람으로 여긴다는 생각이 들었다.

"나이도 젊고 멀쩡하게 생긴 사람인데….
어디가 문제일까…. 어떤 식으로 미쳐 있을까?"

날 바라보는 눈빛을 통해 그들의 생각을 짐작 할 수 있었다. 앞서 기다리던 한 여자는 혼자서 계속 욕을 해댔다. 의사 앞에서건, 간호사 앞에서건, 심지어 혼자 있을 때도 계속 욕했다. 불만에 가득 차 있는 표정으로 말이다. 그 여자를 바라보며 나도 같은 환자로 여기 있다고 생각하니 신세가 비참했다.

차례가 되어 의사와의 상담이 시작되었다. 그동안 있었던 일들, 머릿속에서 괴롭히는 생각들, 현재 나의 생활 모두를 꾸밈없이 말했다. 상담을 마치고 몇 주 뒤 다시 병원을 찾았다. 의사에게서 진단서를 건네받았다. 진단서 증상 항목에는 불안. 우울. 경도의 관계관념. 망상이라는 단어가 적혀 있었다. 그리고 밑에는 최종적으로 정신분열형 장애라는 단어가 보였다.

의사는 조심스레 어머니에게 병원에 입원해야 한다고 말했다. 하지만 일단 통원치료부터 받아 보자고 권유했다. 의사도 내가 대학교 합격을 기다리는 중이란 걸 알았다. 병원에 입원한다면 대학을 다니는 건 불가능했다. 입원까지 안한 건, 불행 중 다행이었지만 내 인생이 딱하게 느껴졌다. 반에서 왕따 당하던 예비 실업고생이 갖은 노력과 고생을 하며 전교 상위 등수에 드는 신화를 써 내려가고 있었는데, 이제야 인생 성공의 서막을 열고 있었는데, 결국 노숙 생활과 재수생 과정을 거쳐 정신병 환자가 되고 만 것이다.

지금 생각해보면 나 자신도 인지할 만큼 증상이 심해졌을 때 치료를 받아야 했다. 하지만 행복과 건강보다 대학을 최우선시했기에 치료 시기를 놓쳤다. 제때 치료를 받았다면 평생 병에 시달리며 약을 먹지는 않았을 것이다.

아직도 과거의 나처럼 잘못된 생각을 가진 사람들이 많다. 강한 정신력으로 버틸 수 있다고 믿는 사람들, 병원 기록이 남아 사회적 불이익을 걱정하며 치료를 마다하는 사람들, 오직 신앙에만 의지해야 한다고 믿는 사람들까지도 생각을 바꿔야 한다.

우리나라 사람들은 경미한 차량 접촉사고를 당하면, 다친 곳이 없어도 우선 병원에 가서 정밀검사를 받는다. 감기나 두통 증세가 느껴져도 슈퍼에서 과자를 사 먹듯 약국에서 약을 사 먹는다. 정신과 상담을 통해 내면의 마음을 점검하는 것에는 매우 인색하다. 불면증이나 우울증으로 병원을 방문한 이야기를 회사에서는 말할 수 없다. 처방받은 약을 먹는 것조차 내성이 생긴다며 거부한다. 어쩌면 누군가를 향했던 편견의 시선과 사회적 차별이 부메랑처럼 자신에게 돌아올 것이 두려워서는 아닐까.

아무리 정신 장애인을 입원 시켜 격리하고 배제해도, 결국 우리는 같은 사회를 살 수밖에 없다. 편견과 차별이 갈수록 심해져 가는 병든 사회는 당사자에게만 괴로운 것이 아니다. 건강하고, 사회적 지위가 높고, 신앙이 깊은 사람이라도 예외는 없다. 병든 사회는 결국 모든 구성원을 똑같이 병들게 할 것이다.

새벽 공포

숨이 찬다.
심장이 뛰고 호흡이 거칠다.

기도를 해도 가라앉지 않고
약을 먹어도 진정되지 않아.

정적이 싫어서 음악을 틀고
어둠이 무서워 티비를 켜지만

결국 돌아오는 건
이유 없는 우울함과
알 수 없는 불안감.

당사자만 이해 할 수 있고
당사자만 공감 할 수 있는
새벽이면 시작되는 공포 이야기

힘겹게 잠든 후 아침이 오면
지난 밤은 기억조차 안 나겠지만

매일 그렇게 우리는 또 한밤을 살아낸다.

새벽마다 죽을 것 같은 고통들로 괴로웠다
그러던 어느 날 찬양의 단비가 나를 해방시켰다

하나님의
자녀로 다시
태어나다

"그러므로 이제 그리스도 예수 안에 있는 자에게는
결코 정죄함이 없나니
이는 그리스도 예수 안에 있는 생명의 성령의 법이
죄와 사망의 법에서 너를 해방하였음이라"

로마서 8장 1, 2절

2부
생명의 가시

행복으로의 초대

늘 어둡고 힘들던 인생에도 행복이 찾아왔다. 그것은 세상에서 말하는 행복과는 달랐다. 좋은 대학과 좋은 회사, 아름다운 사람과의 연애와 결혼, 내 집 마련과 두둑한 지갑에서 오는 건 아니었다. 그냥 편하게 마음을 나누는 사람들, 함께 운동하고 맛있는 음식을 먹으며 서로 축하하고 위로하고 격려해주는 사람들이 곁에 있다면 그것이 바로 행복이 아닐까?

합격으로 변하지 않는 삶

3월이 다가오고 각 대학의 신입생 오리엔테이션이 한창이었다. 합격 소식을 기다리는 고통스런 시간도 거의 끝나갔다. 다행히 점수에 맞춰 지원했던 국민대는 입학식을 불과 3일 남겨 놓고 최종 합격 할 수 있었다. 학교 위치도 미아리 집에서 가까운 정릉에 있었다. 버스로 15분 거리고, 걸어서는 30분 거리였다. 이제 대학 생활의 낭만을 즐기며 정신적으로도 건강해지고 인생도 잘 풀릴 거라 생각했다. 그러나 대학에 입학하는 것이 인생의 모든 문제를 해결해주지 않았다. 새내기 생활부터 쉽지 않았다.

입학 첫날에 보니 동기들은 이미 오리엔테이션을 통해 서로 알고 있었다. 늦게 추가 합격한 동기들은 친해지기 위해 더 노력해야 했다. 그러나 난 친구 만드는 방법을 몰랐다. 심지어 정상적인 대화조차 불가능했다. 내성적인 성격에 일부러 벙어리처럼 지내 온 결과다. 누군가와 편하게 대화를 나눌 정신적, 심리적 여유가 없었다. 학기 초부터 친구가 없었고, 공강 시간이나 점심시간에 같이 밥 먹을 사람도 없었다. 그래서 하루 2~3시간의 수업을 듣고 나면 바로 집으로 돌아왔다.

약의 부작용

이후로도 주기적으로 병원에 다녔다. 캠퍼스 생활에 집중할 수 없었다. 서울대병원에서 통원치료를 받으며 날마다 약을 먹었다. 자기 전에 약을 먹으면 억지로 잠들 수는 있었다. 그러나 하루 12시간 이상을 잠에 빠지는 부작용이 있었다. 자는 동안에도 편하게 깊이 잘 수 없었다. 머리에 두통이 느껴질 정도로 아프고 몽롱했다. 그렇다고 깨어 있지도 못한 채 누워만 있었다. 그렇게 새벽 한 시, 두 시부터 아침을 지나 점심시간을 넘어서까지 불편한 잠에 빠졌다. 깨어 있어도 정신은 늘 몽롱했다. 언제나 졸음이 쏟아지고 머리가 아팠다. 이건 깨어있는 것도 아니고 잠을 자는 것도 아니었다.

약의 부작용은 이뿐이 아니었다. 많은 양의 음식을 먹지 않아도 체중이 늘어났다. 학창 시절 빼빼 말랐던 내가 비만이 된 것이다. 약에 의해 호르몬이 비정상적으로 분출되어서인지 혀가 늘 말라 있었다. 침샘이 분비되지 않았고 입에서 냄새도 났다. 누군가와 말을 하려면 혀를 물로 적셔야 했다. 그래서 늘 생수병을 들고 다니며 말하기 전에 한 모금씩 들이켰다. 침이 마른 혀로는 정확한 발음조차 낼 수 없었기 때문이다.

이처럼 독한 약을 먹는데도 정신적 문제는 해결되지 않았다. 과거의 상처와 말들이 계속 떠올랐다. 대학 생활도 엉망이 되어갔다. 평일에도 주기적으로 병원에 가야 했기에 시간표를 마음대로 짤 수 없었다. 어쩌다 오전에 수업이 잡히면 약에 취해 잠을 자느라 강의를 빠지곤 했다. 마음이 왠지 허탈했다.

"내가 이곳에서 이런 생활을 하기 위해 그 고생을 한 걸까?"

스스로 지금 모습에 만족할 수 없었다. 더 높은 대학에 가면 삶이 나아질 거라 생각했다. 입학 후 1학기 내내 반수를 해야 할지 말지를 고민했다. 그래서 현재 대학 생활에 집중할 수 없었다.

캠퍼스를 방황하며

어느 날, 아무 목적과 생각도 없이 캠퍼스 거리를 걷고 있었다. 누가 봐도 인생의 소망을 잃은 듯 무표정한 얼굴로 걸었던 것 같다. 양 어깨는 축 처진 채 신발을 끌며 걷고 있었다. 그때 맞은편에서 30대 중반으로 보이는 한 여자가 다가왔다. 자신을 기독교 동아리 선배라고 소개했다. 학교 재학생으로 보기엔 나이가 많아 보였다. 이미 오래 전 졸업 한 사람 같았다. 그래도 내게 말을 걸어온 사람이 오랜만이라 내심 반가웠다.

그 선배는 내게 밥은 먹었는지 물어봤다. 난 대학에서도 늘 밥을 혼자 먹었다. 그래서 밥을 사준다는 선배를 흔쾌히 따라갔다. 사실 날 전도하려는 목적임을 알고 있었다. 나와 가족은 무신론자다. 오히려 기독교에 대해 부정적이었다. 학창 시절에도 교회를 다니는 친구들에게 신은 없다며 논쟁을 벌이기도 했다. 그러나 힘든 시기를 겪고 종교에 의지하고 싶은 마음이 생겼다. 그날, 기독교가 아니라 천주교, 불교, 심지어 사이비 종교에서 오더라도 난 따라갔을 것이다. 그땐 지푸라기라도 잡고 싶은 심정이었다. 선배는 마주 앉아 밥을 먹는 내게 *"전공은 무엇이냐?", "취미는 무엇이냐?", "학교생활은 어떠하냐?"* 등을 물어봤다.

"언론학이고, 코미디 좋아하고, 학교생활은 재미없어요."

난 시큰둥하게 대답했다. 밥을 얻어먹으면서도 사람 자체를 믿을 수 없기 때문이었다.

밥을 먹고 나서 선배는 동아리 방에 함께 가보자고 했다. 예전의 나 같으면 강하게 거절했을 텐데, 그날은 무언가에 이끌리듯 따라갔다. 학교 건물 지하에 위치한 작은 동아리 방에는 처음 보는 형들과 누나들이 앉아 있었다. 그들은 오랜만에 본 가족을 만난 듯 웃으며 반갑게 맞이해주었다. 동아리 사람들의 눈은 예전에 내가 보았던 사람들의 눈과 달랐다. 눈빛이 선하고 편하게 느껴졌다. 그 눈빛에 마음이 놓였고 경계심을 풀었다.

성경 공부로의 초대

선배는 나를 앉힌 뒤 책상 위에 성경책을 펼쳤다. 내게 가장 바라는 것이 무엇인지 물어봤다. 망설임 없이 '마음의 평화'라고 대답했다. 그만큼 머릿속 전쟁에 지쳐 있었기 때문이다. 적어도 밤마다 나쁜 생각에 시달리다 소리를 지르며 악몽에서 깨는 생활을 끝내고 싶었다. 하루라도 약 없이 그냥 누워 있다가 졸려서 나도 모르게 스르르 잠드는 것이 소원이라고 말했다. 선배는 언젠가 반드시 그런 날이 올 거라고 대답해주었다.

선배는 내게 일대일 성경 공부를 제안했다. 성경에 나오는 말씀에 대해 읽고 공부하며 생각을 나누자는 것이다. 난 성경에 대해 아는 것이 없었다. 교회도 유치원 때 지나가던 친구가 가자고 해서 딱 한 번 따라간 것이 전부다. 그때 말고는 성경이나 교회에 대해 전혀 몰랐다. 다만 나도 이곳 사람들처럼 선한 눈빛을 갖고 싶었다. 그동안 다들 내 눈빛을 보며 무서워했다. 나도 누구나 쉽고 편하게 다가올 수 있는 눈빛을 갖고 싶었다.

그렇게 선배와의 첫 성경 공부가 시작되었다. 선배는 성경책을 펼치고 요한복음 2장을 읽어 줬다. 예수가 보이신 첫 번째 기적인 가나안 혼례 잔치에서 물이 포도주로 변한 사건이었다. 나와 선배는 이 말씀에 대한 생각을 나누었다. 그리고 선배의 설명이 이어졌다. 예수님이 물을 포도주로 바꾸었듯이 사람도 그저 그런 물에서 귀한 포도주로 변화될 수 있다는 내용이었다. 나도 변화될 수 있을까? 완전한 확신이 들지는 않았지만, 왠지 하나님이란 분이라면 가능할 수도 있겠다는 생각이 들었다.

이후로 일주일에 한 번씩 선배가 있는 동아리 방에서 성경 공부를 했다. '중풍병 환자를 고치신 예수님', '간음하다 잡힌 사마리아 여인', '삭개오를 부르신 예수님', '그물을 버리고 예수님을 따른 베드로' 등등 성경 속 다양한 인물과 사건들을 배울 수 있었다.

교제와 소감발표

처음에는 동아리에서 성경 공부만 했고 다른 선배들과는 어울리지 못했다. 그러나 선배들이 먼저 내게 다가와 말을 걸어 주었다. 처음에는 단답형으로밖에 대답하지 못했다. 그러다 어느 순간부터는 생수병을 들고 혀를 적셔가며 조금씩 길게 대답하려 노력했다. 나보다 먼저 동아리에 가입한 동기도 성격이 쾌활해서 먼저 웃으며 다가와 주었다. 그렇게 난 동아리 사람들과 조금씩 친해졌고 대화하는 시간도 늘어났다. 동아리에서 성경 공부 외에도 선배 형들과 탁구, 농구, 축구 같은 운동을 즐기게 되었다. 주말에는 지방 출신 선배들이 모여 사는 합숙방에 가서 함께 고기도 구워 먹었다.

지방에서 올라온 형들은 월 10만 원의 회비를 내고 학교 근처 합숙방에 모여 살았다. 아침마다 당번을 정해 밥을 해서 나눠 먹었다. 형들은 함께 공부하고 함께 잠을 자며 공동체 생활을 했다. 그곳에 놀러 가면 마음이 편했다. 혼자 집에 있는 것보다 심리적으로 안정되었다. 가끔 밤에 심심하면 합숙방에 가서 형들과 잠을 자기도 했다. 한밤이나 새벽 중에 집에서 잠이 오지 않거나 괴로울 때도 수시로 합숙방을 찾았다. 합숙방은 늘 문이 열려 있었고, 집에서 30분 거리에 있었다. 새벽 2시 건, 3시 건 마음이 불안하고 괴로울 때 집을 나와 합숙방에 들어갔다. 형들이 모두 잠들어 있으면 한쪽 구석에서 조용히 잠을 청했다. 아침이 되면 형들은 날 반가워하며 아침 식사를 차려 주었다. 형들이 차려 주는 아침밥은 정말 맛있었다.

자연스레 일요일에는 여러 학교 동아리 사람들이 모여 연합으로 예배를 드리는 교회에 갔다. 그곳에서 예배를 드리고 각 학교 동아리별로 모여서 밥을 먹었다. 끝나면 축구나 탁구 같은 운동을 하고 고기를 먹었다.

첫 예배는 굉장히 낯설었다. 그러나 한주, 한주 지날수록 교회 예배에 적응해갔다. 물론 내가 바로 하나님을 믿은 건 아니었다. 성경을 통해 하나님과 예수님이 있었다고 생각 할 뿐 큰 의미로 다가오지는 않았다. 다만 성경 속 이야기처럼 내 병도 하나님이란 분이 치료해주면 좋겠다고 생각했다.

동아리 생활을 하며 토요일마다 소감발표라는 프로그램에 참여했다. 동아리 학생들은 매주 모여 선배들 앞에서 성경 말씀에 대한 깨달음을 발표했다.

독이 퍼진 몸을 치료하기 위해 칼로 환부를 도려내듯 저마다 자신들의 부끄러운 죄를 고백했다. 나 역시 말씀을 빗대어 살아온 과거를 발표했다. 그리고 나를 괴롭히는 악한 생각들을 털어놓았다. 왠지 창피했지만, 선배들은 그런 나를 응원하고 박수치며 격려해주었다. 발표를 통해 죄를 고백하고 나면 마음이 시원하고 개운했다.

한번은 200페이지 인생 소감을 발표하는 시간이 있었다. 태어나 지금까지 있었던 일들을 사소한 거 하나까지 모두 써야 했다. 그렇게 노트에 모은 글이 200여 페이지다. 쓰는 동안 힘들었고 발표를 하면서도 지쳤다. 그러나 당시의 노트가 오늘날 이 글을 쓰는 데 도움이 되었다. 또한, 소감발표를 통해 내 안에 있는 죄를 직면 할 수 있었다.

성적보다 중요한 것

어느덧 대학교 1학년 생활이 끝나갔다. 여전히 약에 취해 하루의 절반을 잠으로 지냈다. 낮은 출석률로 인해 성적도 학과에서 꼴찌에 가까웠다. 시험공부 자체가 내게는 고역이었다. 하지만 예전처럼 낮은 점수로 실망하거나 좌절하지 않았다. 중요한 것은 학교 성적보다 마음의 건강과 행복이었다. 그래서 더욱 동아리 생활에 집중했고 조금씩 즐거움과 기쁨을 찾아갔다.

대학 생활을 하며 좋은 학점과 스펙, 토익 점수를 만들지는 못했다. 그러나 대학교 시절은 내 인생을 완전히 변화시켰다. 좋은 사람들을 만나 조금씩 마음의 문을 열게 해주었다.

동아리 생활을 하며 많은 것을 배웠다. 특히 삶을 살아감에 있어 가장 중요한 것이 무엇이고, 무엇을 추구하며 살아야 하는지를 배울 수 있었다. 그리고 가장 감사한 건, 대학교 새내기 때의 소원을 이룬 것이다. 지금도 약은 계속 먹지만 예전에 비해 잠을 편하게 잘 수 있게 되었다. 신약이 개발되어 약의 부작용에서도 어느정도 벗어났다. 말하는 것도 남들만큼 잘 할 수 있었다. 눈빛은 물론 얼굴도 편한 인상으로 변해왔다. 가끔 내 과거 사진을 보여주면 사람들은 놀란다. 어두운 표정에 매서운 눈빛의 과거 사진과 현재 모습이 너무 다르기 때문이다. 지금도 표정이 밝아졌다는 얘기를 듣는다. 그 이야기를 15년 넘게 계속 듣고 있는 것이 아이러니다. 아마도 오래전부터 밝아져 왔고 지금도 밝게 변해가는 중이기 때문일 것이다.

장막이 되게 하소서

서로의 은사로 기쁨과 웃음이 넘치는 장막이 되기보다
서로의 연약함으로 눈물과 기도가 넘치는 장막이 되게 하소서

서로 부딪치지 않고 다투지 않는 법을 배우기보다
먼저 용기 내어 손을 내밀고 화해하는 법을 배우게 하소서

장막 전체를 위해 한 사람의 잘못을 고치기보다
한 사람의 변화를 위해 장막 전체가 쓰임 받게 하소서

영적으로 잘 훈련된 목자들을 향해 열린 장막이 되기보다
죄로 무너지는 연약한 양들을 향해 열린 장막이 되게 하소서

신실하고 훌륭하게 신앙생활 하는 형제의 모습을 바라보기보다
방황하고 힘들어하는 형제에게 역사하는 하나님을 보게 하소서

10화

용서는 회복을 낳고

    신앙생활을 하며 여러 번 기적의 역사를 경험했다. 하나님은 어떤 문제든 해결하실 능력이 있음을 믿는다. 하지만 좁은 인간의 생각으로 하나님의 은혜를 이해하기란 쉽지 않다. 많은 이들이 자신의 방식대로 눈앞의 문제가 해결되기를 바란다. 대학합격, 취업, 결혼은 물론 건강 문제까지도 잘 풀려야 하나님이 역사하신다고 믿는다. 그래서인지 많은 기독교인은 우울증이나 불면증, 조현병과 같은 병들을 반드시 치료되어야 할 사탄의 역사로 본다.

    언젠가 한 신앙의 선배가 내게 질문했다. 스쳐 지나가는 질문이었지만 그 안에는 많은 의미가 내포되어 있었다.

    "너는 하나님을 믿는다면서 왜 우울증을 겪고 있어?

    약에 의존하지 말고 하나님께 의존해 봐~"

    당시엔 상처가 될 뿐 아무 대답도 하지 못했다. 하지만 많은 시간이 흐른 지금은 답해 줄 수 있다. 하나님은 병이 치료되는 것보다 놀라운 기적의 은혜를 주셨다. 이 병을 통해 나 자신을 깊이 돌아볼 수 있었다. 하나님을 믿게 되었고 병의 고통으로 인해 말씀과 기도를 붙잡았다. 무엇보다 용서할 수 없는 사람들을 이해하고 사랑할 수 있었다. 이것보다 더 큰 기적은 없다. 주님이 내게 주신 가장 큰 은혜다.

새벽의 도피

대학교 1학년을 마치고 겨울방학이 되었다. 이전처럼 집에만 있지 않고 매일 동아리 방에 갔다. 늘 반겨주는 선배들이 있어서 편했다. 그러나 밤이 되고 집에 돌아갈 시간이면 걱정이 시작되었다. 침대에 누워 또다시 괴로운 생각들로 시달릴 것이 뻔했다. 평소 일주일에 이틀 정도는 아예 잠을 이루지 못하고 날을 샜다. 밤새워 뒤척이다 새벽 4시쯤 되면 샤워를 하고 동아리 방에 가곤 했다. 동아리 사람들과 새벽기도를 드리며 마음을 안정시켰다.

그날도 새벽 내내 나쁜 생각들에 시달렸다. 너무 괴로웠다. 아직 새벽 3시였다. 새벽기도 시간은 아직 한참이나 남아 있었다. 하지만 이대로 누워만 있으면 정말 죽어버릴 것 같았다. 침대에서 일어나 집을 나서 학교를 향해 걸었다. 동아리 방에 도착하니 새벽 4시였다. 당연히 안에는 아무도 없었다. 괴로움을 잊기 위해 혼자서라도 미리 새벽기도를 드려야겠다고 생각했다.

찬양으로 열린 마음

그동안 보고 배운 대로 순서에 따라 예배를 시작했다. 먼저 찬송가를 불러야겠다고 생각했다. 무릎을 꿇고 의자 위에 찬송 책을 펼쳤다. '하나님은 너를 만드신 분'이라는 찬송가가 눈에 띄었다. 반주 없이 목소리로만 노래했다. 가사 하나하나가 내 마음속에 들어왔다.

<하나님은 너를 만드신 분 너를 가장 많이 알고 계시며
하나님은 너를 만드신 분 너를 가장 깊이 이해하신단다.>

찬양하며 마음속으로 하나님께 고백했다.

"하나님 정말 저를 만드시고 저를 깊이 이해하시나요? 아버지의 폭력으로부터 어린 나를 보호하고 싶었습니다. 친구들의 괴롭힘으로부터 나 자신을 보호하고 싶었습니다. 제게는 힘이 필요했습니다. 못된 마음으로 공부를 했고 날 무시하는 애들을 쓰레기로 여기며 더욱 무시했습니다. 심지어 배우지 못해 공사장에서 일하는 아버지를 무시하고 경멸했습니다. 하지만 결코 제가 원한 삶은 아니었습니다. 하나님은 그런 저를 가장 많이 알고 계시고, 깊이 이해해 주시는 거죠?"

<하나님은 너를 지키시는 분 절대 포기하지 않으며
하나님은 너를 지키시는 분 너를 쉬지 않고 지켜보신단다.>

"하나님, 저는 사탄의 종이 되어 분노와 증오심으로 죽어가고 있었습니다. 심지어 악마에게 영혼까지 팔려 했습니다. 결국 사망 권세에 휘둘려 죽음에 대한 두려움에 몸을 떨었습니다. 이런 저를 포기치 않으시고 끝까지 지켜보시며 결국 당신의 자녀로 돌아오게 해주셨어요."

<하나님은 너를 원하시는 분 이 세상 그 무엇 그 누구보다
하나님은 너를 원하시는 분 너와 같이 있고 싶어 하신단다.>

"저는 하나님을 모르고 살아왔습니다. 심지어 당신을 멀리하며 정반대의 삶을 살아왔습니다. 그런 저를 하나님은 같이 있고 싶어 하십니다. 이제는 꼭 잡은 제 손을 놓지 않겠다고 약속해 주십니다."

<하나님은 너를 인도하는 분 황야에서도 폭풍 중에도
하나님은 너를 인도하는 분 푸른 초장으로 인도하신단다.>

"학교에서 괴롭힘을 당하고 돌아와 방문을 걸어 잠그고 울 때도, 밤새 악몽에 시달리다 소리 지를 때에도 하나님은 함께 계셨습니다. 황야와 폭풍 가운데 저를 인도하셨어요. 앞으로 그 어떤 고난과 어려움이 닥치더라도 푸른 초장으로 인도하실 당신을 신뢰합니다."

<그의 생각 셀 수 없고 그의 자비 무궁하며
그의 성실 날마다 새롭고 그의 사랑 끝이 없단다.>

"하나님, 전 세상에 대한 원망을 놓지 않았습니다. 수 많은 살인을 저질렀고 수 많은 죄를 지었습니다. 심지어 나를 낳아 주신 아버지를 욕하고 무시하고 끊임없이 살인했습니다. 그래도 이런 저를 용서하고 감싸주시는 주님의 사랑은 끝이 없으십니다."

이렇게 주님을 찬양하며 기도를 드렸다. 그러자 마음속 응어리가 녹아내리는 듯했다. 눈물이 절로 흘렀다. 하나님을 알게 된 지금도, 하나님을 몰랐던 과거에도 그분은 나와 함께 계셨다. 계속 나를 지켜보시고 인도하셨다. 심지어 괴롭고 아팠던 시간조차 주님은 함께 우시고 함께 슬퍼하셨다.

말씀을 통한 기도와 깨달음

찬양을 마치고 말씀을 읽고 싶었다. 마땅히 어디서부터 읽어야 할지 몰랐다. 그래서 신약 성경을 맨 앞장부터 차례로 읽어 갔다. 그러다 마태복음 5장 43~44절을 눈여겨 보았다.

"또 네 이웃을 사랑하고 네 원수를 미워하라 하였다는 것을 너희가 들었으나 나는 너희에게 이르노니 너희 원수를 사랑하며 너희를 박해하는 자를 위하여 기도하라"

말씀을 읽고 다시 하나님께 기도했다.

"주님 저들이 행한 일들을 어떻게 용서합니까? 나의 정신조차 온전치 못하게 만든 저들을 어떻게 용서합니까?"

그러나 하나님이 성경을 통해 내게 말씀하고 계셨다.

"그들을 용서하라. 그리고 그들을 위해 기도하라."

그때 머릿속에서 그동안 미워하고 증오했던 사람들을 하나하나 떠올렸다. 분노의 대상으로 삼으며 끊임없이 살인했던 그들이다. 하지만 이제 내 마음은 너무 지쳐 있었다. 그래서 하나님의 말씀대로 따랐다. 그들을 용서하기 위한 기도를 시작했다. 먼저 아버지를 위해 기도했다. 그러자 아버지의 삶을 되돌아볼 수 있었다.

"주님, 아버지는 어릴 적 어머니를 잃었고 젊을 적에는 두 동생을 일찍 하늘로 보냈습니다. 그래서인지 아버지는 가족과 자녀들에게 사랑을 표현하는 것이 힘드셨나 봅니다. 또한 배우지 못해 거친 공사장에서 막노동을 해오셨습니다. 무거운 기계를 지고 다니느라 허리도 굽으셨습니다. 양복을 입고 출근하는 다른 아버지들과 다른 제 아버지가 부끄럽고 싫었습니다. 하지만 굽은 허리를 펼 수 없듯 제 마음에 드는 대로 아버지를 고칠 수 없겠죠. 그저 아들로서 그런 아버지를 이해해야겠지요. 가족을 위해 몸 바쳐 일해 오신 아버지를 사랑해야겠지요."

그리고 하나님은 날 괴롭힌 아이들마저 용서하라 말씀하셨다.

"절 괴롭혔던 강희도 중1 때 왕따를 당했다고 합니다. 그래서 중2 때 절 희생양으로 삼았습니다. 그런데 저 역시 그런 강희와 다를 바 없었습니다. 저 역시 왕따에서 벗어나고자 저보다 약하고 장애가 있는 친구를 괴롭히려 했습니다. 제가 악을 악으로 갚으려던 것에 죄책감을 느꼈듯 그 친구도 마음이 편치 않을 것입니다. 예전에 한 집회에서 우연히 강희와 마주쳤습니다. 강희는 저를 피해 자리를 옮겼습니다. 제가 복수하러 왔다고 생각했을까요? 아니면, 제가 강희의 잘못을 폭로하러 왔다고 생각했을까요? 다만 그런 강희가 불쌍할 뿐입니다. 저도 강희도 모두가 가해자고 피해자입니다. 저희를 불쌍히 여겨 주세요."

머릿속에서 싸워 왔던 사람들 한 명, 한 명을 용서하고 기도할 수 있었다. 그러자 몸과 마음에서 무언가가 떠나감을 느꼈다. 깊은 내면에 남아 있던 분노와 증오심이 사라지고 평안이 찾아 온 것이다. 그리고 깨달았다. 그동안 나를 괴롭힌 건 그들이 아니라 내 안의 분노와 좌절, 수치심, 두려움, 증오와 같은 죄악이었음을. 진정 용서를 받아야 할 대상은 그들이 아니라 바로 나 자신임을 깨달았다.

새벽기도로 만난 하나님

그렇게 새벽기도를 통해 하나님을 만났다. 죄와 악으로 죽을 수밖에 없던 내가 새 생명을 얻은 것이다. 하나님을 만나지 못했다면 훗날 병원이나 감옥에서 죽은 것과 다름없이 살았을 것이다. 그런 내가 하나님을 통해 몸과 마음, 영혼까지 살아날 수 있었다. 그날 무릎 꿇고 찬양하고 말씀을 읽으며 기도한 것이 전부였다. 하지만 15년이 넘게 지난 지금도 그날은 내게 잊을 수 없는 인생의 가장 행복하고 놀라운 순간이었다.

물론 단 한 번의 놀라운 경험으로 내 안의 모든 죄와 머릿속의 전쟁이 끝난 것은 아니다. 이후로도 지금까지 정기적으로 병원에 다니며 상담을 받고 약을 먹는다. 가끔 정신적 어려움이나 심리적 불안도 겪는다. 다만 이를 긍정적인 마음으로 받아들이며 생활하고 있다. 여전히 죄에 무너지고 악한 생각을 한다. 하지만 이제는 하나님이 함께 하시기에 승리 주실 것을 믿는다. 내가 조현병 환자로서 기쁘고 감사한 마음으로 살아가는 이유다.

내가 당신을 사랑하는 이유

내가 당신을 추억하는 이유는
화사한 햇살 아래 꽃밭에서의 만남이 아니라
어두운 구름 아래 빗발치는 소나기 사이로
함께 헤쳐 나갔기 때문입니다.

내가 당신께 나아가는 이유는
편안한 의자에 앉아 풍성한 만찬을 위함이 아니라
칠흑 같은 어둠 속 차가운 바닥 위에 무릎 꿇고
상한 마음과 지친 영혼으로 기도하기 위함입니다.

내가 당신께 진실할 수 있는 이유는
기름으로 머리를 빗고 향유로 단장함이 아니라
세상에 더럽혀져 온몸이 눈물로 젖은 채
당신께 나아가기 때문입니다.

내가 당신께 은혜 받은 이유는
말씀대로 사는 의인이라서가 아니라
짜내고 짜내도 구정물이 나오는 걸레처럼
악으로 가득한 죄인이기 때문입니다.

내가 당신을 사랑하는 이유는
언제나 기쁘고 행복하기 때문이 아니라
시련과 고통 속에서도 늘 변함없는
은혜와 사랑을 믿기 때문입니다.

11화

좌우명을 준 스승들

　나에게 원하는 사람과 식사를 할 수 있는 기회가 주어진다면 누구를 선택하게 될까? 많은 사람들은 성공한 CEO나 좋아하는 연예인, 인생의 멘토로 여기는 교수를 고를 것이다. 신앙이 있는 사람들은 명성 높은 목회자나 신학자, 더 나아가 예수와 식사하기를 원할 수도 있다. 나 역시도 아직 그 범주를 쉽게 벗어나지 못했다.

　하지만 소망한다. 예수님에게 좋은 이야기를 듣고 깊이 깨닫는 것도 좋지만, 그보단 예수님을 닮아 가며 예수님처럼 행동하고 싶다. 예수님을 사랑하는 것에서 그치지 않고, 예수님이 사랑하시는 사람들까지 사랑하고 싶다. 세상의 낮고 소외된 사람들에게 편견없이 다가가 함께 식사를 해도 거리낌 없는 사람이 되고 싶다. 마치 예수님처럼. 나도 그들을 사랑할 수 있는 마음이 있기를 바란다.

예수님의 친구

대학을 졸업 한 뒤, 기독교 동아리를 떠나 동네 교회에 등록했다. 동네 교회 생활을 하며 많은 외로움을 느꼈다. 아프고 어두웠던 나는 청년부에 쉽게 동화되지 못했다. 그러다 좀 더 건강해진 2013년부터 높은뜻 교회에 다니기 시작했다. 다행히 청년부에 잘 적응할 수 있었다. 그리고 사역도 하고 싶었다. 고등부 교사, 청년부 행정팀, 아니면 소그룹 리더로 섬기고 싶어 기도했다. 결국, 담당 전도사님께 전화로 소그룹 리더를 지원했다. 전도사님은 서로 기도하는 시간을 갖자고 하셨다. 그렇게 2주가 흘렀다. 주일날 예배를 마치고 집에 와서 기도했다. 그런데 뜬금없이 하나님은 이상한 비전을 주셨다. 교회에서 홀로 외로워하는 정환(가명)이 형의 옆자리를 지키라는 것이다.

정환이 형은 약간 지적 장애가 있다. 물론, 장애 때문에 차별받은 건 아니다. 다만 고집이 세고 돈과 여자를 너무 밝혀서 청년들, 특히 자매들이 싫어했다. 그런데 교회는 꼬박꼬박 나왔다. 주일예배는 물론, 수요예배와 금요예배까지 빠지지 않았다. 심지어 두세 시간씩 일찍 와서 예배를 기다렸다. 그래서 혼자 멍하니 앉아 있는 시간이 많았다. 그 형을 보며 이전 동네 교회에서의 내 모습이 떠올랐다. 하나님은 정환이 형을 외롭게 두지 말라고 말씀하시는 것 같았다. 그 명령을 거절할 수 없었다. 소외된 자들의 친구가 되는 예수님을 닮고 싶었다. 그리고 과거 장애인보호작업장에서 실습생으로 일했던 소중한 시간이 떠올랐다.

장애인 보호작업장

조현병으로 군대를 면제받고 2008년 대학을 졸업했다. 남자로서는 조금 이른 25살의 나이에 대학을 졸업한 것이다. 졸업 뒤 뭘 해야 할지 몰랐다. 취업할 용기도 없었다. 어두운 마음만큼 어두운 표정의 얼굴을 하고 면접을 볼 자신이 없었다. 그러다 모교의 평생교육원에서 사회복지사 2급 취득 과정을 소개하는 포스터를 봤다. 교육원에 다니면 학교에 남아 동아리 활동도 병행할 수 있었다. 1년 과정 동안 취업을 미룰 명분도 생긴다. 오랜 기간 복지관 자원봉사자로 일해 오신 어머니의 동의를 받아 과정에 등록했다. 또래가 아닌 다소 나이가 있으신 아저씨, 아줌마들과 수업을 들었다. 수업 내용도 그다지 재미있지는 않았다. 그렇게 1학기가 끝났고, 방학 동안 의무적으로 복지 관련 실습을 나가야 했다.

강북구에 있는 장애인보호작업장에 실습생으로 등록했다. 지적, 지체 장애인, 다운증후군을 가진 사람들이 모여서 일하는 곳이었다. 나는 함께 작업하면서 필요할 때 도움을 주는 역할을 부여받았다. 첫날 원장님과 간단한 면담을 하고 작업장에 들어갔다. 안에는 대형 테이블이 놓여 있었다. 그 위에는 양말과 포장지, 상자들이 흩어져 있었다. 그리고 30여 명의 장애인이 둘러앉아 비닐 포장지에 양말을 넣는 작업을 하고 있었다. 어느 정도 예상은 했지만 참 안되었다고 느꼈다. 당시에는 장애를 무조건 불쌍하고 불행하다고 여겼기 때문이다. 다행히 장애인 보호작업장에서의 경험은 이런 편견을 조금씩 바로 잡아 주었다.

이해할 수 없는 행복

작업장에는 일하는 게 무리라는 생각이 들 정도로 얼굴과 몸이 마비되거나 뒤틀린 지체 장애인도 있었다. 겉으로 보기에는 다르지 않아 보이는데 막상 말을 걸면 이상한 어투와 발음으로 알아듣지 못할 대답을 하는 지적 장애인도 있었다. 참 착잡했다. 나이는 20대 초반에서 30대 초반까지로 한창 팔팔할 청춘들이었다.

"이 작은 작업장 안에서 뭘 하는 건지.. 하나님, 대체 저들이 무슨 죄가 있길래? 아니, 저들의 부모는 대체 무슨 죄를 지어서 자녀가 장애를 갖고 태어났는지?"

심지어 3살 터울의 두 형제가 모두 장애를 가진 부모도 있었다. 당시에는 이런 상황이 이해되지 않았다.

"세상에서 내가 가장 불쌍한 사람이라고 생각했는데, 나보다 더 불쌍한 사람들을 여기 죄다 모아 놨구나!"

나 역시 대한민국 사회가 장애를 바라보는 편견에서 벗어나지 못했다. 그저 나와는 다른 세계에 사는 사람들이라 생각하며 일했다.

머리핀 조립하기, 선물용 작은 상자 접기, 양말에 스티커 붙이기를 하고 있으면 도저히 지겨워서 견딜 수 없었다. 원래 내성적이고 말이 없던 나다. 하지만 지루함을 이기지 못하고 옆에 앉아 일하는 사람에게 먼저 말을 건네기도 했다. 한편으론 그들의 대화를 유심히 경청했다. 서로 이야기를 하다가 한 명이 투덜거리며 말했다.

"정말, 어이없어!"

그러자 또 누군가가 장난스레 맞받아쳤다.

"어이야~, 어디 있니~?"

그런데 그 말이 웃기다며 여기저기서 낄낄 웃는 소리가 들렸다. 나도 이런 상황에 어이가 없었다. 한편으론 유치하게 느껴지는 한마디 유머에 환하게 웃는 그들이 부러웠다. 그동안 불평, 불만으로 지내며 작은 것에 감사하지 못했던 나 자신을 되돌아보았다. 힘들 때마다 곁에서 누군가가 위로해주었지만, 전혀 고마워하지 않고 당연스레 여겼다. 오히려 사람들의 말 한 마디와 행동 하나에 상처받아 공격적으로 대했다. 그런 내가 부끄러웠다. 작은 것에 미소짓는 그들의 모습이 신선한 충격으로 다가왔다.

오전 작업이 끝나고 점심시간이 되자 눈앞에 상상도 못 했던 일이 벌어졌다. 갑자기 작업장 스피커를 통해 유행 가요가 흘러나왔다. 그리고 비교적 몸이 건강한 사람들 대여섯 명이 앞으로 나와 웃으며 춤을 추는 것이다. 그저 손과 몸을 좌우로 흔드는 막춤이었다. 앞서 지켜보던 다른 이들도 박수를 치며 흥을 돋우었다. 그들의 나이는 이미 어른이었지만 마음은 어린아이 같았다. 어른들의 세상 그 어느 곳에서도 볼 수 없는 광경이었다. 옆에 있던 사람도 내 손을 잡고 위아래로 흔들었다. 같이 춤추자고 부추기는 것이다. 할 수 없이 팔만 위아래로 흔들었지만, 기분이 나쁘지 않았다.

차별과 슬픔 속에서

사실 작업장의 상황은 그리 녹록지 않았다. 그들은 일주일 5일씩, 하루 8시간 일했다. 그나마 몸이 건강하고 작업 속도가 빠른 사람은 한 달에 23만 원을 받았다. 하지만 몸이 심하게 불편하거나 지적 기능이 떨어지는 사람은 작업 속도가 느려 한 달에 10만 원도 받지 못했다. 가끔 어머님들이 와서 자녀 곁에서 작업을 도왔다. 어머님들은 작업을 하면서도 자녀들을 챙기고 보살폈다. 자식을 향한 부모의 마음은 언제나 한결같이 따뜻함을 느낄 수 있었다.

노래가 끝나고 모두 식당으로 이동했다. 그들은 매일 푸드 뱅크에서 온 음식으로 식사를 하고 간식도 받았다. 평소 음식을 가리지 않는 나였다. 하지만 그날의 음식은 사람이 먹어도 될지 의심이 될 만큼 먹음직스럽지 않았다. 그 음식을 맛있게 먹으며 행복해하는 모습을 보며 신기하면서도 안타까웠다. 돈 버는 것과 먹는 것 말고도 그들이 겪어야 할 장벽은 많았다.

한번은 작업을 마치고 퇴근하던 중 길 건너편에서 무리를 지어 집에 가는 작업장 사람들을 보았다. 그들은 정류장에서 버스를 기다리고 있었다. 그런데 기다리던 버스가 정류장에 멈추지 않고 그냥 지나친 것이다. 분명 버스 기사는 그들을 보았다. 일부러 태우지 않고 지나갔다. 그 모습을 보니 너무 화가 났다. 도저히 납득이 안됐다. 그러나 그들은 무시를 당하고도 전혀 화난 표정이 없었다. 자기들끼리 웃으며 수다를 이어나갔고 다음 버스를 기다릴 뿐이었다.

더 내 마음을 짠하게 했던 건 노화 진행이 빠른 장애 유형의 경우, 평균 수명이 상대적으로 짧을 수도 있다는 사실이다. 작업장 복지사의 말에 따르면 1년에 두세 번은 장례를 치른다고 한다. 아직 20, 30대의 그들이지만 1년에 두세 번은 동료를 먼저 하늘로 떠나보내는 것이다. 그리고 30명의 정해진 정원을 채우기 위해 새로운 동료를 맞이한다.

좌우명이 된 기도 제목

성경 속 예수님이 차별받고 소외된 사람들을 찾아간 것처럼, 작업장 사람들도 대다수가 교회를 다니며 하나님의 사랑을 받고 있었다. 나도 교회를 다니는 입장에서 궁금한 것이 있었다. '그들도 하나님께 기도를 할까? 어떤 것을 위해 기도를 할까? 하나님을 원망하지는 않을까? 나처럼 건강하게 해달라거나 돈을 많이 벌게 해달라고 기도하지는 않을까?' 결국, 용기를 내 한 사람에게 물어봤다.

"혹시 하나님께 뭐라고 기도하세요?"

그가 들려준 대답은 뜻밖이었다.

"함께 일하는 친구들과 사이좋게 지내게 해주세요, 그리고 일 열심히 할 수 있게 해주세요."

너무 착한 기도 제목이었다. 다른 사람들의 기도 제목은 다를 거라 생각했다. 그러나 모두 대답이 한결같았다. '친구들과 친하게 지내고 열심히 일하는 것!' 난 망치로 머리를 맞은 듯 깨달았다.

"그렇구나.. 사람들과 잘 지내는 것, 열심히 사는 것. 이 두 가지만 이룰 수 있으면 내 상황과 환경에 상관없이 행복할 수 있구나.."

그제야 그들이 점심시간마다 음악에 맞춰 춤추고 행복해하는 이유를 알 수 있었다. 그때부터 내게도 좌우명이 생겼다.

"사람들과 친하게 지내는 것! 열심히 일하는 것!"

물론 지금도 이 두 가지를 완벽히 지키지 못하고 있다. 그러나 인생의 최우선으로 삼아 매일 노력하고 있다. 살다 보면 힘들 때도 있고 화날 때도 있다. 그때마다 그들을 생각한다. 내게 귀하고 값진 가르침을 준 고마운 사람들. 불평하고 투정하는 나 자신을 부끄럽게 해 준 사람들. 내 인생에 좌우명을 준 참 스승들이다.

예수님의 시선

과거를 회상하며 기도를 마치고 한 시간 뒤 전화벨이 울렸다. 전도사님이었다.

"그동안 많이 기도해봤나요?"

전도사님의 물음에 솔직히 대답할 수밖에 없었다.

"리더의 자리에서 섬기는 것보다 낮은 곳에서 외롭고 소외되는 사람들을 섬기기로 했어요. 제가 정환이 형을 잘 챙길 자신은 없지만, 함께 밥 먹고 옆자리를 지켜주는 건 가능할 것 같아요. 그러다 보면 저도 더욱 예수님을 닮아 갈 수 있겠죠. 주님이 주신 마음을 따르고 싶어요."

결국, 소그룹 리더 자리를 포기했다. 대신 형 곁에서 섬김과 겸손을 배우기로 했다. 물론 생각보다 쉽지 않았다. 형은 나와의 식사 약속을 어긴 적이 많았다. 심지어 나를 통해 마음에 드는 자매들의 연락처를 알아내려고도 했다. 이전에도 형은 자매들에게 집착적인 문자와 연락으로 불편을 끼쳤었다. 또한, 식당이나 카페에서 계산을 하지 않기 위해 거짓말을 반복했다.

그런데 나를 바라보는 하나님의 마음은 어땠을까. 난 거짓된 마음을 진실 되게 위장했고 반복하는 잘못을 감출 수 있었다. 또한, 모든 상황과 행동 속에 계산을 달고 산다. 자매들에게 집착적인 연락으로 불편을 주지 않지만 누구보다도 음란하고 정욕적이다. 그런 나를 바라보는 하나님의 마음은 어떨까. 아마도 내가 정환이 형을 바라보는 답답함과 화보다 몇 배로 분노하시지 않았을까.

그동안 난 사람을 겉모습으로 판단해왔다. 장애로 인해 불쌍하게 여기거나 잘못된 행동을 보며 정죄했다. 하지만 하나님은 사람의 중심을 보신다. 하나님이 보시기에 정환이 형이나 나 똑같은 죄인이다. 장애가 있든 없든 죄로부터 온전치 못하기는 마찬가지다. 죄인이 죄인을 불쌍히 여기고, 잘못을 고치려다 실망하는 모습을 하나님은 어떻게 보셨을까. 다른 사람을 보는 눈이 있어도, 남의 말을 듣는 귀가 있어도, 머리로 판단할 수 있어도. 그것이 잘못 쓰이는 것이야말로 큰 불행이 아닐까.

죄인의 몸으로 기도합니다

세상의 성공과 높은 곳을 향하던 죄인의 눈이
하나님의 말씀을 읽고 낮은 곳을 바라보기를 기도합니다

비판과 비난과 불평을 말하던 죄인의 입술이
감사와 찬양의 노래를 하기를 기도합니다

남의 도움과 아픔을 듣지 못하던 죄인의 귀가
고통 받는 영혼들의 괴로움과 외로움을 듣기를 기도합니다

남을 위해 봉사하지 못하던 죄인의 몸이
누군가의 손과 발이 되어 함께 동행하기를 기도합니다

세상적인 기준으로 삶을 계산하던 죄인의 머리가
섬김과 사랑을 통해 배움과 깨달음을 얻기를 기도합니다

죄인의 건강한 몸으로 부끄럽게 살아가기보다
주님의 선한 마음으로 살아가기를 기도합니다

나는 글쟁이다

하나님은 내게 좋은 글을 쓰는 능력을 주셨다. 그래서 더욱 조심했던 부분이 있다. 나에 대한 이야기를 마치 영웅담처럼 늘어놓지 않는 것이다. 포장되거나 미화된 글은 사람들에게 진정성있게 다가갈 수 없기 때문이다. 그리고 글을 통해 하나님의 능력과 은혜를 드러내고 싶었다. 난 이 책의 전반부에서 나의 연약함과 죄악 됨을 감춤 없이 솔직하게 고백하려 노력했다. 그렇게 나를 낮춰야 하나님을 높일 수 있다고 생각했다. 그동안 있었던 놀라운 일들이 결국 하나님이 하셨음을 글로 나타내고 싶었다.

어린 시절의 글쟁이

어려서부터 글 쓰는 걸 좋아했다. 처음 시를 쓰기 시작한 것도 초등학교 1학년 때부터다. 학교에 처음 입학한 순간부터 선생님은 숙제를 내주었다. 바로 일기장 쓰기였다. 그날 하루하루마다 있었던 일들을 써야 했다. 어린아이로서 매일 이야깃거리가 되는 사건을 경험하는 건 쉽지 않았다. 좋은 일이든, 나쁜 일이든 집안에 특정 사건이 터지면 일기 거리가 생겼다며 좋아하곤 했다. 그러다 일기를 쉽게 쓸 수 있는 좋은 방법이 생각났다. 바로 동시를 쓰는 것이다. 자세한 내용은 기억나지 않지만, 인생에 첫 번째 쓴 시는 건널목 앞 나무에 대한 시였다. 신호등 앞에 서면 왠지 건너편 나무가 나를 기다리는 것 같았다. 나뭇가지가 바람에 휘날려 흔들리면 마치 나를 보고 손을 흔드는 것 같았다. 떨어지는 낙엽 소리마저 반갑게 인사하는 소리로 느껴졌다. 내가 느낀 대로 동시를 써서 일기장을 제출했다. 숙제 검사를 하던 선생님이 갑자기 나를 앞으로 불러냈다.

"이 시 정말 네가 쓴 게 맞니? 어디서 베껴 쓴 건 아니고?"

지금도 그때를 생각하면 기분이 좋기도 하고 나쁘기도 하다. 나이에 비해 잘 썼다는 칭찬처럼 느껴지기도 하고 나를 신뢰할 수 없다는 꾸중으로 느껴지기도 했다. 다행히 그 후부터 선생님은 내가 쓴 동시를 보며 잘 썼다고 칭찬해주셨다. 칭찬을 통해 글 쓰는 것에 대한 자신감이 생겨났다. 초등학교 고학년이 되어서는 방학 숙제로 어린이 소설을 쓰기도 했다. '모험왕'이라는 제목의 이 소설은 주인공이 7곳의 장소로 모험을 떠나 7개의 관문을 통과하여 7개의 열쇠를 얻는다는 내용이었다. 제일 먼저 사촌 동생에게 글을 보여주었다. 다소 뻔할 수 있는 내용이었지만 동생의 재미있다는 말에 기분이 좋았던 기억이 지금까지 남아있다.

하지만 힘들고 괴로운 학창 시절을 보내면서 나의 글도 어두워져 갔다. 과거의 순수하고 해맑은 동시 대신 어둡고 암울한 시들이 써졌다. 예를 들어, 내 머릿속에는 붉은 사막에 모래 바람이 휘몰아치고 그 안에서 사람들이 희생되어 가는 시상들이 떠올랐다. 시 뿐 아니라 수필도 마찬가지였다. 세상에 친구는 없으며, 서로가 서로를 왕따에서 벗어나기 위한 도구로 이용한다는 글을 학교 게시판에 올리기도 했다. 심지어 선생님들의 폭력과 두발규정에 반대하여 학생들이 깃발을 들고 일어나야 한다는 글도 썼다. 하지만 하나님을 만나면서 인생과 가치관은 물론 내 글의 성격과 관점도 바뀌었다.

기독교 동아리의 훈련

대학에 입학하고 기독교 동아리에 들어가며 내 글의 방향은 변하기 시작했다. 매주 평일에 한번 씩 선배와 일대일로 성경공부를 했다. 그리고 토요일이면 성경 공부를 하며 깨달은 바를 글로 써서 발표했다. 대학교 1학년 때부터 졸업할 때 까지 토요일마다 '소감'이라 불리는 글을 쓰고 발표하기를 반복했다. 몇 년 동안 그 과정을 반복하니 자연스레 글에 신앙이 녹아 들었고 글 쓰는 실력도 녹슬 틈이 없었다. 심지어 나의 인생 이야기로 노트 200페이지를 채워야 하는 극한적인 신앙 훈련도 받아야 했다.

또한 글은 새벽마다 고통 속에서 스스로를 위로해 주는 수단이었다. 지금은 많이 좋아졌지만 20대의 새벽은 고통의 연속이었다. 늘 이유를 알 수 없는 불안과 우울, 긴장과 두려움에 시달렸다. 여기에 과거의 상처와 아픔이 우후죽순 생생하게 떠오르면 침대에 누워 있지 못할 정도로 괴로웠다. 그러면 컴퓨터 앞에 앉아 시를 써 내려갔다. 그래도 인생은 아름답다고, 나는 살아 있는 것만으로 대단하다고, 고통 속에서도 하나님의 사랑은 변치 않는다는 내용의 시를 썼다. 눈물을 흘리며 떨리는 손으로 키보드를 두드렸다. 시를 쓰다 보면 어느새 동이 트고 아침이 밝았다. 어둡고 괴로운 새벽의 시간이 끝난 것이다. 시간이 지나면 다시 또 밤이 찾아오고 새벽의 고통이 찾아 올 것이다. 그러나 해가 떠 있는 동안은 짧게나마 평화와 안식을 누릴 수 있었다. 그렇게 일 년 365일, 10년으로 치면 3650번의 고통스런 어둠의 시간을 시를 쓰며 버틸 수 있었다.

진실 할 수 없었던 사명감

학교를 졸업하고 기독 동아리를 떠나 동네 교회에 다니기 시작했다. 교인 300여 명의 크지도 작지도 않은 교회였다. 온 목회자와 성도들이 '같은 뜻, 같은 마음, 같은 행동'이라는 슬로건에 따라 열심히 신앙 생활했다. 부흥과 축복을 위해서도 많은 노력을 했다. 길거리 커피 봉사와 동네 청소, 부흥회를 위한 새신자 초대 등 많은 사역과 프로그램이 진행되었다. 목회자는 성도들에게 전도하는 방법을 가르쳤다. 성도들도 교육받은 대로 지인들을 교회로 초대했다.

특히 모든 성도들은 배가성장(가칭)이라는 신앙 교육 프로그램을 받아야했다. 부산의 한 목사가 만든 부흥 프로그램이었다. 그 목사는 배가성장을 통해 작은 교회를 3만여 명의 성도가 출석하는 대형 교회로 부흥시켰다. 그래서 전국의 많은 목사와 교회들이 이 프로그램을 따라 하고 있었다. 우리 교회도 배가성장의 교재와 시스템, 정신을 가져와 배우기 시작했다. 나도 배가성장을 신뢰하여 프로그램에 등록했다.

글 쓰는 전공을 살려 언론사나 출판사 취업을 준비하던 중, 우연히 배가성장 출판사(가칭)의 구인 공고를 보았다. 프로그램을 만든 부산의 목사가 직접 운영하는 회사였다. 원조 격인 이 회사에 근무하며 배가성장을 배우고 하나님 나라 부흥을 돕겠다고 다짐했다. 이력서를 내고 거의 매일 간절히 기도했다. 내 생에 손꼽히는 간절한 기도였다. 정직원 월급 120만 원에 3개월간 수습사원으로 88만 원만 받는 조건이었다. 하지만 개의치 않았다. 하나님의 일을 하는 사명감이면 충분히 보상받았다고 생각했다.

몇 주 뒤 출판사에 합격했고 편집부에서 기자로 일하게 되었다. 며칠 뒤에는 직접 대표 목사님도 만났다. 목사님은 내게 사명감으로 열심히 일해 달라고 부탁했다. 그러나 그 사명감은 오래가지 못했다. 입사 후 두 달 뒤, 부산의 본교회에서 배가성장 전국 세미나를 진행했다. 출판사 직원들도 세미나 스텝으로 진행을 도왔다. 전국 각지에서 프로그램을 배우기 위해 목회자와 성도들이 몰려들었다. 교회 건물이 매우 크다 보니 모든 인원을 수용할 수 있었다. 2박 3일간의 세미나에서 행사 촬영과 책 판매를 맡았다.

마지막 날 모든 세미나를 마치고 직원들이 대표 목사님께 인사하러 출구 쪽 복도에 서 있었다. 위 층 예배당에서 대표 목사님이 수행원들의 경호를 받으며 계단을 내려왔다. 20여 명의 부목사와 전도사들이 배웅하기 위해 양쪽으로 긴 행렬을 이루었다. 그 가운데를 대표 목사가 지나갈 때마다 부목사들이 고개를 숙였다. 대표 목사는 기사가 운전하는 외제 차를 타고 교회를 떠나갔다.

참지 못한 죄책감

이후로 다시 직장을 알아보았다. 이번엔 이단, 사이비 종교를 조사하고 취재하는 '현대종교'란 언론사에 들어갔다. 수습 기간 동안 10여 곳의 이단 교회 예배를 탐방해야 했다. 직접 교주의 설교를 듣고 이를 녹음, 촬영하여 회사에 보고서를 제출했다. 녹음을 위한 장비를 챙기고 신분을 감춘 채 예배당에 들어서면 마치 스파이나 국정원 요원이 된 듯 했다. 가장 위험한 최전선에 투입된 비밀 결사대처럼 말이다. 하나님도 이런 나의 헌신을 알아주시리라 생각했다. 주변 사람들에게 내가 다니는 회사에 대해 알리지 않았다. 자칫 위험에 빠질 수도 있기 때문이었다.

한번은 설교하는 교주의 모습을 사진으로 담아야 했다. 수백 명이 모인 예배당 가운데에 앉아 조심스레 작은 카메라를 꺼냈다. 그리고 셔터를 누른 순간 플래쉬가 터지고 말았다. 카메라 설정하는 걸 깜빡한 것이다. 하지만 당황하지 않고 더 열정적으로 박수를 치며 찬양하고 교주의 말에 '아멘'을 외쳤다.

예배를 마치고 급한 마음에 성급히 빠져나가던 중 교회 직원이 나를 막아섰다. "어떻게 오셨냐?"는 질문에 "*이곳 목사님을 너무나 가까이서 뵙고 싶어서 오늘 지방에서 올라온 신자입니다!*"라고 말해 위기를 넘겼었다.

어느 정도 이단에 대한 지식을 쌓은 뒤 직접 현장 취재를 나갔다. 이단에 빠진 자녀를 구하고자 1인 피켓 시위를 하는 어머니, 아버지가 목회하는 교회를 이단에 바치고자 했던 신학생 출신 추수꾼 아들, 교주에게 몸을 바쳤던 여성, 탈퇴한 신도를 테러하고 감옥 생활을 했던 회심자까지. 피해자들을 취재하다 보면 마음 뿐 아니라 영혼까지 어두워지는 듯했다.

물론, 늘 어두운 상황만 취재한 것은 아니었다. 가끔은 일반 교회를 소개하는 기사도 썼다. 취재를 가면 담임 목사님들에게 식사를 대접 받았다. 일반 청년으로서는 일대일로 만나기 힘든 분들이었다. 하지만 언론사를 대표해 온 기자로서 주눅 들지 않으려 했다. 그런데 이런 상황들이 나를 교만하게 했다. 마음이 교만해지다 보니 영적으로도 건강하지 못했다. 부정적인 내용을 취재하며 얼굴과 표정까지 어두워졌다. 그래서인지 회사 선배 기자로부터 '정신 차리라!'며 혼도 많이 났다. 스트레스가 심해졌다. 기도나 말씀 대신 먹는 걸로 풀었다. 그래도 여전히 회사 생활은 견디기 힘들었다.

회사 경영도 힘들어졌다. 대표님이 교회에서 강의하던 중 스크린 화면을 누군가 핸드폰으로 촬영하여 인터넷에 올린 것이다. 당시 화면에는 어린아이들이 교주를 찬양하는 모습이 있었다. 그런데 아이들 얼굴에 모자이크 처리가 되지 않았다.

결국 법원에서 명예훼손죄로 6명의 아이 각각에게 2천만 원 씩 벌금을 내도록 선고받았다. 직원 10여 명의 중소 언론사로서 총액 1억 2천만 원의 벌금을 감당할 수 없었다. 사무실은 경매에 넘어가기 직전이었다. 나의 기자 생활도 자연스레 끝난다고 생각했다.

하지만 기적이 일어났다. 높은뜻 교회 김동호 목사님이 페이스북에 우리 회사 사정을 알린 것이다. 이는 모금 활동으로 이어졌고 전국의 많은 청년과 성도들이 십시일반으로 돈을 모았다. 결국, 모든 벌금을 납부할 수 있었다. 기독교 기업인 이랜드라는 회사는 전담 변호사까지 고용해 주었다. 회사는 다시 살아날 수 있었지만 난 양심이 찔렸다. 회사 생활이 너무 힘들어서 사직서를 낼지 말지 망설이던 중이었다. 차라리 이대로 부도나길 바랐다. 그럼 정당한 퇴사 사유를 얻고 경력에 오점도 남기지 않을 거라 생각했다.

직원들은 매일 아침 회의실에 모여 예배를 드리고 업무를 시작했다. 회사를 위해 기도할 때면 나의 모습이 위선적으로 느껴졌다. 회사를 설립한 탁명환 소장님은 이단 종교 신자의 테러에 돌아가셨다. 회의실에 걸린 그분의 초상화를 볼 때마다 죄책감마저 들었다. 상사의 질책과 몸무게가 늘어난 몸, 영혼의 피로까지 겹쳤다. 차라리 같은 임금을 받으면서 편의점 아르바이트를 하는 게 편하겠다고 생각했다. 사명감은 사라진 지 오래였고, 내 안의 교만함도 스스로 견딜 수 없었다. 결국 사직서를 제출했다.

글을 쓰며 찾은 행복

짧은 기자 생활은 그렇게 끝났지만, 여전히 글을 쓰고 있다. 과거처럼 출판사나 언론사에서 돈을 받고 일하는 건 아니다. 하지만 누구보다 행복하고 여유롭게 하고 싶은 일을 하며 글을 쓰고 있다. 하나님이 내게 글 쓰는 은사를 주신 것은 확실하다. 다만 이 은사를 어디에 쓰는지가 중요했다. 만약 하나님을 만나지 못했다면, 분노와 증오를 담아 세상을 비판하는 글을 썼을 것이다. 만약 하나님을 만난 뒤 교만함을 깨닫지 못했다면, 주님의 이름으로 나를 드러내는 글을 썼을 것이다.

하지만 하나님은 내게 조현병이라는 선물을 주셨다. 매일 밤마다 고통과 눈물로 쓴 글에 진정성을 담을 수 있었다. 조현병을 겪지 않아 과거의 상처와 기억들이 지워져 버렸다면, 이 책은 쓰지도 못했을 것이다. 내 상황을 이해해주고 기도해주는 사람들이 없었다면, 이 글을 쓸 힘조차 없었을 것이다. 조현병이 완치되고 편안한 삶을 살았다면, 아픈 과거를 되돌아보는 이 작업에서 도망쳤을 것이다. 그러나 병을 다스리며 살기 위해서라도 이 책을 완성지어야 했다.

더 이상 하나님께 병을 치료해달라고만 매달리지 않는다. 병이 치료되면 좋겠으나 치료가 되지 않아도 원망치 않는다. 병을 통해서도 하나님이 나를 선하게 써달라고 기도할 뿐이다.

장마

장마의 계절이 오고 창밖으로 비가 내리면

하늘에 떠 있는 회색빛 구름은 당신의 얼굴을 가리웁니다.

유리창에 맺힌 당신을 향한 눈물은 빗물에 씻겨가고

너무나 그리워 외치는 소리마저 천둥소리에 묻힙니다.

그래서 당신을 향한 나의 마음을 한 편의 시에 담아

종이배를 접어 빗물에 흘려 보냅니다.

강을 건너고 바다를 건너 당신을 찾아 먼 항해를 떠납니다.

높은 파도를 만나면 그 파도를 타고

당신을 향해 더 높이 오릅니다.

거센 풍랑을 만나면 그 풍랑을 타고

당신을 향해 더 빨리 날아갑니다.

그렇게 당신을 향해 나아가면

언젠가 검은 폭풍우 사이로 한줄기 빛이 보입니다.

당신의 따스한 미소가 담긴 한줄기 빛이 저를 인도합니다.

나를 향한 당신의 진실한 사랑을 알기에

나를 향한 당신의 선하신 계획을 알기에

오늘도 이렇게 한 편의 시를 쓰며 당신을 향해 나아갑니다.

바다 건너온 사랑

조현병 환자로 살다 보면 현실적 어려움에 부딪힌다. 학업과 취업은 물론 건강문제까지 쉬운 것이 없다. 그중에서도 결혼 문제는 가장 큰 고민이다. 나도 생각이 많았다. 만약 조현병 환자가 결혼까지 생각하는 상대를 만난다면, 서로 신뢰가 쌓일 때쯤 병을 고백하는 것이 가장 현명한 행동이라고 생각한다. 첫 만남부터 아팠던 얘기를 하면 아무리 이해심이 많은 상대라도 당황할 것이다. 반대로 평생 숨길 수도 없다. 매일 밤 몰래 약을 먹을 수는 없다. 다만 난 조금 특수한 경우다. 책을 통해 내 병을 알리고 있으니 말이다. 하지만 글을 쓰고 출판을 배운 내가 꼭 해야만 하는 일이었다. 그렇다고 연애와 결혼을 포기하는 건 아니다. 내 모든 이야기를 알고도 사랑으로 포용해주는 사람이라면 평생을 행복하게 함께 할 수 있지 않을까.

연애 할 수 없던 20대

대학 시절 기독교 동아리 생활은 많은 기쁨을 주었다. 좋은 사람들을 만났고 성경 공부를 통해 하나님도 배웠다. 하지만 한 가지 힘든 전통이 있었다. 바로 연애금지다. 다른 기독 동아리처럼 남자는 군제대 후, 여자는 졸업 뒤 연애를 허락해 준 것도 아니다. 학교를 졸업하고 나이가 들어도 연애는 절대 금지다. 내가 이 이야기를 하면 사람들은 믿지 않는다.

"아무리 그래도 다들 뒤에서 몰래 만났을 거야!"
"그런 동아리가 있었어?
그럼 탈퇴하고 밖에서 사귀면 되잖아?"

동아리는 해외에 많은 선교사 가정을 배출한 선교단체였다. 부부가 서로 비전과 가치관이 같아야 하니 내부 사람끼리 결혼식을 올렸다. 실제로 많은 형과 누나들이 목사 급 선배들의 기도에 의해 짝지어준 사람과 결혼했다. 우리는 이러한 결혼을 '믿음의 결혼'이라 표현했다. 그리고 '믿음의 결혼'을 통해 많은 가정이 해외로 파송되었다. 반대로 결혼 전 자유로운 이성 교제는 죄악처럼 여겨졌다. 소위 '연애 감정'은 죄라고 배웠다. 그런 환경 속에서 대학 시절에 여자 친구가 있을 수 없었다. 누군가와 사귈 기회는 있었다. 하지만 어차피 나중에 동아리에서 결혼 시켜 줄 걸, 굳이 지금 연애할 필요는 없다고 생각했다. 이후 엄격한 규율의 동아리 환경에 힘들어하다 대학 졸업 후 탈퇴하게 되었다. 그렇게 나는 20대를 모태 솔로로 지냈다.

텍사스에서 온 메일

 이후로도 연애하고 싶은 마음은 있었다. 그러나 건강 문제와 싸우느라 심적 여유가 없었다. 그렇게 벌써 30대의 나이가 되었다. 대학원에 입학하고 나와 더 잘 맞는 교회에 다니기 시작했다. 학교생활도 신앙생활도 만족스럽고 건강도 많이 좋아졌다. 살을 빼기 위해 헬스장을 다녔다. 한 달에 9킬로를 감량하며 비포앤에프터(Before & After) 모델로 뽑히기도 했다. 그리고 조현병 환자를 대상으로 한 수기 공모전에서 대상을 탔다. 이때 썼던 글을 다른 사람들과도 나누고 싶었다. 그래서 조현병 환자들이 가입된 커뮤니티 사이트에도 글을 올렸다. 사람들은 저마다 잘 읽었다고 댓글을 달아 주었다.

 며칠 뒤 메일 한 통이 왔다. 커뮤니티에 올린 글을 읽고 연락해 온 것이다. 자신을 미국 텍사스 주에 사는 중년의 여성이라 소개했다. 자신의 딸이 조현병을 앓고 있어서 한국으로 치료를 보냈는데 친척 외에는 아는 사람이 없다는 것이다. 그러니 병을 잘 극복해 낸 경험을 살려 자신의 딸에게도 도움을 달라는 것이다.

첫 연애의 시작

 마침 그분의 딸은 정릉에 있는 이모네 집에 머물고 있었다. 내가 사는 동네와 가까웠다. 일단 연락처를 받아 만나기로 했다. 나보다 네 살 어린 자매였다. 목소리 톤이 조금 높은 거 말고는 전혀 이상한 모습이 없었다. 다만 너무 착해서 자기 생각을 잘 표현하지 못했다.

당시 방학이라 시간이 넉넉한 편이었고 자매도 집에 있는 거 말고는 마땅히 할 일이 없었다. 우리는 거의 매일 만났고 아침 9시에 만나 밤 10시에 헤어질 때까지 많은 대화를 나누었다.

몇 주 뒤 서로 카톡으로 대화하던 중 자매가 뜬금없는 문자를 보냈다. 갑자기 결혼하자는 것이었다. 난 당황했지만 일단 식당에서 만나기로 했다. 레스토랑에 가서 자매의 두 손을 잡고 말했다. '오늘부터 우리 사귀는 거라고!' 그렇게 나의 첫 연애는 시작되었다. 이후 만날 때마다 함께 웨딩 성경을 읽었다. 나는 말씀을 가르쳐 주었고 서로의 생각을 나누었다. 나와 여자 친구는 몸이 다소 통통한 편이었다. 서로에게 잘 보이기 위해 나는 헬스장을 다녔고, 여자 친구는 단식원에 들어가기도 했다. 약 때문인지 둘 다 살이 잘 빠지지는 않았다. 그래도 헤어질 때마다 포옹의 인사를 나누며 변치 않는 사랑을 확인했다.

과잉보호

미국에 계신 여자 친구의 부모님께도 교제 사실을 알렸다. 그 후로 여자 친구의 어머님과 카톡으로 이틀에 한 번 정도 장문의 글을 주고받았다. 사귀기 전에도 여자 친구의 상태에 대한 의견을 주고받기는 했었다. 그러다 통화로까지 이어졌다. 내게 너무 자주 연락을 해오셨다. 한편, 여자 친구도 나에 대한 많은 정보를 어머님에게 알리고 있었다. 데이트하며 만난 시간과 먹었던 것, 심지어 이동 동선까지도 알고 계셨다.

나의 페이스북 계정도 어떻게 알아냈는지 미국에 있는 여자 친구의 언니가 친구 신청을 걸어왔다. 나도 기자 생활을 하며 이단 사이비 종교를 심층 조사해 온 경험이 있다. 카카오 스토리와 페이스북을 통해 최대한 정보를 모았다. 그리고 여자 친구와 깊은 대화를 하며 놀라운 사실들을 알게 되었다.

여자 친구가 유치원생일 때 온 가족이 이민을 갔다. 부부는 열심히 도너츠 가게를 운영했다. 자녀들을 돌볼 시간이 없었다. 그래서 여자 친구는 중학교 때 많은 시련과 아픔을 겪었다. 이를 계기로 어머님의 과잉보호가 시작됐다. 학교까지 차로 데려다주는 건 물론, 옷 입는 것, 물건 정리까지 모두 대신해 주었다. 심지어 성인이 되어서까지 여자 친구는 원하는 옷을 입거나 물건을 정리하지 못했다. 게다가 어머님은 외출 시 잠근 문고리를 몇 번이고 재확인하는 강박증까지 있었다.

그러다 여자 친구는 나빠진 눈을 치료하기 위해 잠시 한국에 들어왔다. 치료 기간 동안 한국의 이모, 할머니가 같이 사는 집에 머물렀다. 그러나 이모와 할머니마저도 어머님처럼 과잉보호를 했다. 결국, 여자 친구는 차를 몰고 도망치듯 서울에서 경기도 남부까지 내려갔다. 고시원을 잡고 아르바이트 일자리까지 구했다. 그러자 사라진 딸을 찾기 위해 어머님도 한국에 왔다. 결국, 흥신소를 통해 딸을 찾아냈고 강제로 정신병원에 입원시켰다. 정신병원 의사는 여자 친구를 조현병으로 판정했다. 이후 두 달의 병원 생활 끝에 다시 이모와 할머니 집으로 돌아올 수 있었다.

병에 대한 강박증

미국으로 돌아간 어머님은 딸이 겪는 조현병에 대한 정보를 모으기 시작했다. 그러다 조현병 관련 커뮤니티 사이트까지 가입했다. 커뮤니티의 운영자는 범상한 정신과 의사였다. 어머님은 매일 커뮤니티에 올라오는 정보들을 확인했다. 게시글을 종이로도 인쇄 할 정도로 의사와 커뮤니티를 신뢰했다. 자신의 딸도 그 의사에게 치료받게 했다. 그러다 내가 올린 글을 발견했고 딸과 만나게 연결해 준 것이다. 나는 그 의사를 정말 신뢰해도 되는지 궁금했다. 정말 능력이 출중하다면 나도 다니던 병원을 그만두고 그 의사에게 치료를 맡기려 했다. 그래서 병원을 찾아가 상담을 받았다. 내가 입을 열어 인사를 한 지 3초 만에 의사는 확신했다.

"말하는 게 어눌한 걸 보니 조현병 맞네!"

비록 내가 의학적 지식은 없으나, 어쩌면 여자 친구에 대한 진단도 성급하게 잘못 내려졌다고 생각했다. 그래서 내가 다니는 병원으로 여자 친구를 데려갔다. 나이가 지긋한 할아버지 의사지만 10년 넘게 내가 신뢰해 온 분이셨다. 여자 친구와의 긴 상담이 끝난 뒤 의사 선생님은 나를 불러 말씀하셨다. 우리 둘 다 전형적인 조현병의 모습은 아니라는 것이다. 다만 후천적으로 힘든 일을 겪으며 증상이 나타났을 거라고 추측하셨다. 결코, 설불리 진단하시지는 않았다.

나는 여자 친구의 어머님께 병원을 옮기자고 말했다. 그러나 나이가 너무 많은 의사라며 반대하셨다. 여자 친구는 의사마저도 자유롭게 선택할 수 없었다. 차라리 어서 가족의 품에서 벗어나는 게 낫겠다고 판단했다. 몸은 20대 후반이지만 과잉보호 속에서 마음과 생각이 더 이상 자라날 수 없었다. 여자 친구 역시 부모에게서 벗어나길 원했다. 다행인지 사귄 지 두 달도 안 되어 여자 친구의 집안 쪽에서 결혼 이야기가 나왔다. 우리 가족들은 잠시 당황할 뿐 결혼에 대해서 시큰둥했다. 하지만 나와 여자 친구는 약속했다. 멀리 대구나 대전 같은 지방으로 내려가서 같이 살자고. 하지만 어머님은 함께 미국에 와서 살기를 원했다. 어차피 한국은 살아가기 힘들고 조현병에 대한 인식도 나쁘니 미국에 와서 살라는 것이다. 그래야 자신들이 보호해 줄 수 있다고 했다. 처음엔 반대하던 여자 친구도 한국 생활에 적응하기 힘들어했고, 차라리 내가 미국에 가는 게 낫겠다고 생각했다.

허무하게 끝난 연애

나의 사소한 실수로 어머님과의 사이에 금이 가기 시작했다. 하루 12시간씩 매일 만나다 보니 밥 먹고 차 마시는 데이트 비용을 혼자 부담하기 버거웠다. 가끔은 여자 친구에게도 비용을 내라고 종용했다. 이는 곧 이모와 할머니를 거쳐 어머님의 귀에도 들어갔다. 여자 친구의 온 가족이 난리가 났다. 가족들에게 나는 딸의 착하고 완벽한 남자 친구여야 했다. 그러다 여자 친구의 언니가 한국에 왔다.

셋이 카페에서 만나 차를 마셨다. 그날 여자 친구의 언니가 블루레몬에이드를 시켰는데 나는 잘 못 들어 그냥 레몬에이드를 시켜줬다. 여자 친구의 언니는 이 사실을 이모에게 말했다. 그러자 이모는 무시를 당한거라며 화를 냈다. 또다시 여자 친구의 집안은 난리가 났다. 여자 친구의 언니는 페이스북에서 나를 차단했다. 여자 친구도 어머님이 헤어지기를 원한다고 내게 전달했다.

아무리 그래도 이런 일로 헤어지는 게 이상했다. 그러다 한 가지 사실이 기억났다. 조현병 커뮤니티의 의사가 올린 글이다. 조현병 환자들도 건강한 사람과 결혼해서 얼마든 행복하게 살 수 있다는 내용이었다. 그러나 조현병 환자들끼리는 결혼하면 안 된다고 했다. 자식에게 유전될 가능성이 40%라는 이유다.

하지만 난 크게 개의치 않았다. 나나 여자친구나 조현병이 유전으로 생긴 건 아니라 생각했다. 게다가 40%라는 의학적 근거도 확실치 않았기 때문이다. 그러나 여자 친구의 어머님은 그 글을 사실로 받아들였을 것이다.

이후에도 우리는 빵집에서 몰래 만났다. 여자 친구는 밥보다 빵이 좋다며 "내가 왜 한국에 있어야 하는지 모르겠다"고 말했다. 그리고 미국에 돌아가고 싶어 했다. 며칠 뒤 여자 친구는 진짜 미국으로 돌아가 있었다. 미국에서 짧은 작별 메일이 온 것이다. 하도 시달려서인지, 나 역시 짧고 간단한 답장을 보냈다. 그리곤 훌훌 털어 버렸다. 슬프거나 아쉬운 감정도 남아 있지 않았다. 그저 부모의 과잉보호가 조현병으로 이어지는 사례를 몸소 알게 되었다. 그리고 한 번의 연애경험을 가진 것으로 만족했다. 그렇게 나의 첫 연애는 끝이 났다.

이후로 연애나 결혼의 기회는 찾아오지 않았다. 나이는 30대 중반을 넘었고 이제는 포기하는 게 마음 편하겠다는 생각도 든다. 하지만 하나님이 만나게 하시려면 만날 것이다. 멀리 지구 반대편 미국 텍사스 주에 사는 자매를 만난 것처럼, 하나님은 연애뿐 아니라 모든 인생 가운데 놀라운 계획을 보여 주실 거라 믿는다.

이별의 끝자락에서

새로운 만남은 일상에 활기를 넣고
아름다운 이별은 추억을 남기겠지요.

그래서 언젠가 작별할 것을 알면서도
또다시 누군가와 만나려 하나 봅니다.

만나고 헤어지며 우리는 성숙해지겠지요.
서로의 귀중함도 더욱 느끼고요.

세상에 만남 없는 이별은 없듯이
이별 없는 만남은 없습니다.

만남을 충분히 즐기고 기뻐하세요.
이별을 두려워하지도 슬퍼하지도 마세요.

다만 서로가 서로에게
아름다운 모습으로 남도록

오늘 만나는 누군가에게
최선의 모습을 보여주세요.

최초의 전자출판학 석사

대학 졸업 후 몇 년간은 수능일이 다가올 때마다 마음이 두근거렸다. 아직 학창시절의 시험에 대한 트라우마가 남아 있었다. 대학만 졸업하면 다시는 공부를 가까이하지 않겠다고 다짐했다. 그런데 마음 한 켠에 아직도 미련이 남아 있었다. 다시 제대로 공부를 하고 싶었다. 단, 과거의 마음가짐은 아니었다. 경쟁과 성공을 위한 공부는 아니었다. 그저 배우고 싶은 지식을 얻고 싶었다.

진심으로 임한 대학원 면접

평소 도서관을 다니며 관심 가는 분야의 책을 읽었다. 신학이나 상담, 역사와 복지 분야에 대해 더 깊이 알고 싶었다. 그러다 대학원까지 알아보기 시작했다. 신학교에 가고 싶었지만 하나님의 부르심을 확신하지 못했다. 다만 나처럼 정신적 문제를 가진 사람들을 돕고 싶었다. 그래서 신학교 상담대학원 입시를 준비했다.

1년간 성경과 상담 관련 책들을 공부했지만 입학시험에 떨어졌다. 그래도 공부에 대한 열망이 컸다. 차라리 대학교 언론학 전공을 살려 대학원에 진학하는 게 낫겠다고 생각했다. 내게 주어진 달란트도 미디어 쪽이라 생각했다. 그러다 우연히 페이스북을 통해 대학원 모집 공고를 보았다.

2013년 7월, 경기대학교 대학원에 전자출판콘텐츠학과가 신설되었다. 변화하는 미디어 환경에서 국가가 전략적으로 인재를 키우기 위해 만든 계약학과였다. 1기 입학생 20명 전원은 국비지원 장학생 자격으로 모든 입학금과 등록금이 면제되는 특권이 있었다. 서류과정에 120여 명이 지원했다. 그중 나를 포함한 45명만이 면접 기회를 얻었다.

다섯 명씩 아홉 조로 면접에 임했다. 면접실에는 담당 교수와 업체 대표들이 앉아 있었다. 책상 위에 놓인 면접관들의 명찰을 통해 이름과 직위, 소속을 확인할 수 있었다. 하필이면 난 면접 번호 1조 1번이었다. 자연스레 첫 공통 질문부터 내가 먼저 대답해야 했다.

가뜩이나 긴장되는데 고민할 겨를도 없었다. 질문이 들어오면 바로 답해야 했다. 한 교수님이 먼저 질문 했다. 그분은 한국잡지협회 임원을 겸임하고 있었다. 내가 서류과정을 통과할 수 있었던 이유 중 하나를 알 것 같았다. 과거 한국잡지협회 산하 교육원에서 잡지 기자 양성과정을 수료한 것이 플러스 요인이 되었을 것이다.

"이 과에 지원하게 된 동기가 있나요?"

"네, 저는 과거 잡지사에서 기자로 일했었습니다. 일하는 동안 잡지 판매 부수가 급격히 줄었습니다. 이제 인쇄 매체는 사라지고 새로운 매체가 떠오를거라 판단했습니다. 그 한 가운데에 전자출판이 있다고 생각되어 지원했습니다."

나름 스스로의 대답에 만족했다. 질문에 대한 대답이 타당했다. 과거 잡지사에서 일했던 경력도 어필 할 수 있었다.

그리고 이번엔 전자책 회사 대표님이 질문하셨다.

"이전에 전자책을 읽어 본 적이 있나요?"

질문하신 대표님의 명찰을 확인했다. 소속 회사와 이름이 익숙했다. 내가 예상했던 면접관 리스트 중 한분이었다. 나는 평소 종이책이든 전자책이든 기독교 서적을 주로 읽었다. 이 전자책 회사도 기독교 분야가 주력이었다.

"네! 대표님의 회사에서 출판한 『십자가를 통해 들어가는 천국』이라는 책을 읽어 보았습니다!"

이렇게 면접관들을 내 편으로 만들었다고 믿었다. 하지만 질문이 이어질수록 더 떨리고 긴장되었다. 계속 제일 먼저 대답하다 보니 답변이 꼬이기 시작했다. 면접관들도 눈치 채고 배려해 준 것일까? 거꾸로 5번의 면접자부터 질문을 하기 시작했다. 면접관들의 배려 덕에 생각할 시간을 충분히 가질 수 있었다. 그러나 당혹했던 표정과 긴장된 말투를 감출 수는 없었다. 마지막으로 학과장인 교수님이 질문했다.

"합격하면 졸업할 때까지 계속 다닐 수 있겠어요? 내가 볼 때는 도중에 관둘 것 같은데?"

순간 당황하여 아무 말도 못하고 머뭇거렸다. 그러자 옆에 있던 교수님이 웃으며 한마디 덧붙였다.

"뭐라고 대답 좀 해봐요~!"

순간 내 표정은 확 굳었다. 이력서에 적힌 대학교 학점은 2.8점이었다. 여러 직장을 다녔지만 모두 1년을 버티지 못하고 퇴사했다. 그래서 교수는 나를 의지가 약하고 금방이라도 관둘 사람으로 보았을 것이다. 하지만 나는 담담하게 대답했다. 더 이상 계산하고 재보는 것이 아니라 진실 되게 대답해야겠다고 생각했다.

"저는 대학 시절 많이 아팠습니다. 하루의 절반 이상을 누워서 지냈습니다. 대학생들이 누릴 수 있는 즐거움도 공부도 모두 포기할 수밖에 없었습니다. 그래서 대학원에 지원했습니다. 열심히 공부하고 교우들과 친하게 지내며 대학에서 못다 한 생활을 누리고 싶습니다."

그렇게 면접이 끝났고 한 달 뒤 결과가 나왔다. 인터넷을 통해 확인한 결과 예상대로 불합격이었다.

최선을 다해 살아온 과정

불합격으로 인해 자책하지는 않았다. 오히려 난 내 인생에 자부심이 있었다. 대학 시절 고통 가운데 자살 시도 한번 하지 않은 걸 스스로 기특히 여겼다. 매일 밤 과거 생각들에 시달렸다. 그때마다 시를 쓰며 마음을 달랬다. 고통의 시간이 길어지면 교회를 찾아가 기도하며 버텼다. 20대의 고통스런 시절을 신앙에 의지하며 살아 온 것만으로 감사했다.

대학 졸업 후에는 못다 한 공부를 채우기 위해 여러 교육을 받았다. 기자아카데미와 미디어아카데미, 잡지협회교육원을 다니며 글 쓰는 소양을 갖추었다. 그동안 교육원 동기들과 어울리며 서서히 사회성도 길렀다. 출석을 빠지지 않았고 성실한 자세로 임했다. 자연히 성적도 우수했다. 여러 교육기관의 수료식 때마다 개근상과 우수상을 빠지지 않고 수상했다. 실력뿐 아니라 인성도 갖추기 위해 노력했다. 인생을 바라보는 올바른 시선을 갖기 위해 평생교육원에서 사회복지를 배우며 장애인들과 일했다.

여러 번의 짧은 직장생활도 쉽지는 않았다. 직장을 정할 때 돈보다도 사명감을 우선시했다. 세상과 사회에 도움이 되는 일인지, 하나님의 뜻에 합당한 일인지를 먼저 기준 삼았다. 그렇게 회사를 선택하다 보니 멀리 2시간 거리의 회사에 입사하기도 했다.

매일 새벽마다 약에서 덜 깬 채 일어나 지하철을 탔다. 일하는 동안 약간 몽롱하고 어눌해서 많이 혼나기도 했다. 그래도 나름대로 열심히 일했다. 매번 상사의 압력에 눌려 회사를 오래 다니지 못하고 퇴사했다. 그러나 그대로 주저앉지 않았다. 다시 취업을 알아보고 회사에 입사하는 과정을 반복했다. 자연스레 경력도 서서히 늘려갔다. 그렇게 20대 후반은 여러 교육원과 회사를 다니며 도전과 실패, 그리고 다시 도전을 반복했다.

성실했던 대학원 생활

대학원에 불합격한 아쉬움은 잊었다. 다시 번역서 전문 출판사에서 교정 교열 아르바이트를 시작했다. 이번엔 밝은 모습으로 열심히 일했다. 사장님도 나를 정직원으로 채용 하겠다고 약속까지 해주셨다. 그러다 전화 한 통이 왔다. 대학원에 입학 할 의사가 있냐는 것이다. 알고 보니 기존 합격자들이 빠져나가 추가합격의 기회가 온 것이다. 출판사에 사실을 얘기했고 사장님은 축하해주시며 퇴직을 허락하셨다.

대학원을 다니며 누구보다도 열심히 생활했다. 수업이 없어도 매일 아침 7시면 학과 컴퓨터실에 도착했다. 경비 아저씨는 아침마다 귀찮아하며 컴퓨터실의 문을 열어주셨다. 그런 경비 아저씨께 밝게 인사하고 가끔 음료수도 챙겨드리며 친해질 수 있었다. 학교에서 어떤 일거리나 프로젝트가 주어질 때 제일 먼저 나섰다. 다들 머뭇거리던 일도 일단 도전하고 보자는 마음으로 임했다.

공기업의 홍보 영상도 만들고 학과 홈페이지도 운영했다. 좋은 공모전이 있으면 동기들에게 알려 참여를 유도했다. 사실 권위적인 교수님으로 인해 대학원 생활이 즐거울 수만은 없었다. 다들 교수님으로 인해 대학원 생활을 힘들어했다. 그러나 난 그런 사람들을 자주 겪어 봐서인지 큰 영향을 받지 않았다. 그저 대학교 때 누리지 못했던 캠퍼스 생활에 만족하고 행복했다.

기적 같은 시간들

입학한 지 2년의 시간이 지났다. 졸업 시험과 논문도 무사히 통과했다. 그리고 동기들과 함께 국내 전자출판콘텐츠 분야의 첫 번째 석사가 되었다. 조현병 환자가 석사학위를 갖는 것은 상식적으로 이해하기 힘들다. 그래서 난 더 학위를 갖기 위해 노력했고 결국 해냈다. 이후로 어떤 일이든 더욱 긍정적이고 적극적인 자세로 임했다. 특히 조현병 환자로서 불가능하게 여겨지는 일에 언제든 달려들 준비가 되어 있었다.

누군가에겐 평범한 성과도 조현병 환자에겐 기적이 될 것이다. 하지만 반대로 누군가 겪는 어려움이 조현병 환자에게는 쉬운 일이 될 수도 있다. 우리는 직접 겪어 보지 않고는 알 수 없는 고통의 시간들을 보내왔다. 때로는 너무 힘들어서 생명조차 포기하고 싶을 때도 있었다. 하지만 지금 살아 숨 쉬는 건 그 고통을 잘 이겨내 왔다는 증거다. 결코 의지나 정신력이 약해서 병을 겪는 것이 아니라고 말하고 싶다.

오히려 다른 사람들보다 강하고 슬기롭게 이 병을 감당하고 있다. 내게 조현병은 장벽이 아니라 장벽을 넘게 해주는 발판이 될 것이다. 지금도 끊임없이 장벽을 넘으며 하나님의 능력을 나타내는 삶을 살고 싶다.

잃어버린 10년

내게도 20대의 시절이 있었을까?
알바를 한 적도, 연애를 한 적도 없었다.
학교생활의 낭만과 공부도 불가능했다.
그나마 군대도 면제 된 건 행운이려나..

사람이 성장하면서 시기마다 거치는 과정이 있는데
한창 젊고 활기차야 할 나의 20대는 그냥 스쳐 갔다.

독한 약에 취해 하루의 절반 이상을 침대서 지냈다.
깨어 활동한 게 있다면 멍한 정신에 무거운 몸을 끌고
평일엔 병원과 상담센터, 주말에 교회 가는 것이 다였다.

세 번 정도 새벽에 응급실에서 진정제를 맞기도 했지만,
자살을 시도한 적이 없던 게 자랑일 정도로
괴롭고 고통스러운 시절이었다.

인생의 황금기를 아무것도 못한 게 아쉽다.
잃어버린 10년.. 정말 잃어버린 10년..

기적적으로 건강을 되찾은 30대 이후의 삶에
감사하고 충실히 사는 건 맞겠지만
그래도 잃어버린 10년이 아깝고 아쉽다.

15화

케냐 단기선교 이야기

    조현병을 겪으며 내 인생의 주인은 내가 아닌 하나님이라는 사실을 깨달았다. 사업은 물론 학업과 건강까지도 내 힘으로 할 수 있는 것은 없었다. 심지어 밤마다 잠드는 당연하고 생리적인 일조차 쉽지 않았다. 그래서 전적으로 하나님께 의존할 수밖에 없다. 아침에 일하기 전 성경을 읽는다. 내 생각과 지혜, 판단보다 말씀대로 따르기 위함이다. 밤에는 찬양을 틀고 기도한다. 나의 계획이 아닌 하나님이 내 삶을 이끄시도록 말이다. 특히 전자책 사업을 시작하며 사무실 책상 위에 다음과 같은 말씀 문구를 새겨 놓았다.

    "너의 행사를 여호와께 맡기라. 그리하면 네가 경영하는 것이 이루어지리라" (잠언 16장 3절)

    사업뿐 아니라 신앙생활도 내 뜻과 의지대로 하려는 마음이 있었다. 대학생 때 무리해서 매일 새벽기도를 갔었다. 결국, 과도한 피로로 어지럼증이 생겨 한 달 가량 누워 지낸 적도 있다. 내 몸과 마음 상태를 돌아보지 않고 의욕적으로 교회 사역을 하려다 도중에 포기한 적도 많았다. 그런 내게 해외 단기선교는 주님께 의존하며 살아가는 방법을 깨닫게 해 주었다.

시공간을 초월하시는 하나님

2015년 여름, 교회에서 케냐로 2주일간 단기선교를 가게 되었다. 15여 명의 선교팀은 15시간의 비행을 거쳐 케냐 수도 나이로비에 도착했다. 우리 팀의 사역은 현지에 파송된 한인 선교사님을 도와 길거리 아이들을 돌보는 것이었다. 10대 후반의 청소년부터 적게는 네다섯 살까지 많은 아이들이 길거리에서 생활했다. 케냐 정부에게 길거리 아이들은 청소해야 할 대상이었다. 아무도 돌보지 않는 아이들에게 유일한 낙은 값싸게 구입 할 수 있는 본드였다. 차를 타고 창밖으로 거리를 바라보면 본드에 취한 아이들을 쉽게 볼 수 있었다.

선교사님은 현지 교회를 통해 이 아이들에게 잘 곳과 먹을 음식을 제공했다. 빨래도 하게 해주고 축구공을 나눠주며 운동도 할 수 있도록 배려했다. 대신 본드를 금지하고 주일마다 예배를 드리도록 규칙을 정했다. 그래서인지 교회에 찾아오는 길거리 아이들은 비교적 깔끔하고 건강해 보였다. 우리 선교 팀도 예배에 참여하여 다양한 주일학교 프로그램을 진행하기로 했다. 선교 첫 주일날, 아이들과의 첫 만남에서 난 진행 레크리에이션을 맡았다. 우리 선교 팀을 멋지게 소개하는 임무를 맡은 것이다.

그러나 예배시간이 되어도 아이들은 나타나지 않았다. 오히려 예배당에 들어오지 않고 밖에서 장난을 치며 노는 아이들도 있었다. 결국, 한 10분쯤 지나고 나서야 레크리에이션을 진행할 수 있었다. 삼삼오오 모여든 아이들 사이에서 영어로 우리 팀을 소개하려 했다. 나름대로 멘트도 준비하고 영어 발음도 신경 쓰며 진행을 시작했다.

그런데 웬일인지 아이들은 도저히 내 말에 집중해 주지 않았다. 진행 도중에도 서로 떠들거나 아예 예배당 밖에 나가기도 했다. 나는 서서히 혼란이 왔다. 어수선한 상황 속에서 겨우 팀 소개를 마치고 찬양을 시작했다. 음악이 나오니까 아이들이 흥겹게 춤을 추기 시작했다. 예배당 안에는 통제나 규율이라고는 전혀 찾을 수 없었다. 제각각 마음 가는 대로 예배당에 들어와 기분 내키는 대로 찬양하고 춤을 추는 것이다. 나중에 현지인의 말을 듣고 나서 그들의 행동이 이해 갔다.

"예배 10분 전이나 예배 10분 후나, 예배당 안이나 예배당 밖이나, 하나님은 언제나 우리와 함께 하시지 않느냐."

우리나라는 정해진 시각에 정해진 시간 동안 정해진 형식에 맞게 예배를 진행한다. 성도가 예배 시간에 너무 늦어도 안 되지만 찬양이나 설교가 너무 길어져도 여러 말들이 나오게 된다. 예배 후에 서둘러 집에 가야 하는 성도들도 있고, 또 다른 사역이나 교회 프로그램에 참여해야 하기 때문이다. 하지만 케냐 아이들은 시간과 장소, 형식에 상관없이 하나님과 함께 할 수 있었다. 설교도 찬양도 기도도 얼마든지 길어져도 상관이 없었다. 그들은 진정한 여유로움 속에서 편하고 자유롭게 하나님을 예배하고 있었다. 시간에 맞춰서 설계한 대로 레크리에이션을 진행하고자 했던 내 모습을 돌아 볼 수 있었다.

선교사님의 빨간 약

선한 마음으로 사역을 감당하려 해도 내 뜻대로 이루어지지 않을 때가 많다. 특히 모든 것이 부족하고 미약한 선교 현장에서 기도 말고는 아무것도 할 수 없다. 우리 선교 팀이 교회에 도착했을 때 길거리 아이들이 환영한다는 의미로 아크로바틱 기술을 선보였다. 웬만한 한국 성인 남자보다 큰 키와 근육까지 있는 아이들이 공중에서 보여주는 기술은 묘기에 가까웠다. 신체 조건과 운동 신경이 좋다 보니 공중에서 회전하는 기술이 매우 능숙했다. 그러다 한 아이가 착지하는 과정에서 발을 돌에 부닥쳐 큰 부상을 입었다.

케냐의 병원은 길거리 아이들을 쉽게 받아 주지 않는다. 길거리 아이들에게는 복지나 치료의 혜택이 전혀 주어지지 않았다. 그래서 선교사님은 아이들의 건강까지 돌보아야 했다. 물론 선교사님은 의사도 아니고 좋은 약을 가진 것도 아니다. 그저 케냐 아이들이 다치면 상처 부위에 빨간 약을 바르고 기도해 주었다. 발을 심하게 다친 아이를 바라보며 미안함과 무능함을 느꼈을 것이다. 깊은 상처나 부러진 뼈를 빨간 약으로 낫게 할 수 없기 때문이다.

그러나 아이들은 크게 다치든 조금 다치든 상처를 입으면 선교사님을 찾아온다. 아파서 울던 아이들도 빨간 약을 바르고 기도를 해 주면 표정이 밝아진다. 아이들이 찾아오는 목적은 치료보다 선교사님의 따뜻한 손길이 그리워서였다. 비록 선교사님은 자신의 힘과 뜻대로 아이들을 돌볼 수 없었지만 하나님이 그 마음을 알고 계실 것이다. 선교 현장에서처럼 누군가에게 복음을 전할 때도, 힘들고 아픈 사람들을 위해 기도할 때도, 내 뜻과 의지대로 되지는 않지만 그 선한 뜻은 하나님이 보시기에 충분히 아름다울 것이다.

길거리 아이들의 행복

케냐의 길거리 아이들에게 부러운 것이 있었다. 아이들은 어디를 가든 여러 명이 함께 모여서 다녔다. 누구 하나 외롭지 않도록 서로가 서로에게 친구가 되어 주었다. 비교적 나이가 많은 아이들은 어린 아이들을 돌봐 주었다. 나이에 상관없이 모든 아이들이 굶지 않고 건강하게 자라날 수 있는 이유였다. 아이들은 학교에 다니지 않아도 현지 언어와 영어를 자유롭게 구사할 수 있었다. 그 이유도 나이 많은 아이들이 어린 아이들에게 영어를 가르쳐 주며 키워왔기 때문이다. 서로 돕고 돌보며 함께 성장하는 모습이 아름답고 행복해 보였다.

교회 앞마당에 앉아 계속 케냐 아이들을 바라보았다. 함께 웃고 장난치며 노는 모습에 나의 학창 시절을 회상했다. 늘 경쟁 속에서 승리하기 위해 공부를 했었다. 친구에게 도움을 받거나 도움을 주려는 공부가 아니었다. 오히려 공부를 포기하려 했을 때는 내 곁에 아무도 남아 있지 않았다. 한 달간 공원에서 노숙 생활을 할 때도 나는 늘 혼자였다. 가끔은 하나님을 원망했다. "나의 어린 시절과 학창 시절, 당신은 어디에 계셨냐고? 내가 홀로 길거리를 떠돌며 방황하는 동안 당신은 지켜만 보셨냐고? 나의 성장 과정은 너무 외로웠고 누구의 보살핌도 받을 수 없었다"고 원망했다.

내 자아를 위한 포옹

과거를 회상하며 앉아 있던 내게 한 아이가 다가왔다. 아직 말도 배우지 못했을 정도로 어린 네다섯 살의 여자아이였다. 포개진 내 다리 위에 앉으며 나를 바라보았다. 아이는 부모의 품이 그리웠던 것 같다. 두 팔로 아이를 감싸 안아주었다. 아이는 오래도록 내 품에 안겨 떠나지 않았다. 사실 그 포옹은 어릴 적 나 자신을 향한 것이기도 했다. 여전히 내면에서 외로워하는 어린 자아를 안아 주고 싶었다. 아버지로부터 괴로워했던 나, 왕따를 당하고 집에 와서 울고 있던 나, 길거리를 헤매며 방황하던 나를 감싸 안아 주고 싶었다. 어쩌면 혼자라고 느꼈을 내 어린 시절 자아를 외롭지 않도록 안아 주고 싶었다.

케냐에서 다시 일상생활로 돌아왔다. 선교를 통해 얻은 것이 있다면 인생을 바라보는 시선이 달라진 것이다. 예배 현장에서 겪었던 혼란을 통해 하나님은 시간과 장소를 초월하여 항상 함께 계심을 느꼈다. 또한, 빨간 약을 발라주는 선교사님을 통해 내 뜻대로 되지 않는 상황 속에서도 감사할 수 있었다. 케냐 아이들의 모습을 보며 경쟁이 아닌 더불어 살아가는 것이 행복임을 다시 한번 깨달았다. 그리고 가장 감사했던 건 상처 가득했던 내 어린 자아를 위로하고 사랑할 수 있게 된 것이다.

한 방울 한 걸음

불길의 노예가 되었던 시절은 은혜의 생수로 씻겨지고
나의 마음속엔 평강의 새싹이 봄바람을 타고 자라났습니다.

말씀 밭에서 피어나는 꽃향기를 맡았을 때
나는 비로소 그분의 뜻을 알았습니다.
분노에 익숙하고 좌절에 빠져있던 나에게
그토록 큰 은혜가 임하고 있음을 이제야 나는 알았습니다.

세상 풍파와 싸울 자신감도 무거운 짐을 감당할 용기도
작은 십자가마저 내게는 부담이었지만
내 안의 중심을 그분께 맡길 때 비로소 한 걸음을 내딛습니다.

고난이 있을 거라 믿습니다.
때로는 거친 폭풍에 쓰러지고
목적지 없는 광야에 홀로 버려질 날도 있을 겁니다.

그때 전 눈물로서 하나님께 외치겠습니다.
그 어느 때보다 더 크게 울부짖겠습니다.

한 방울의 눈물을 흘리고 한 걸음을 내딛으며
온몸으로 찬양하며 하나님께 나아가겠습니다.

가족 여행 그리고 이별

　요즘 우리 집 풍경은 평온하다. 나이가 많아 일할 수 없게 된 아버지는 늘 안방에 계신다. 가만히 앉아 TV를 보거나 우이천에 산책을 다녀오시곤 한다. 최근에는 직업학교에서 도배를 배우며 제 2의 인생을 준비하신다. 어머니는 늘 그랬듯 집안 살림을 도맡으신다. 최근에는 복지관에서 20년간 자원봉사자로 활동하신 걸 인정받아 구청장에게 표창장도 받았다. 여동생은 다른 청년들처럼 취업난의 어려움을 겪었다. 그래도 기특하게 장애 관련 기관에 취업하여 직장생활을 하고 있다. 물론 집에 오면 회사생활이 쉽지 않다고 말하곤 한다. 우리 가족은 어쩌다 티격태격할 때도 있지만 오래가지는 않는다. 과거에 있었던 불행의 그림자도 더 이상 찾을 수 없다. 최근에는 외식하는 빈도도 늘었고 특별한 가족여행도 다녀왔다. 그렇게 우리는 소소한 행복을 찾아가고 있다.

후쿠오카 가족 여행

2017년 겨울, 어머니 환갑을 기념해 일본 후쿠오카로 가족 여행을 다녀왔다. 가끔 인천 바닷가나 대성리 펜션에서 쉬다 온 적은 있었다. 하지만 해외 가족여행은 처음이었다. 처음엔 여행가서 싸우지나 않을까 걱정했다. 아니나 다를까, 여행 계획표를 짜는 것부터 약간의 마찰이 발생했다. 계획표를 세우기로 한 내가 너무 뭉그적거리자 동생이 짜증을 부린 것이다.

"야! 너는 장남이 되어서 이것 하나 제대로 안 할래?"

나는 동생이 화내는 게 무섭다. '오빠'라는 단어는 들어본 지 오래다. 그저 욕은 안 하니 다행일 뿐이다. 물론, 화나면 내게 욕할 때도 있다. 그리고 더 화가 나면 옛날 일을 언급하며 내게 따진다. 그럴 때면 참 곤혹스럽다.

"넌 아빠한테 당한 걸 나한테 풀기라도 했지! 난 풀지도 못했어!"

그 이야기를 들으면 난 뭐라 할 말이 없다. 내가 동생에게 절절매는 약점이다. 동생에게 미안하고 아버지가 원망스럽기도 했다. 애초에 우리 가정에 폭력이 없었다면 얼마나 좋았을까. 10여 년 전 쯤, 동생 앞에서 무릎 꿇고 과거 일에 대해 사과한 적이 있다. 그때 이후로 동생과의 사이가 다시 회복된 것 같다. 지금이라도 화목하게 지낼 수 있어 감사하게 생각한다. 그래서 동생이 보는 앞에서 열심히 노트북을 두드렸다. 계획표 짜는 모습을 보여줘야 가정의 평화를 지킬 수 있다고 생각했다.

며칠 뒤 우리 가족은 드디어 일본 후쿠오카에 도착했다. 택시 기사에게 구글 지도를 보여주며 무사히 예약한 호텔에 도착했다. 그러나 진짜 문제는 식사 때였다. 우리 가족은 호텔 근처를 헤매다 간판에 고기 사진이 있는 레스토랑에 들어갔다.

직원이 가져다준 메뉴판에서 손가락으로 이것저것 가리켰다. 처음 보는 요리들이 차례로 나왔다. 하지만 유독 함께 시킨 쌀밥이 나오지 않았다. 고기 접시는 비워 가는데 쌀밥이 나오지 않자 아버지는 짜증을 부렸다. 일본인 종업원에게 "어이~, 밥 시켰잖아~"라며 화를 냈다. 나는 당황한 종업원에게 "스미마셍~"이라 하며 돌려보냈다. 아버지 성질이 아직 살아있구나 싶었다. 한편 일본인에게 한국말로 따지는 용기가 신기했다.

사실 근래 10년간 아버지의 모습은 나이 많은 소녀에 가까웠다. 늘 안방에 앉아서 다소곳이 TV만 보신다. 그러다 어머니에게 잔소리를 들어도 아무 대꾸도 못 하신다. 작은 키와 마른 몸에 굽은 허리가 예전 아버지의 모습을 상상하기 어려울 정도로 안쓰러웠다. 옛날 버럭하던 아버지는 어디로 사라졌나 했는데, 바다 건너 일본에서 나타나신 것이다.

"내가 너무 배가 고파서 예민했던 거여.."

아버지는 식사를 마치고 호텔로 돌아와서 후회하셨다. 예전 같으면 볼 수 없는 반성과 후회의 모습이다. 몇 년 전, 아버지는 내가 다니는 병원에 홀로 방문한 적이 있었다. 그때, 할아버지 의사 선생님과 이야기를 나누었다고 한다. 어떤 이야기를 나누었는지는 모른다. 다만 그때 이후 내게 미안한 마음을 가지셨던 것 같다.

예전에도 난 아버지에게 화를 냈던 적이 몇 번 있다. 당신 때문에 내가 아파야 되냐고 말이다. 그때마다 아버지는 풀이 죽은 채 미안하다고 하셨다. 나도 더 이상 아버지에게 과거를 따지지 않았다. 몸도 마음도 약해지신 아버지를 보면 알 수 없는 감정이 교차한다.

여행의 마지막 일정은 바다였다. 다소 쌀쌀해진 탓에 바닷가에 사람은 많지 않았다. 어머니와 아버지는 신이 난 듯 백사장을 걸으며 서로 사진을 찍어 주었다. 마치 옛날 로맨스 영화에 등장하는 연인처럼 사이좋게 걸어가는 두 분의 모습이 신기했다. 해안에는 영화나 드라마에서 나올 듯한 이쁜 건물이 있었다. 우린 건물 안 카페에서 차를 마시며 유리벽 너머 바다를 바라보았다. 그렇게 일본 여행은 가족에게 소중한 추억으로 남아 있다.

다섯 번째 가족 토순이

3박 4일간 일본 여행을 하는 동안 가장 걱정되는 부분이 있었다. 집에 두고 온 다섯 번째 가족 '토순이' 때문이다. 토순이 덕에 우리 가족은 과거와 비교도 할 수 없을 정도로 대화와 웃음이 많아졌다. 어려서부터 나와 동생은 강아지를 키우게 해달라고 어머니께 사정했었다. 하지만 어머니는 관리가 힘들다며 들어주지 않았다. 그러다 서로 조금씩 양보하고 타협하여 새끼 토끼를 입양했다. 그때가 토끼해였던 2011년의 일이다.

토순이가 우리 가정에 미친 영향은 매우 컸다. 새끼 때부터 토순이를 구경하기 위해 온 가족이 거실에 모였다. 하루가 다르게 성장하는 모습에 대화거리도 늘어났다.

심지어 하품도 하고 기지개도 켰다. 가족들이 모여 앉으면 혀로 무릎을 핥고 빙빙 돌며 애교도 부렸다. 특히 내가 외출하기 위해 현관에서 운동화를 신으면 내 주위로 원을 그리며 빙빙 돈다. 일종의 잘 다녀오라는 인사다. 토순이도 거실과 위층 옥상을 자유롭게 뛰어다니며 행복하게 자랐다. 그렇게 우리 가족은 토순이와 행복한 시간을 보냈다.

그런 토순이를 하루도 보지 않으면 불안했다. 여행기간 동안 애견호텔에 맡기자니 개나 고양이로부터 위협 받을까봐 걱정됐다. 게다가 원래 토끼는 성격이 예민해서 장소가 바뀌면 스트레스를 받는다. 어쩔 수 없이 거실에 넉넉한 사료와 건초, 물 그릇을 여기저기 놔두고 여행을 떠났다. 그렇게 4일이 지났다. 집에 돌아왔을 때 토순이는 별 탈 없이 잘 있어 주었다. 다만 잘 삐지는 성격이라 벽에 붙어서 가족들을 반기지 않았다. 그래도 토순이가 대견하면서도 미안한 마음이 들었다.

일본 여행 후 다음 해인 2018년, 유난히 여름이 더웠다. 토순이를 위해 거실 에어콘을 빵빵하게 틀었지만, 나이가 들어서인지 지쳐 보였다. 원래 토끼 평균 수명이 8년이다. 토순이는 사람으로 치면 할머니에 가까웠다. 그렇게 여름이 지나 11월 어느 날, 토순이는 어디가 아픈지 숨 쉬는 게 힘들어 보였다. 급하게 동물 병원에 데려갔다. 그리고 수의사 할아버지는 유심히 토순이를 살펴봤다. 수의사는 항문 쪽을 살펴보더니 인상을 찌푸렸다. 그때 난 토순이의 생명이 얼마 남지 않은 걸 눈치챘다. 수의사는 이빨 상태도 살펴보며 우리에게 말했다. 그 말이 지금까지 위로가 되었다.

"토순이가 가족들에게 사랑을 아주 많이 받고 자랐네요."

그 얘기를 듣고 마음이 조금은 가벼워졌다. 그동안 우리 가족이 화목했으니 그만큼 토순이에게 많은 사랑을 줄 수 있었기 때문이다. 그리고 이틀 뒤 토순이는 동물병원에서 우리 가족 곁을 떠났다. 마지막 순간, 토순이를 병원에 홀로 남겨둔 것이 너무나 미안했다. 토순이를 묻어 주러 가던 날, 차 안에서 어머니와 동생은 하염없이 울었다. 나도 많은 눈물을 흘렸다. 이후 슬픔을 달랠 길이 없어 며칠간 우울했다.

행복하자, 우리

그러다 개봉 중인 영화 한 편이 눈에 띄었다. '베일리 어게인'이라는 영화로 영어 제목은 <Dog's Purpose> 번역하면 '개의 목적'이라는 영화였다. 베일리라는 개가 주인공으로 등장한다. 첫 번째 생애에서 '이든'이라는 이름의 청년과 오래도록 행복한 시간을 보냈다. 그러다 나이가 들어 자연스레 주인 곁을 떠난다. 두 번째 생애에선 경찰견으로 훈련받아 여러 작전을 수행한다. 그러다 자신을 훈련시킨 경찰을 보호하려다 범인이 쏜 총알에 목숨을 잃는다. 그리고 마지막 환생했을 땐 떠돌이 개로 지내다 우연히 익숙한 냄새를 맡게 된다. 바로 첫 생애에서 자신을 키워준 주인 '이든'의 냄새였다. 비록 세월이 지나 이든은 노인이 되었지만, 베일리의 도움으로 오래전부터 짝사랑했던 여인과의 사랑을 이룬다는 내용이다.

이처럼 영화는 개가 환생할 때마다 주인의 행복을 지켜주는 단순한 내용이다. 그런데 마지막 베일리의 마음속 대사가 내게 큰 울림을 주었다.

"내가 개로 살면서 깨달은 건 이거야. 즐겁게 살아. 도움이 필요한 이들은 찾아서 구해주고, 사랑하는 이들을 핥아주고, 지나간 일로 슬픈 얼굴 하지 말고, 다가올 일로 얼굴 찌푸리지 마. 그저 지금을 사는 거야. 그게 개가 사는 목적이야. 지금 이 순간을.."

어쩌면 토순이도 그런 목적으로 온 게 아닐까? 8년 동안 우리 가족 곁에서 충분히 행복한 시간을 보내게 해줬다. 그러니 너무 슬퍼하지 말고 지금 이 순간도 행복하게 살라는 것이 토순이의 뜻이 아니었을까?

이후에도 속초에 가족 펜션을 잡고 동해를 구경했다. 비싼 회 모듬을 먹으며 어머니는 이젠 돈을 너무 아끼지 말고 행복을 위해 쓰자고 말씀하셨다. 그동안 집을 사느라, 아끼고 절약하느라 많은 것을 누리지 못했다. 그러나 이젠 여행도 자주 다니고 맛있는 것도 많이 먹기로 했다. 사실, 우리 가족이 지금처럼 함께 지낼 날이 오래 남지는 않을 것이다. 나와 여동생도 어느덧 나이 서른을 훌쩍 넘었다. 연애를 하고 결혼을 하면 자연스레 부모 곁을 떠날 것이다.

다만 지금 함께 생활하는 이 시간, 행복한 추억을 많이 만들고 싶다. 그러다 보면 과거 서로에게 주고받은 상처와 아픔도 씻겨 나갈 것이다. 그렇게 우리 가족에게 행복했던 추억만 남을 것이다.

10년 전 제자의 편지

김수진

(煎 국민대학교 평생교육원 교수)

2009년 어느 대학교 평생교육원에

학부를 갓 졸업한 남학생이 들어왔습니다.

강의를 담당한 중년의 주임 여교수는 궁금했습니다.

왜 4년제 대학을 졸업하고 다시 평생교육원에 왔는지 의아했습니다.

눈 여겨 본 남학생이 그리 마음에 들지는 않았습니다.

말도 없고 얼굴은 잠에 취한 듯 어두워 보였습니다.

게다가 거의 날마다 수업에 지각했습니다.

아침 9시 수업인데도 늘 10시가 지나서야 나타났습니다.

교수는 어느 날 학생을 따로 불러 물었습니다.

"혹시 날마다 수업에 지각하는 이유가 있니?"

학생은 멈칫하면서도 쉽게 말을 꺼내지 못했습니다.

"대답하기 곤란하면 말하지 않아도 된단다."

그러자 남학생은 고개를 숙이며 대답했습니다.

"아니요.. 교수님께는 말씀드리고 싶어요"

학생은 조심스레 어릴 적 받은 상처와 아픔을 이야기 했습니다.

그리고 아무에게도 말하지 않았던 비밀도 털어 놓았습니다.

"제가 마음에 병이 있어서, 날마다 잠을 자기 위해 약을 먹어요.

그 약이 너무 독해서 아침에 일어나기가 힘들어요."

교수는 학생의 많은 이야기를 듣고 표현은 못했지만,

그날 마음이 너무 아파 잠을 제대로 청할 수 없었습니다.

그리고 교수는 다시 학생을 불러 한 가지 제안합니다.

"날마다 한 시간씩 운동을 해보자. 그리고 내게 매 주마다 확인시켜주렴."

그때부터 학생은 교수님 말대로 운동을 시작했습니다.

하루 한 시간 씩 산책로를 걸으며 운동을 했습니다.

교수님은 매주 수업이 끝나면 학생을 따로 불렀습니다.

그리고 지난 한 주간 운동을 했는지 확인했습니다.

학생의 잠에 취한 얼굴이 조금씩 활기를 찾아가고 있었습니다.

그리고 요즘엔 힘든 건 없는지 상담을 해주었습니다.

교수는 학생을 위해 많은 조언과 용기가 되는 말을 해주었습니다.

그렇게 몇 주가 지나자 학생은 더 이상 지각을 하지 않았습니다.

"교수님, 엊그제 병원에 갔더니 지금까지 먹던 약을 줄여 줬어요!"

그때부터 학생은 하루 12알에서 절반인 6알만 복용하게 되었습니다.

아직 독한 약으로부터 완전히 자유로워진 건 아니었으나

이제는 9시 등교가 가능할 정도로 건강해졌습니다.

그렇게 학생은 공부와 운동을 병행하며 교육원 과정을 마쳤습니다.

그리고 1년 후 스승의 날,

교수는 그 학생에게서 작은 선물과 편지를 받았습니다.

이후로도 간간이 교수와 학생은 서로 연락을 주고받았습니다.

그렇게 몇 년이 흐른 어느 날, 교수는 학생에게 안부 차 전화를 했습니다.

"교수님, 죄송한데 제가 지금 회의 중이라 나중에 전화 드릴게요."

그 후에도 교수는 다시 학생에게 연락을 했습니다.

"교수님, 오늘이 원고 마감이라 끝나고 연락드리겠습니다."

언론사 기자가 된 학생은 통화를 이어가지 못해 교수님께 죄송했습니다.

하지만 교수는 그 순간이 너무 기쁘고 감사했답니다.

자신이 가르치던 그 학생이, 늘 어둡고 연약해서

앞으로 사회생활이나 가능할지 걱정되던 그 학생이

바쁘게 직장생활을 감당할거라곤 상상조차 못했기 때문입니다.

교수는 학생이 너무 대견하고 신기해서 웃음이 났습니다.

그리고 2019년 그 학생은 책을 준비하는 작가가 되었습니다.

자신의 책에 교수님의 글을 넣고 싶다며 찾아 왔습니다.

정년 퇴임을 앞둔 교수는 얼마 전 백내장 수술까지 받았지만

사랑하는 제자를 위해 기꺼이 써주겠노라고 흔쾌히 승인했습니다.

그리고 교수는 한 장의 편지지를 학생에게 내밀었습니다.

"10년 전 스승의 날, 네가 나에게 써준 편지란다.

이 편지를 받은 날, 내가 얼마나 울었는지 아니?

심지어 10년이 지난 지금까지도 소중히 간직하고 있었단다.

이 편지를 갖고 글을 써보렴."

사실, 학생은 10년 전 자신이 지각쟁이였다는 사실도,

스승의 날 교수님께 편지를 썼던 사실도 잊고 있었습니다.

심지어 날마다 수업이 끝나면 따로 상담을 받고 운동을 확인 받던 것도

까마득하게 잊고 있었습니다.

학생은 집에 와서 편지를 읽어 보았습니다.

교수님은 기억 속 모습보다도

더 많이 걱정해주시고, 기도해주시고, 사랑해 주셨음을 깨달았습니다.

지금도 작가가 된 학생은 많은 사람들의 사랑과 기도로

건강하게 살아가고 있습니다.

한 사람, 한사람, 너무 귀하고 소중한 분들을 생각하며

그 사랑을 나누고 보답하고자 책을 만들고 있습니다.

스승의 날을 맞아 김수진 교수님께 드리는 편지

세상에 나의 모든 것을 털어 놓아도

언제나 옆에서 들어 줄 수 있는 사람이 세명이상 있다면

그 사람은 행복하다는 교수님의 말씀이 잊혀지지 않습니다.

언젠간 나에게 이런 사람이 몇 명이나 있을까 생각해 보았습니다.

어릴 적 아버지의 학대로 어린 마음에 많은 상처를 입었던 이야기.

반에서 왕따를 당하다 집에 오면 베개 속에 파묻혀 울던 이야기.

그 상처와 기억들이 병이 되어 약을 먹어야 잠 들 수 있다는 이야기.

이런 이야기를 듣고 나를 위로해주던 사람들을 세어 보았습니다.

내게 소중한 사람들 한 명 한 명 손가락으로 세다 보니

열 손가락 모두가 펴져 있었습니다.

이를 통해 현재 나를 사랑해주는 사람들이 얼마나 많은지,

내가 얼마나 소중한 존재이고

행복 가운데 살아가고 있는지를 깨달을 수 있었습니다.

이처럼 지난 일 년 동안 교수님께 많은 것들을 보고 배울 수 있었습니다.

저도 교수님처럼 모든 것을 털어 놓아도 들어 주는 누군가가 되어

내가 겪었던 아픔을 통해 누군가의 아픔을 이해하고

내가 흘렸던 눈물을 통해 누군가를 위해 눈물 흘리고

내가 살아온 인생이 누군가에게 희망과 용기가 되어 질 수 있도록

교수님의 가르침을 간직하며 살겠습니다.

2009년 향긋한 봄의 바람과 화사한 여름의 햇님이 만나는 날 관형 드림.

하나님이 주신
사명을
감당하다

"내가 내 자의로 이것을 행하면 상을 얻으려니와
내가 자의로 아니한다 할지라도 나는 사명을 받았노라"

고린도전서 5장 17절

3부
축복의 가시

17화

아프지만 괜찮아

예전부터 궁금했다.
"내 병이 나을 수 있을까? 조현병은 완치가 가능한 병일까?
평생 이 병을 안고 살아야 하는 걸까?"

많은 사람들이 말했다. 하나님께 믿음으로 구하라고. 병이 완치되게 기도하겠다고. 언젠가는 약도 끊을 수 있을 거라고. 실제로 많은 목사가 내 머리에 손을 얹고 기도했다. 한번은 동아리 형이 병을 낫게 해준다며 어느 대형 교회로 데려갔다. 마침 치유 은사 집회가 열리고 있었다. 세계적으로 유명하다는 미국인 목사가 회중들을 향해 병든 자는 손을 들라 했다. 나도 손을 들었다. 목사는 예배당 이곳저곳 다니며 손 든 사람들 머리를 잡고 기도했다. 드디어 내 차례도 돌아왔다. 목사는 내 머리 위에 손을 얹고 영어로 7초간 기도해줬다. 그러나 병은 낫지 않았다. 아무것도 달라진 것이 없었다.

나는 귀신들리지 않았다.

배가성장을 지향하는 예전 동네 교회에서는 금요일 밤마다 치유 기도회를 열었다. 찬양과 설교 형식은 다른 교회와 크게 다르지 않았다. 다만 설교 뒤 이어지는 기도시간이 내게 부담으로 다가왔다. 먼저 목사와 성도들이 만세 삼창하듯 "주여~~! 주여~~! 주여~~!"라고 3번 외치면 기도가 시작된다. 마이크를 통해 들리는 목사의 기도에 맞춰 성도들도 목청 높여 기도한다. 사람들의 기도 소리에는 의미를 알지 못할 방언도 있고 울부짖음도 섞여 있었다. 목사님의 기도에 빠지지 않고 등장하는 문장이 있다.

"나사렛 예수 그리스도의 이름으로 명하노니 더러운 암세포는 떠나갈지어다~! 더러운 우울증의 영은 떠나갈지어다~! 더러운 감기 바이러스는 떠나갈지어다~!"

난 하나님이 어떤 병이든 낫게 하실 능력이 있다고 믿는다. 하지만 이런 기도 형태는 받아들이기 힘들었다. 암세포나 우울증, 감기 바이러스가 사탄이 우리의 몸에 불어 넣은 영적 존재는 아니라고 봤다. 따라서 예수의 이름으로 떠나라고 하는 게 효과가 있을지 의심했다. 더 심각한 문제는 가난이나 교통사고, 사업 실패까지 사탄의 역사로 보는 것이다. 심지어 교통사고가 날 뻔했는데 천사가 지켜주었다거나, 예배 시간에 조는 청년에게 졸음의 영을 쫓아내라며 핀잔 주는 경우도 있었다. 내가 보기엔 그냥 전날 일을 많이 해서 피곤한 거 같았다.

소위 '대적기도'라고 불리는 이 기도방법은 많은 교회에 유행처럼 번져갔다. 내가 속한 소그룹의 리더 누나도 대적기도를 충실히 따랐다. 리더는 내게도 대적기도 할 것을 요구했다. 정신질환을 낫기 위해서는 대적기도가 꼭 필요하다는 것이다. 하지만 난 따르지 않았다. 내 병은 어릴 적 상처와 트라우마로 인해 생긴 의학적 병이지, 사탄에 사로 잡혀 생긴 영혼의 병은 아니라고 믿었다. 또한 과거 증오와 분노심으로 영혼이 병 들었다 해도 지금 나는 하나님의 사람이다. 더 이상 내 안에 사탄의 영은 없다고 본다. 따라서 사탄에게 내 몸에서 떠나가라고 외칠 필요도 없었다. 세상의 모든 현상과 존재를 선과 악으로 나누는 이분법적 사고는 잘못된 것 같다. 대적기도를 모든 문제의 해결책으로 보는 것도 건강한 신앙은 아닐 것이다.

신앙과 의학 사이

나도 모든 문제를 신앙적 기준으로 해결하려 했다. 10년이 넘게 다니던 병원을 옮기려던 것도 신앙 때문이었다. 오랜 기간 나를 진료하고 상담해 주신 할아버지 의사 선생님 덕에 많이 건강해 질 수 있었다. 그럼에도 기독교인이 아닌 카톨릭 신자라는 이유로 의사를 불신했다. 누구보다 정신의학에 전문적이고 오랜 경험에 인품까지 갖췄지만 기독교인이 아니라는 이유로 병원을 옮기려 했던 것이다. 하나님은 사명감으로 일하는 크리스천 의사들을 통해 치유의 은혜를 베푸신다. 그러나 종교가 없거나 타종교 의사라고 해서 사명감 없이 일하는 것은 아니다.

약물도 많은 연구진들이 하나님이 창조하신 세상에서 인간을 건강하게 만들 요소와 성분들을 취합한 것이다. 나 역시 매일 밤 잠들기 전 약을 먹는다. 거의 15년 넘게 먹었다. 처음에는 약의 부작용으로 힘들었다. 살이 찌고 입 안에 침이 말랐다. 다행히 신약이 개발되면서 부작용은 점차 줄어 들었다. 오히려 약을 먹고 깊이 잠들다 보니 남들보다 적게 자도 피로가 회복 되었다. 30대 때부터는 하루 6시간만 자도 피곤하지 않았다.

약의 부작용과 신약의 효능을 모두 겪으며 깨달은 것이 있다. 지금도 부작용이 적고 치료에 효과적인 약을 만들기 위해 많은 연구진이 노력하고 있다는 사실이다. 그동안 내가 약을 끊지 않고 복용하며 건강이 좋아진 이유다.

젊은 의사와의 만남

성숙하지 못한 의료진은 환자에게 상처를 주기 쉽다. 난 스무 살에 절박한 심정으로 처음 정신과 병원을 찾았다. 병원에서 처음 마주한 간호사의 말 한마디가 상처로 남아있다. 진료 접수를 위해 간호사와 간단한 상담을 하던 중 학창시절 왕따를 당한 적이 있다고 말했다. 그러자 간호사는 내게도 책임이 있다는 듯 "*본인이 왕따를 당한 이유가 뭐라고 생각해요?*"라고 물었다. 정확히 무슨 의도로 한 말인지는 모르겠으나 기분이 상했다. 중학교 시절 그 악행과 수치를 당한 것이 내 잘못이라고 들렸기 때문이다. 그래도 의료진을 신뢰 할 수 있었던 건 어느 젊은 의사와의 만남을 통해서였다.

2018년 5월, 바울의 가시를 전자책으로 출판하고 다양한 사람들을 만날 수 있었다. 같은 정신질환을 가진 당사자부터 현장에서 일하는 종사자와 관련 학과의 교수들도 만났다. 모두 내 책을 읽고 응원과 격려, 초대를 해주신 분들이다. 그래서 간혹 '010'으로 시작하는 모르는 전화가 오면 감을 잡는다. 내 책을 읽고 연락해 오신 분들이다.

그중엔 의사도 포함되어 있었다. 처음 통화 할 땐 젊은 남성의 조금 다급한 목소리가 들렸다. 그분은 자신을 아주대학교 병원 정신과 조용혁 의사라고 소개했다. 그리고 한 가지 부탁을 하고자 책 판권에 쓰인 연락처를 보고 전화했다고 말했다. 병원에 입원해 있는 20대 초반의 남성 환자가 있는데 나를 만나게 해주고 싶다는 것이었다. 당시엔 아주대 병원이 멀리 수원에 있는지도 모르고 흔쾌히 동의했다. 그러나 멀다는 사실을 알았더라도 동의했을 것이다. 의사의 목소리에서 환자를 위한 진정성과 절실함을 느꼈기 때문이다.

결국 수원에 가서 의사와 함께 환자를 만났다. 마라톤과 글 쓰는 걸 좋아한다는 아직 어리고 순수한 청년이었다. 최대한 도움이 될 수 있도록 조언을 해주었다. 의사는 감사하다며 병원에서 가장 근사한 식당에서 식사를 대접해 주었다. 그런 의사의 모습이 신선한 충격으로 다가왔다.

일면도 없던 내게 전화를 하고 비싼 식사를 대접할 정도로 환자에게 도움을 주려는 간절함이 느껴졌기 때문이다. 이런 의사를 담당의로 둔 그 청년은 큰 축복을 누리고 있다고 생각했다. 또한 빠른 시일 내에 잘 회복되고 건강해져서 사회로 돌아갈 수 있을 거란 확신도 들었다.

조현병과 더불어 살아가기

조현병은 조기 치료를 받지 못하면 완치가 어려운 병이라고 한다. 보통 청소년기와 30대에 발병 할 확률이 높다. 물론 초반에 치료를 받으면 충분히 나을 가능성이 크다. 그러나 난 너무 늦게 치료를 시작했다. 의학적으로 완치가 쉽지 않을지도 모른다. 매일 밤, 약을 먹으며 재발하지 않도록 관리해야 한다.

하지만 괜찮다. 당뇨병이나 고혈압처럼 꾸준한 운동과 약으로 조절하면 된다. 오히려 운동으로 육체적 건강도 지킬 수 있다. 2주에 한 번씩 만나는 할아버지 의사 선생님도 든든한 버팀목이다. 주기적으로 내 이야기를 경청해 주는 사람이 있다는 건 감사한 일이다. 힘든 시절, 아무도 내 이야기에 귀 기울여 주지 않았다. 하지만 지금은 이렇게 책을 통해 수많은 사람들이 내 이야기를 들어 주고 있다. 지금 내가 매우 행복할 수 있는 이유다.

조현병으로 고통 받는 동안에도 많은 사람들이 내 곁을 지켰다. 초등학교 친구부터 지금 다니는 교회의 청년들까지. 믿고 의지할 수 있는 사람들이 늘 함께 해주었다. 그들도 내 모든 과거를 알고 있다. 심지어 내가 조현병 환자라는 사실을 밝혀도 변함없이 날 소중히 대해 주었다. 이제는 스스로 밝히지 않으면 누구도 내가 조현병 환자라고 상상조차 못한다. 그만큼 내적으로나 외적으로 건강해졌다. 나 혼자의 노력이 아닌 내 곁을 지켜준 소중한 사람들 덕분이다.

물론 하나님을 만나고 오랜 세월이 지났어도 밤잠을 이루지 못할 때가 많았다. 일주일에 하루 이틀씩 밤을 지새우던 20대에 비해 나아졌지만, 30대가 되어서도 한 달에 한두 번 정도는 밤을 지새웠다.

그런 날이면 매우 피곤하고 예민하다. 하지만 나의 상태를 눈치채고 걱정해주는 사람들의 말 한마디에 고마움을 느낀다. 가끔 내가 교회에 모습을 보이지 않으면 먼저 문자를 보내는 청년들도 있었다. 내 마음 상태가 힘들어 교회를 오지 못한 걸 알고 걱정해 주는 것이다. 이제는 사람들에게 솔직하게 털어놓는다.

"겨울이라 그런지 제 마음에 자꾸 우울이가 놀러 오네요. 우울이가 잠시만 놀다가 떠나갈 수 있도록 기도해주세요."

"제가 잠자리 환경이 바뀌면 잠을 더 못 자요. 이번 수련회 때는 편하고 쾌적한 방에서 잘 수 있게 부탁드릴게요."

"제가 지금은 헐크 모드라서 먼저 가봐야 할 것 같습니다. 집에 가서 좀 쉬어야겠어요."

이렇게만 말해도 내 주변 사람들은 무슨 뜻인지 안다. 그리고 배려해주고 기도해 준다. 더는 건강한 척하거나 병을 숨기지 않는다. 그들은 있는 그대로의 나를 인정하고 이해해주기 때문이다.

물론 완치를 완전히 포기한 건 아니다. 다만 조현병 환자로도 얼마든지 행복하게 살아갈 수 있다고 말하고 싶다. 약물 치료와 운동을 병행하며 매사를 긍정적이고 도전적으로 살고자 한다.

깊은 고민보다 단순한 생각으로, 미래에 대한 걱정과 두려움보다 하나님에 대한 신뢰로 마음을 다스린다.

사실 가장 필요하면서도 잘 안되는 게 운동과 체중 감량이다. 그동안 헬스장 개인 트레이닝은 물론 등산, 탁구, 배드민턴, 무에타이, 축구, 심지어 필라테스로 다이어트에 성공했었다. 그러나 운동이 질려서 관두면 금방 요요가 찾아왔다. 결국 살을 뺐다가도 다시 찌기를 반복했다. 그래도 포기하지 않으려 한다. 성급히 급한 마음으로 살을 빼기보다 오래 지속적으로 운동을 하는 게 가장 좋다고 본다. 가끔은 스트레스 없는 운동을 위해 집 옆 우이천을 걷는다. 아침에는 눈부시게 밝은 햇살을 받고, 밤에는 졸졸 흐르는 맑은 시냇물 소리를 듣는다. 우이천을 따라 걷다 보면 황새 커플과 청둥오리 가족도 볼 수 있다. 4월이 되면 양옆으로 화사하게 피어난 벚꽃이 우이천을 더욱 아름답게 빛낸다. 하나님이 창조하신 자연의 아름다움 속에서 내 몸과 마음도 조금씩 치유될 것이다.

조현병과 살아가기

겉으로 드러나지 않지만 평생 약을 먹어야 하고 재발이 반복되는 병.
고통으로 40%가 자살 시도를 하고 10%는 자살 성공으로 죽는 병.
그렇다고 쉽게 말할 수 없고 직접 겪지 않고는 이해 할 수 없는 병.

한동안 편했는데 오늘은 다시 고통 속에 쉽게 잠 못 이룰거 같다.
새벽이면 홀로 이 병과 마주할 텐데 벌써 심장이 떨리고 초조하다.
이 고통은 죽어야만 끝이 나기에 잘못된 선택을 하는 것이 두려웠다.

왜 이따위 병을 주셨냐고 원망했지만 병으로 하나님께 무릎 꿇었고
세상에서 받아 줄 수 없는 병든 자를 주님과 교회는 받아 주었다.

이미 병든 이 땅의 육신 대신 하늘나라의 건강한 영혼을 소망하고
죄와 교만으로 병이 재발되면 하나님 앞에 나를 점검할 수 있었다.

하나님의 길이 아니면 갈 수 없고 내 욕심대로 살 수 없는 것도
병에 대한 두려움 때문이며 병을 통해 주님이 주신 사명이 있기에
지금의 나는 죽을 수도 없고 죽어서도 안 된다.

18화

세상에 나온 바울의 가시

    서른 살이 되었을 때, '대한조현병학회 15주년 기념 공모전'에 수필을 출품했다. 그동안 내가 겪었던 아픔과 병으로 인한 괴로움을 썼다. 그리고 하나님을 만나 말씀을 통해 회복될 수 있었던 간증도 담았다. 기독교와 관련된 공모전이 아니라서 염려는 되었다. 하지만 하나님 없이는 내 이야기를 설명할 수 없었다. 그렇게 '용서는 회복을 낳고'라는 제목으로 4페이지의 수필을 완성했다. 교정 교열도 잊은 채 학회 측 메일로 원고를 보냈다. 나중에 보니 오탈자도 많고 문장도 다듬어지지 않았지만 대상을 탈거라 확신했다. 그리고 한 달 뒤 학회 측으로부터 대상에 선정되었다는 전화를 받았다. 이를 통해 언젠가 나의 이야기를 책으로 만들겠다는 꿈이 생겼다.

바울의 가시를 꿈꾸다

이미 몇 번의 회사생활과 퇴사를 반복하며 직장인의 삶을 포기했다. 일 자체는 어려움이 없었고 업무성과도 좋았다. 하지만 역시나 사람관계가 문제였다. 직장 선배들이 어릴 적 아버지처럼 두려웠고 회사 건물과 시스템은 감옥처럼 느껴졌다. 교회와 달리 회사는 나의 연약한 마음과 정신을 봐주는 곳이 아니었다. 상사의 압력과 야단은 내게 또 다른 폭력으로 다가왔다. 근무했던 언론사의 특성상 절대 용납되지 않는 실수와 마감 일정에 대한 부담이 나를 더욱 긴장시켰다. 억지로 버티라면 버틸 수는 있겠지만, 그러다간 정말 큰 병이 생겨 죽을 것 같았다. 결국 내 인생에서 더 이상의 직장생활은 없을 거라고 생각했다.

그렇다고 인생까지 포기할 수 없었다. 그동안 받았던 여러 교육과 회사에서 배운 기술로 1인 출판사를 창업하기로 했다. 1인 출판사를 운영하기 위해선 여전히 배워야 할 것이 많았다. 먼저 고등학생들이 많이 수강하는 직업전문학교에 등록해 디자인을 배웠다. 6개월 동안 월요일부터 금요일까지, 하루 7시간의 수업을 거의 빠지지 않고 참석했다.

교육을 마친 뒤 '옥탑방프로덕션'이라는 이름으로 1인 출판사를 시작했다. 창업은 했으나 막상 어떤 책을 만들어야 할지 몰랐다. 갓 시작한 출판사에 원고를 맡길 작가도 없었다. 결국 내가 직접 글을 써서 출판하는 방법 밖에 생각나지 않았다. 그러다 과거 대한조현병학회 공모전에서 대상을 받았던 사실이 기억났다.

그때 쓴 수필을 바탕으로 내 이야기를 쓰면 좋은 책이 나올거라 생각했다. 하지만 독자들도 그런 책에 호감을 가질 지 확신이 서지 않았다. "성공하거나 유명하지 않은 나의 이야기를 사람들이 들어줄까? 게다가 아프고 힘들고 어두웠던 과거에 대한 내용을 누가 좋아할까?" 조현병 환자가 썼다는 특이성 외에는 내세울 게 없었다.

그래도 일단 써보기로 했다. 적어도 사람들의 반응은 살펴보고 출판 여부를 결정해야겠다고 생각했다. 우선 '브런치'라는 사이트에 글을 올렸다. 이곳은 블로그처럼 많은 사람들이 글을 올리고 읽을 수 있는 사이트다. 나름대로 요즘 뜨고 있는 사이트라 수준 높은 양질의 글들이 많이 올라온다. 출판사에서도 이 사이트의 인기 작가들과 계약을 맺을 정도다. 그런데 글을 올릴 수 있는 자격을 얻기 위해서는 엄격한 심사 과정을 거쳐야 한다. 먼저 샘플로 몇 꼭지의 글을 임시로 올리면 브런치 운영진들이 읽고 작가의 자격을 주거나 탈락시킨다. 작가 신청에 합격하면 올린 글은 곧바로 사람들에게 공개된다. 그러나 탈락된 사람의 글은 공개조차 되지 않는다. 나 역시 "당연히 되겠지!"라는 마음으로 3꼭지의 글을 업로드 했다. 조현병 환자로 살아온 인생 초반부의 내용이었다. 그런데 보기 좋게 탈락했다. 문장력이나 내용은 훌륭하다고 생각했는데 결과는 반대였다.

이후 다른 방법을 생각했다. 언론사를 통해 글을 노출시키는 것이다. 물론 이름 있는 메이저 언론사에서 내 글에 관심을 가져줄 것 같지 않았다. 그래서 관련 분야 언론사를 검색했다. 마침 '정신의학신문'이라는 온라인 언론사가 막 생겨난 때였다. 심지어 네이버 메인 뉴스에도 노출될 정도로 뜨고 있는 언론사였다.

그날부터 정신의학신문 자유게시판에 옥탑방 글쟁이라는 아이디로 글을 올리기 시작했다. 아직 자유게시판에는 글이 거의 없을 때였다. 일단 하루에 한 꼭지씩 나의 이야기를 게시판에 써나갔다. 먼저 '조현병 환자로 산다는 것'이란 제목으로 첫 번째 게시글을 올렸다. 그리고 다음날 필력이 대단하다는 댓글이 달렸다. 첫 댓글치고는 반응이 좋아서 용기가 생겼다. 계속 글을 업로드했고 '악마에게 판 영혼'이라는 네 번째 게시글에 신문사 운영진의 댓글이 달렸다.

"더 많은 독자 분들이 옥탑방 글쟁이님의 글을 읽으실 수 있도록 준비 중입니다. 이와 관련해서 상의드리고 싶은 게 있습니다. 메일 주시면 감사하겠습니다."

한편 우려했던 댓글도 달렸다. 댓글을 단 사람은 나와 같은 당사자로 보였다. '악마에게 판 영혼'이라는 제목처럼 4화는 가장 어두운 내용의 글이다. 그래서 읽는 사람들이 어떤 반응을 보일지 걱정되었다. 결국 댓글을 통해 우려가 현실로 드러났다.

"솔직히 말씀드리자면 이런 글들은 환우가 아닌 분들에게 좋은 영향을 줄지 모르겠지만, 환우인 저로서는 감정이입이 되어 며칠 힘들더라고요. 소설에서도 힘든 시절의 이야기들을 읽으면 암울하잖아요. 중간에 유머가 섞일 수는 없겠지만 중간 중간에 그때의 경험을 현재의 시선으로 바라보는 내용도 좋을 거 같아요. 하지만 솔직하게 쓴 것에 대해서는 박수를 보냅니다."

글이 전개될수록 하나님을 만나고 건강도 되찾은 이야기가 나오지만, 4화까지만 읽고 나면 누구라도 암울할 것 같았다. 그래서 도입부에 현재 시점에서 일어난 일들을 넣어 과거의 사건과 연결시켰다. 또한 글을 읽고 난 뒤 찜찜한 여운을 잠잠하게 하고자 시를 한편 씩 추가했다. 과거의 나는 고통스런 새벽마다 시를 쓰며 스스로를 위로했다. 내 글을 읽고 힘들어 할 수 있는 사람들에게도 시를 통해 위로를 주고 싶었다.

2017년 12월 말부터 시작되어 2018년 1월 초에 15화 '주님이 이끄는 삶'을 마지막으로 업로드를 완료했다. 이 글들은 정신의학신문 칼럼 게시판에 정식 연재되었다. 동시에 페이스북 공식 계정을 통해서도 공유되었다. 한 꼭지의 글을 만 명이 넘는 페이스북 사용자들이 읽었다. '좋아요'를 누른 사람들 중에는 내가 아는 사람도 제법 있었다. 하지만 이 때까지도 '옥탑방 글쟁이'라는 아이디 속에 내 이름을 감추고 있었다.

정신의학신문을 통해 반응을 확인한 뒤 전자책으로 내도 좋겠다는 확신이 생겼다. 기존 200페이지 노트의 글 뿐 아니라 싸이월드 미니홈피에 올렸던 글들, 이메일에 남겨 두었던 글들, 페이스북에 올린 글들을 모두 모았다. 이 글들을 다듬고 재구성하여 오늘의『바울의 가시 : 나는 조현병 환자다』라는 제목의 책을 출판 할 수 있었다. 이때부터 책 저자 소개를 통해 내 이름을 밝혔다. 소위 커밍아웃을 한 셈이다. 그래야 독자들에게 내 진정성을 전할 수 있을거라 생각했다.

스무 번의 거절

　직접 글을 쓰고 본문과 표지를 디자인했다. 이후 컴퓨터 프로그램으로 글과 이미지를 코딩하여 완성된 전자책을 유통하기까지 모두 혼자 해낼 수 있었다. 조현병 관련 커뮤니티에도 전자책에 대한 홍보를 시작했다. 사실, 책 마케팅에 대해 아는 것이 없었다. 다만 있는 그대로 솔직담백하게 출판 과정과 책 내용을 설명했다. 감사하게도 출판을 축하하고 응원하며 꼭 구입하겠다는 댓글들이 달리기 시작했다. 실제로도 많은 사람들이 구매해 주었다. 얼마 지나지 않아 온라인 서점 기독교 전자책 분야에 베스트셀러로 오를 수 있었다.

　한편으론 죄송한 마음도 들었다. 젊은 사람들도 전자책을 구입하여 다운 받아 읽는 것이 익숙치 않다. 이 책 한 권을 위해 따로 전자책 뷰어 어플을 설치한 분들도 적지 않았다. 그분들께 보답하기 위해 종이책도 출판해야겠다고 다짐했다. 하지만 종이책을 출판하기엔 실력도 경험도 많이 부족했다. 어설픈 책으로 완성하기에는 글 내용이 너무 아까웠다. 좀 더 많은 사람들에게 읽히고자 디자인과 인쇄는 전문가의 손에 맡기고 싶었다.

　고심 끝에 바울의 가시 종이책은 이름 있는 기독교 출판사에 맡기기로 결심했다. 인터넷으로 우리나라 기독교 출판사 목록을 검색했다. 규모와 인지도에 따라 상위 20개 기독교 출판사를 순위대로 나열해 놓은 리스트를 발견했다. 모두 이름만 대면 알만한 출판사들이다. 먼저 1위부터 5위까지의 출판사에 메일을 보냈다. 바울의 가시 원고를 책 형태로 간단히 디자인하여 파일 형태로 투고했다.

혹시 몰라 기독교 전자책 분야 상위권에 올라 있던 책 사진도 캡쳐해서 보냈다. 그리고 1~2주 뒤부터 답장 메일이 오기 시작했다.

"죄송하게도 의뢰하신 원고는 저희 출판사에서 출간이 어렵겠습니다. 보내 주신 원고를 내부적으로 검토하고 여러 팀과 의논하여 숙고한 끝에 이런 결정을 내리게 되었습니다."

"보내 주신 원고에 저자의 정성이 많이 들어 있고 독자에게 깊은 은혜와 감동을 전하고자 하시는 깊은 뜻이 있음을 느낄 수 있었습니다. 그럼에도 불구하고 숙고하여 내부 의견을 종합해본 결과, 저희가 나름대로 지향하고자 하는 출판 방향에 비추어 아쉽지만, 이 원고를 저희가 출판하기 어렵다는 의견을 드릴 수밖에 없게 되었습니다."

"저희 편집 팀에서 고심하여 검토하고 회의를 진행했습니다. 하지만 아쉽게도 저희 출판사에서 책으로 내기는 어려울 것 같습니다. 좋은 글과 기회를 허락해 주셨는데 정말 죄송합니다. 원고 검토 회의 중에 나온 한 가지 의견이 있다면, 글을 정말 잘 쓰시고, 내용도 정말 좋은데 보편적인 독자들에게는 조금 전달이 어려울 것 같다는 의견이 있었습니다."

포기치 않고 계속하여 다른 출판사에 투고했다. 하지만 대부분 비슷한 내용의 답장을 보냈다. 글은 잘 쓰고 내용도 괜찮지만, 자사의 출판 방향과 맞지 않는다는 것이다. 결국, 20여 곳의 기독교 출판사 모두로부터 거절당했다.

종이책으로 나온 바울의 가시

하지만 종이책 바울의 가시를 포기할 수 없었다. 디자인 완성도가 낮더라도 꼭 출판하고 싶었다. 바울의 가시를 읽고 싶지만 전자책이 낯설고 서툰 분들이 많을 거라 생각했다. '꿈꾸는 책공장'이라는 네이버 카페에서 관련 정보를 모았다. 출판 기관에서 주최하는 특강을 들을 기회가 있으면 무조건 신청했다. 비록 초보 티가 많이 나긴 했지만, 겨우겨우 책 디자인을 완성할 수 있었다. 표지도 나름대로 마음에 들게 만들었다. 그러나 다음 단계인 인쇄로 나아가기엔 아는 것이 하나도 없었다. 현재 나의 지식 상태에서 많은 돈을 투자하여 인쇄까지 나아가는 건 위험부담이 너무 컸다.

그러다 POD 서비스라는 방법을 알게 되었다. 완성된 디자인 파일을 POD 업체에 넘기면 알아서 책을 인쇄, 제작해 주는 서비스다. 이 서비스의 장점은 한 번에 많은 권수의 책을 인쇄하지 않는 것이다. 누군가 인터넷으로 책 한 권을 주문하면 그 즉시 딱 한 권만 인쇄한다. 그리고 직접 주문자에게 배송까지 해주는 시스템이었다. 출판사 입장에서는 디자인 파일만 넘기면 더 이상 신경 쓸 일이 없다. 또한 인쇄를 위한 비용도 따로 내지 않는다. 책 판매 수익을 POD 업체와 나누는 구조이기 때문이다. 게다가 물류비나 책을 쌓아야 할 창고비용도 들지 않는다.

반대로 단점도 많다. 일단 POD 업체에서 종이, 인쇄비용, 배송비 등의 이유로 책 판매 수익의 많은 비율을 가져간다. 또한 주문이 접수 된 뒤 인쇄를 거쳐 독자에게 배송되려면 많은 시간이 걸린다.

독자로서는 책 한 권을 주문하면 평균 2주 뒤에나 받아 볼 수 있는 것이다. 그래도 POD 서비스로 종이책을 출판했다. 당사자와 가족들, 종사자와 전문가들까지도 이 책을 필요로 하는 사람들은 구매할 것이라고 믿었다.

그 예상은 거의 적중했다. 전자책만큼 많이 팔리지는 않았지만 POD 서비스를 통한 판매치고는 반응이 나쁘지 않았다. 온라인 서점의 기독교 간증 부문 판매 순위에서도 상위권에 올랐다. 디자인이 훌륭한 것도, 종이 품질과 인쇄 상태가 좋은 것도 아니었다. 단지 내용 하나만으로 적지 않은 판매량을 올릴 수 있었다. 지금도 나와 비슷한 경험과 아픔을 직간접적으로 겪는 사람들이 많을 것이다. 그들을 위해서라도 바울의 가시를 정식으로 대량 인쇄하여 서점에서 판매할 날을 꿈꾸게 되었다.

세상이 아름다운 이유

삶이 힘들다고 느껴질 땐

잠시 눈을 감고 기도하세요.

눈을 떴을 때 보지 못했던

하나님의 사랑을 느낄 수 있습니다.

아무것도 가진 것이 없다고 허탈할 땐

깊이 숨을 들이켜세요.

당신이 이렇게 살아 숨 쉬듯

하나님이 생명이란 선물을 주셨습니다.

앞날이 컴컴하고 미래가 불안할 땐

눈을 들어 하늘을 보세요.

저 하늘을 나는 작은 새들처럼

하나님이 친히 먹이시고 키우십니다.

아무것도 할 수가 없다고 좌절할 땐

가슴에 손을 얹어 보세요.

주먹만 한 심장이 온몸을 움직이듯

하나님은 당신을 통해 세상을 움직여 나갑니다.

세상을 살아갈 용기가 없을 땐

창문을 열고 밤하늘을 바라보세요.

별이 낮보다 밤에 더 빛나듯

하나님은 어둠 속에서 당신의 삶을 더 빛낼 것입니다.

19화

언론이 만든 조현병 포비아

인터넷 검색어 순위에 조현병이 상위를 차지할 때면 가슴이 철렁인다. 예상대로 조현병 환자에 의한 범죄 기사들이 쏟아져 나온 것이다. 이어 조현병의 원인과 증상에 대한 후속 기사가 뒤를 잇는다. 정확한 근거와 팩트가 없는 추측성 기사도 상당하다. 물론, 조현병 환자의 범죄율이 일반인보다 낮다는 기사도 나온다. 하지만 이는 오래전의 통계고, 최근 연구 자료나 논문은 쉽게 찾을 수 없었다. 분명한 건, 조현병 관련 기사는 사람들의 관심과 클릭수를 늘리기에 좋은 소재라는 것이다.

우리나라 전체 인구의 25%는 정신질환을 겪고, 1%는 조현병을 겪는다고 한다. 50만 명의 조현병 환자가 적은 수는 아니지만, 대다수가 병을 숨기고 침묵한다. 차별과 부당함에 대한 목소리를 내는 당사자는 극소수에 불과하다. 결국 언론의 잘못된 보도에 반박하거나 법적 대응을 하기엔 힘이 부족하다. 목소리를 내지 못하는 약자는 강자의 횡포에 당할 수밖에 없다. 그래서 조현병 당사자로서 이 책을 만들게 되었다. 물론 한 권의 책이 세상의 모든 오해와 편견을 씻지는 못할 것이다. 하지만 누군가는 침묵을 깨고 세상에 나와야 했다. 먼저 세상에 나온 누군가를 바라보며 다른 이들도 용기를 얻어 목소리를 낼 수 있기 때문이다.

첫 방송 출연

책을 내고 언론사의 인터뷰 요청을 받았다. 어느 종합편성채널 뉴스 프로그램의 작가로부터 전화가 온 것이다.

"여보세요? 혹시 바울의 가시를 쓰신 이관형 작가님 맞으신가요? 저는 △△△△ 방송사 OOO 작가입니다. 요즘 조현병 관련 이슈가 계속 보도되고 있잖아요? 그래서 선생님 같이 책도 내고 병을 잘 이겨낸 분들을 인터뷰하고 싶습니다."

내 책이 많이 팔린 것은 아니라서 언론사의 인터뷰 요청에 조금 놀랐다. 하지만 곧바로 허락했다. 방송에 얼굴이 나가겠지만, 조현병에 대한 편견과 오해를 바로잡는다는 명분에 마음이 움직였다. 약속한 날짜에 방송국 기자와 촬영 기자, 작가가 내가 있는 사무실에 방문했다. 곧바로 공용 회의실에 자리를 잡고 카메라 촬영과 인터뷰를 시작했다. 조현병을 겪게 된 과정과 증상, 이후의 삶에 대한 질문과 답변이 이어졌다. 기자가 증상에 대해 계속 묻기에 자세히 설명해 주었다.

"누구나 과거의 상처와 아픔이 있어요. 매일 상처를 받을 수도 있고, 일주일에 한 번, 혹은 한 달에 한 번 사람이나 상황으로 인해 상처를 받을 수도 있어요. 대개는 시간이 흐르면 상처를 잊습니다. 환자들마다 차이가 있겠지만, 제 경우는 오래 잊혀지지 않고 계속 떠오릅니다. 한 달에 한 번만 상처를 받아도 일 년에 12개의 상처를 갖게 됩니다. 그런데 그게 10년 동안 잊혀 지지 않으면 120개의 상처를 갖게 되죠. 만약 그것들이 꼬리에 꼬리를 물고 계속 떠오른다면? 게다가 하루 동안 그 모든 상처들이 번갈아가며 떠오른다면 괴로워서 잠조차 잘 수 없습니다."

내 설명을 들은 기자는 고개를 끄덕이며 공감해주었다. 자신도 조현병까지는 아니더라도 우울증과 비슷한 경험을 해봤다는 것이다. 그래서 어느 정도 이해가 간다고 말했다. 그러나 함께 온 방송작가는 생각이 달랐다.

"원래 누구나 상처를 받고 그것을 기억하며 힘들어하지 않나요? 저 같은 경우도 사회생활 하면서 많은 상처를 받았지만 그냥 그런가보다 하고 넘어갔는데, 결국 받아들이는 사람의 의지에 달린 거 아닌가요?"

작가는 내가 성장 과정에서 겪은 아픔과 슬픔도 살다 보면 누구나 겪을 수 있는 일이라고 여기는 듯했다. 다들 꿋꿋이 이겨내며 살아가는데 왜 유독 혼자서만 상처 받은 것처럼 살아가냐고 핀잔을 주는 듯했다. 물론 나보다 더 큰 아픔과 고통을 겪은 사람도 많다. 또한 상처를 극복하고 건강히 잘 살아가는 사람이 대다수다. 그러나 조현병이 상처를 크게 받아서 생긴 병만은 아니다. 사람마다 성향에 따라 외부의 충격에 대한 수용이 다르다고 생각한다.

그렇게 두 시간이 지나서야 인터뷰를 마칠 수 있었다. 마지막으로 기자는 내가 일하는 모습을 촬영해도 되냐고 물었다. 갑작스런 요청에 조금 당황했지만 카메라 앞에서 모니터를 켜고 작업하는 모습을 보여줬다. 작가는 다른 작업은 없냐며 재촉했다. 모니터에 보이는 작업 모습이 너무 단순하고 반복적이기 때문이었다.

그들의 요구대로 보다 좋은 장면을 담기 위해 이 작업, 저 작업을 하는 과정을 역동적으로 보여줬다. 그렇게 촬영이 끝나고 며칠이 지나 인터넷 다시보기로 내가 등장하는 뉴스를 볼 수 있었다.

조현병 포비아

종편 방송에서 내보낸 전체적인 뉴스의 구성과 내용은 일관성이 없었다. 무엇을 말하고자 하는지 확실하지 않았다. 기사 제목은 '구멍난 관리, 깊어지는 조현병 포비아'였다. 제목만 봐서는 환자들을 제대로 관리하지 못해 범죄가 늘어난다는 의미 같았다. '조현병 포비아'라는 단어도 이 뉴스를 통해 처음 알았다.

뉴스는 시골에 사는 어느 조현병 환자에 대한 이야기로 시작됐다. 환자의 어머니가 아들을 병원에 넣어 달라고 인터뷰하는 내용이었다. 이 환자는 폭행 사건을 저질렀고 어머니에게 위협을 가했다. 마치 조현병 환자들은 폭력적이고 가족에게도 위험한 존재로 비추어졌다. 이를 통해 조현병 환자들은 강제로라도 입원시켜야 하며, 함부로 퇴원시킬 경우 주변 사람들이 위험에 처할 수 있다는 메시지를 전하고 있었다.

개인적으로 아쉬웠던 건 나의 인터뷰 내용에 대한 편집이었다. 인터뷰 당시, "과거 성공만을 위해 살았지만, 조현병을 통해 날 사랑하는 사람들을 소중히 여기며 15년을 행복하게 살고 있다."는 취지의 말을 했다. 성공 지상주의에서 벗어나 평범한 삶 가운데 행복을 누리는 것이다. 하지만 편집된 인터뷰 내용과 자막은 내 본래 의도와 달랐다.

"주변의 좋은 사람들이 많이 사랑해주고, 기도해주고, 관리해주고.. 그걸 15년 동안 받았거든요."

이후 큰 글씨의 자막이 화면 아래를 채웠다.
<조현병 환자들 "평범한 일상 누리고 싶다">

이어 나온 인터뷰 내용도 마찬가지였다.

"그냥 행복하게, 좋은 사람들 만나 사이좋게 지내고, 맛있는 것도 먹고 밤에 잠 잘 자고…. 그게 제 인생의 목표에요."

인터뷰 내용으로는 내가 다른 사람들의 평범한 삶을 동경하는 것처럼 보였다. 마치 조현병 환자들의 삶이 다른 사람들보다 못한 것처럼 말이다. 다시 말하지만, 난 조현병을 통해 다른 사람들이 평범한 삶 가운데 깨닫기 힘든 행복을 누리고 있다. 그러나 뉴스 영상은 내 뜻과 의도를 왜곡되게 전달했다. 사전에 섭외 전화를 했던 작가의 취지와도 맞지 않았다. 취재진의 의도가 어떻든 시청자들은 조현병 환자들을 더 무섭고 불쌍한 존재로 인식할 것이다. 포털 사이트에 올라온 해당 뉴스에 대한 댓글도 예상을 벗어나지 않았다.

"저건 장애가 아니라 재앙이다.. 걸어 다니는 범죄자들"
"의사가 대놓고 얘기 안 할 뿐이지 조현병 걸리면 답 없습니다. 정말 불쌍한 사람들"
"조현병 조심해야 됨. 극복한다 한들, 잠재적으로 묻혀 있는 것뿐, 언제든 재발된다."

"가족들이 제발 정신 좀 차려서 치료를 해야지. 그런 병 걸린 애들이 뭘 알겠어? 말 그대로 정신병인데. 가족이 문제야..-.-;;"
"조현병 환자들은 조현병 환자들끼리 살면 치료될 거 같은데"
"옛날엔 미치면 몽둥이로 때리지 않았나요?"

방송사와 취재진이 조현병에 대한 오해와 편견을 씻으려는 의지가 조금은 있었을지도 모른다. 어쩌면 구성을 잘못 짰거나 너무 많은 내용을 담으려다 보니 취지에서 벗어난 결과를 가져왔을 수도 있다. 하지만 분명한 건, 댓글에서 볼 수 있듯 오해와 편견을 더 키우는 결과를 가져왔다.

기자의 메일

물론 모든 언론사와 기자를 똑같이 치부해선 안 된다. 참된 언론에 대한 믿음은 한 통의 메일을 통해 확인 할 수 있었다. 머니S라는 인터넷 신문의 기자가 보낸 메일이었다. 비록 서면 인터뷰였지만, 기자는 최대한 예의 있고 조심스럽게 인터뷰를 진행했다. 그는 나의 입장과 발언을 존중해 주었고 사실 확인에도 심혈을 기울여 기사를 썼다.

<감추고 살아가는 이웃들.. '부적응자 양산하는 편견'>이라는 제목의 이 기사는 조현병에 대한 편견에 대해 다루었다. 또한 해외 선진국의 사례를 들어 제도적 장치에 대한 필요성도 제기했다.

나의 인터뷰 발언도 최대한 있는 그대로 실어 주어 감사한 마음이 컸다. 이처럼 기자와의 신뢰가 속에 나도 당사자로서 다음과 같은 소신 발언을 할 수 있었다.

"정신질환 자체가 환자들을 절대 악이나 절대 선으로 만드는 건 아니라고 본다. 다만, 모든 정신질환자를 범죄자로 보는 잘못된 인식이 비이성적 국가를 만든다."

당사자들이 만드는 마인드 포스트

한편, 종편 방송사와의 인터뷰가 악마의 편집으로 왜곡되었지만 오히려 감사했다. 내가 직접 당해보니 사명감이 생겼기 때문이다. 마치 골리앗에 맞서는 다윗처럼 동기부여가 되었다. 이후 당사자들이 만들어가는 '마인드 포스트'라는 언론사를 알게 되었다. 마인드 포스트는 정신질환을 겪는 당사자들이 직접 만들어 가는 언론사다. 마음을 담는 우체통이란 뜻으로 마인드 포스트라 이름 지었다. 또한 '우리를 빼고 우리에 대해 이야기 하지 말라'라는 슬로건도 내세웠다. 좋은 뜻과 취지로 설립한 언론사지만, 재정적 어려움과 당사자만 일할 수 있는 특이성 때문에 인력에 대한 한계점이 있다. 난 기자로서 마인드 포스트에 기고 글을 올리고 카드뉴스를 만들어 힘을 보탰다. 대형 언론의 조현병에 대한 잘못된 보도에 대해 비판하기도 했다. 지금도 마인드 포스트는 당사자들의 권익과 인권을 위해 당당히 목소리를 높이고 있다.

이후 서울시복지재단 공익법센터로부터 '국내 언론보도 실정에 맞는 바람직한 정신건강 미디어 가이드라인' 기획과 제작을 의뢰받았다. 마인드 포스트 국장님과 본부장님, 그리고 기자 자격으로 나까지 제작에 참여했다. 이 가이드라인이 얼마나 큰 공권력과 효과를 가져올지는 모르겠다. 다만 부당한 언론 보도에 당사자들이 목소리를 내는 것은 큰 의미가 있다. 가만히 숨죽이고 숨어 있으면 저항할 작은 힘마저 모두 잃게 된다. 마인드 포스트가 기사로 당사자들의 목소리를 대변하듯 나도 강연을 하고 책을 만들며 당사자들의 삶과 인생을 나눌 것이다. 가만히 침묵하지 않을 것이다.

백조

조금 삐져나온 발톱, 조금 날카로운 부리.
사람들은 말했습니다.

그 발톱으로 누구를 할퀴려고?
그 부리로 누구를 쪼아대려고?

나는 생각했습니다.
나는 환영받지 못하는구나.
나는 있어서는 안 되는 존재구나.

혼자서 울었습니다.
엎드려 좌절했습니다.
그때 호수를 건너 한 사람이 다가왔습니다.

너의 울음소리를 어디에서나 듣고 있었노라.
너의 곁에는 내가 항상 함께 있었노라.

너의 발은 열심히 움직이며 몸을 지탱하는데
너의 부리는 먹을 것을 더욱 풍성하게 하는데
너의 펼친 날개는 세상에서 가장 우아한데

누가 너를 무시하느냐? 누가 너를 정죄하느냐?
너는 내가 만든 세상에서 가장 귀한 존재니라.
사랑하는 나의 자녀, 사랑하는 나의 아들아.

20화

정신요양원의 천국잔치

전화가 왔다. 스무 살 갓 넘은 청년의 전화다. 또한 내 책을 읽고 두세 번 울었다는 조현병 당사자다. 그는 가끔 카톡으로 안부를 묻고 여러 고민도 나누었다. 하지만 그의 힘든 이야기를 듣는 것은 부담이 되었다.

"저는 힘이 없어요. 병 증상 때문에 그런가.."
"저자님은 막 그런 거 있으세요? 해외 망상 ㅠㅠ"
"살 빼기 힘드네요. 거기다가 다리도 다쳐서ㅠㅠ"

가끔 통화로 느껴지는 그의 목소리는 간절하고 애달팠다. 하지만 난 상담사도 의사도 아니다. 동료지원가로서 교육을 받은 것도 아니다. 내가 할 수 있는 건 그저 이야기를 듣는 것이다. 하지만 그마저도 내겐 힘든 일이었다. 나 역시 아픈 기억을 안고 사는 당사자다. 글을 쓰고 출판을 할 뿐, 다른 이의 고통과 아픔을 듣는 건 버거운 일이었다. 물론 안타까운 마음이 컸다. 하지만 내가 그 친구를 위해 할 수 있는 것은 없었다. 그저 좋은 책을 만들려 할 뿐이다. 다만, 내게 주어진 역할이 따로 있듯, 내가 못하는 역할은 다른 분들이 해나가고 계실 거라 믿는다.

요양원의 초대

현재 출석 중인 교회에는 다양한 청년부 동아리 활동이 있다. 맛집 투어, 독서토론, 영화 감상, 볼링, 산책까지 종류도 다양하다. 그중 가장 뜻깊은 모임은 찬양 동아리였다. 동아리를 이끄는 리더 형은 병원에 계신 아버지를 생각하며 동아리를 만들었다고 한다. 몸과 마음이 아픈 사람들에게 찬양을 들려주며 용기와 희망을 주자는 취지였다. 하지만 형의 아버지가 병원을 퇴원하는 바람에 마땅히 공연할 곳을 섭외하기 힘들어졌다. 그러다 우연한 계기로 공연을 할 수 있는 기회가 주어졌다.

책을 내고 나서 내겐 조금 창피한 취미가 생겼다. 인터넷에 '바울의 가시'를 검색하는 것이다. 몇 안 되는 글과 리뷰를 보며 스스로 만족해하는 괴상한 취미다. 그중엔 상담센터의 원장님이 쓰신 독후감도 있었고, 독자들의 책 리뷰나 추천 글도 있었다. 어느 날, 페이스북에도 바울의 가시를 검색해 보았다. 이미 봤던 글들이 대부분이지만 웬일로 새로운 글이 올라왔다. 어떤 여성분이 페이스북에 책에 대한 장문의 소감문을 올린 것이다.

"바울의 가시라는 조현병 당사자의 수기내용입니다. 마음의 평화를 얻는 것, 밤에 평안히 자는 것이 기도 제목이었다는 그의 말이 어떤 심정인지 저는 너무나 와닿습니다. 며칠 동안 잠을 못 자고 계속 배회하며 괴로워하거나 본인도 알 수 없는 슬픔으로 한없이 벽을 바라보며 울고 있는 조현병 가족들을 매일 보기 때문입니다. 살면서 잠시 잠깐 스쳐 가는 슬픔이나 괴로움도 우리는 참 힘들어하지요. 그런데.. 내 의지, 내 감정과 상관없이 계속되는 슬픔과 불안, 혼란스러운 생각, 끊임없이 귓속에서 들리는 욕설을 평생 끌어안고 살아야 한다면 어떨까요.. 저는 참.. 우리 요양원 가족 분들 보면 해줄 수 있는 게 없어서 자꾸 아픕니다.."

난 너무 감사해서 그분께 페이스북 친구 신청을 보냈다. 알고 보니 그분은 규모가 꽤 큰 정신요양원의 백윤미 원장님이셨다. 원장님은 친구신청에 감사하다며 요양원에 초청할 기회가 있으면 좋겠다고 글을 남기셨다. 나로서는 여러 가지로 감사한 제안이었다. 간증의 기회뿐 아니라 교회 찬양 동아리가 함께 공연도 할 수 있기 때문이다. 원장님도 간증과 찬양 공연을 함께 하는 것을 흔쾌히 허락해 주셨다.

요양원 사람들

며칠 뒤 사전 답사 차원에서 찬양 동아리 리더 형과 요양원을 향했다. 서울을 벗어나 요양원이 있는 양주를 향해 가는 길은 허허벌판이었다. 계속 외딴곳으로 깊이 들어갈수록 나도 운전하는 형도 다소 긴장했다. 아마도 영화나 드라마 속에 나오는 폐쇄적인 요양원의 모습을 상상했던 것 같다. 한 시간쯤 지났을 때 몇 개의 큰 건물이 보이는 요양원에 도착했다. 입구에는 시설을 관리하는 아저씨가 잔디를 깎고 있었다. 본관 입구로 들어가는 발걸음이 쉽게 떨어지지 않았다. 조심스레 문을 열고 안으로 들어가자 원장님이 반갑게 맞이해주셨다.

원장님의 안내로 요양원 시설을 둘러봤다. 대학교 건물처럼 깨끗하고 편안한 시설과 환경에 놀랐다. 안에는 작은 북카페도 있고 탁구장과 헬스 기구도 보였다. 안내 받는 동안 원장님은 이용자 분들과 인사를 나누었다. 난 이용자분들의 눈빛과 표정을 유심히 보았다. 그분들의 웃는 얼굴을 보며 요양원 직원 분들의 헌신과 따뜻한 마음이 진심임을 확신했다. 이용자분들은 티비가 있는 방에서 여섯 명씩 생활하고 계셨다.

시설을 둘러 본 뒤 원장님은 우리를 이사장실로 안내해주셨다. 그런데 뜻밖에도 잔디를 깎던 아저씨가 앉아 있었다. 알고 보니 시설 관리자가 아니라 요양원이 속한 재단의 이사장님이셨다. 여러 개의 요양원과 병원까지 소유한 대형 재단의 이사장님이라기에는 너무 소박하고 서민적이었다. 포근한 외모까지 누가 봐도 옆집 아저씨와 다를바 없었다. 이사장님은 더운 날씨에 직원들을 밖으로 내보낼 수 없어 직접 잔디를 관리하고 계셨던 것이다. 그만큼 마음이 따뜻하고 소탈한 분이셨다.

이사장실에서 많은 이야기를 나누었다. 원장님께 조금 예민할 수 있는 질문을 했다. 요양원 이용자들이 어떻게 정신질환을 갖게 되었는지 궁금했다.

"주로 남자들은 군대에서 받은 구타나 부당한 억압 때문에 발병된 경우가 많아요. 여자들은 나쁜 범죄로 인한 충격이 병으로 이어진 경우도 있고요."

요양원에는 20대, 30대 이용자들도 간혹 있었지만, 중년을 넘긴 분들이 대다수였다. 젊은 시절 받은 상처가 수십 년이 지나도록 병으로 남아 있던 것이다.

"우리 요양원 이용자 중엔 약대를 나오신 분도 계시고 명문대 영문과를 나온 분도 계세요. 미술을 가르치던 원장님이나 시인으로 등단하셨던 분도 계시고요. 심지어 대통령상을 받은 우수 소방관도 계십니다. 소위 말해, 사회에서 알아주던 분들이시죠."

원장님의 이야기를 통해 다시 느꼈다. 전체 인구의 1%인 50만 명이 조현병 환자라고 한다. 조울증이나 정동장애 같은 병을 합치면 훨씬 많은 사람들이 정신질환을 갖고 있을 것이다. 그 대상은 학력이나 집안 배경, 재산 같은 세상 '스펙'과 상관없이 누구나 걸릴 수 있다. 심지어 종교를 갖고 있어도 마찬가지다. 어느 순간, 자기 자신이나 가족이 조현병 환자가 될 수 있다.

직원들의 헌신과 애환

이용자들 중엔 증상이 심한 분들도 계신다고 한다. 아무리 약을 먹어도 일주일 씩 잠을 이루지 못하는 분들, 심한 환청과 환시에 시달리는 분들도 계시다. 누구라도 이런 증상에 시달리면 예민해지고 심지어 폭력적으로 변할 수 있을 것이다. 당사자들도 힘들지만, 이들을 보호하는 직원들도 힘들 때가 많다고 말씀하셨다.

얼마 전에는 간호사 한 분이 당직 근무를 섰다고 한다. 요양원에는 며칠간 망상에 시달리며 다른 생활인과 마찰을 빚던 한 남성 이용자가 있었다. 그날은 특히 감정과 증상을 주체하기 힘든 상태까지 이르렀다. 결국 남성은 다른 생활인과 싸우던 중 감정을 주체 못하고 엉뚱하게 간호사의 뺨을 때렸다. 이후 상황은 겨우 진정되었지만 간호사의 귀에서는 피가 나고 있었다. 요양원이 시골 외딴곳에 있다 보니 간호사는 바로 병원에 갈 수 없었다. 응급 입원마저도 여의치 않았다. 그렇게 간호사는 밤새 울면서 홀로 요양원을 지켰다. 아침이 되어 다른 직원들이 출근해서야 치료를 위해 병원에 갈 수 있었다. 결국 시설은 본인과 다른 이용자, 종사자를 보호해야 하는 원내 규정에 따라 그 남성을 다른 기관으로 옮겨야 했다.

그 남성은 평소엔 온유했다고 한다. 하지만 그 당시엔 스스로 증상을 다스릴 수 없었다. 남성은 떠나가면서 진심으로 죄송하다고 몇 번이고 사죄했다. 망상에서 비롯된 말이지만, 나중에 건강해져서 사회생활을 하게 되면 열심히 번 돈으로 이사장님께 좋은 차를 한 대 뽑아드리겠노라고 약속했다. 떠나는 그를 보며 이사장님은 애틋함과 미움, 안타까움 등 만감이 교차했다고 한다.

이사장실에서 많은 이야기를 나누며 요양원 직원분들의 남 모를 애환을 느낄 수 있었다. 진정한 사랑과 헌신 없이는 감당할 수 없는 일들이다. 그에 비해 내가 할 수 있는 것은 한계가 있었다. 진정 이용자 분들에게 필요한건 내 입에서 나오는 간증이 아니라 요양원 직원들의 손길이었다.

천국잔치가 된 찬양 공연

약속한 날짜가 되어 다시 찬양 팀과 함께 요양원을 방문했다. 간증을 하며 애써 담담하려 노력했다. 이용자분들이 잘 듣고 공감할 수 있도록 천천히 간증문을 읽어 나갔다. 내 진솔한 마음이 전달되기를 바랐다.

"저의 어떤 말도 여러분의 고통을 덜 수 없다는 사실을 압니다. 여러분에게 반드시 건강해질 수 있다는 희망조차 드릴 수 없습니다. 병에 탁월한 의사나 약물, 치료 방법도 저는 알지 못합니다. 저는 그저 하나님께 '살려주세요.. 제발 살려주세요..' 이런 기도만 했을 뿐입니다. 여러분들은 제 간증을 통해 잠시나마 위로 받을 수 있을 겁니다. 우리의 찬양이 여러분의 마음을 잠시나마 편하게 할 수 있을 겁니다. 그러나 그 감동이 오래 가지는 않을 것입니다. 대신 여러분 곁에는 같은 병을 가진 동료들과 요양원 선생님들이 있습니다. 그리고 여러분 곁에는 하나님이 함께 하십니다."

사실이었다. 요양원 직원들은 매일 밤낮을 가리지 않고 이용자들과 생활하고 있다. 나와 찬양 팀은 그저 일회성 간증과 공연을 하고 갈 뿐이다. 하지만 이 짧은 한 번의 시간만큼은 천국잔치가 되게 해달라고 기도했다. 손님과 주인, 직원과 이용자, 건강한 사람과 그렇지 못한 사람 구별 없이 모두가 천국잔치를 누리게 해달라고 기도했다. 그리고 기도는 이루어졌다.

나를 포함한 찬양 팀이 무대 앞에서 노래하는 동안 시설 이용자 분들이 한두 명씩 무대로 올라 왔다. 그리고 팀원들 옆에 서서 함께 노래를 부르는 것이었다. 여러 사람이 뒤따라 무대 위로 올라와 함께 찬양했다. 요양원 행사 역사상 이런 경우는 처음이라고 한다. 우리 팀은 물론 직원들도 제지할 필요를 느끼지 못했다. 그 순간에는 모인 모든 사람이 하나님을 노래하는 하나의 찬양 팀이었다. 주일에 예수님이 이 땅에 오셔서 예배할 장소를 찾는다면 아마 이곳으로 오시지 않았을까?

예수님은 이 땅에서 소외되고 병으로 고통 받는 이웃과 함께 예배하신다. 모두가 함께 하나님을 노래하고 은혜를 나누는 동안, 하나님도 우리와 함께 기뻐하심을 느꼈다. 웅장하고 화려한 대형 건물이 아니라 사람들이 기피하고 혐오시설로 여기는 이곳에서 천국잔치가 열린 것이다.

아픈 사람들을 위한 기도문

사랑이 충만하신 하나님 아버지.
성령님께서 우리의 깊은 탄식과 신음을 들으시고
지금 이 순간 함께 하실 것을 믿으며 기도드립니다.

우리가 이 땅에 태어나는 순간
하나님은 세상 가장 귀한 것을 얻은 것처럼 기뻐하셨습니다.

우리가 힘들고 지쳐서 눈물 흘리는 순간
하나님은 매우 슬퍼하시고 눈물을 닦아 주시며 감싸 안아 주셨습니다.

우리가 즐겁고 행복해하는 동안
하나님은 그 누구보다도 기뻐하시고 함께 웃어 주셨습니다.

그 누구보다 우리를 잘 아시고 사랑하시는 하나님을
우리는 잘 알고 믿으며 신뢰하고 있습니다.

세상의 고통은 우리가 이해할 수 없을 때가 많습니다.
너무나 괴롭고 힘들어서 주님을 원망하고 싶을 때도 있습니다.

하지만 그 모든 과정이 주 안에서 합력하여 선을 이룰 것을 믿습니다.
지금의 아픔과 고통의 눈물이 삶의 성숙한 열매를 맺게 할 것입니다.

그러나 우리는 연약한 인간이라 낫게 해달라고 기도할 수밖에 없습니다.
우리의 음성과 간구를 들으시고 응답하여 주시옵소서.

성경 속 몸과 마음과 영혼이 아픈 사람들을 낫게 하신 하나님,
저희에게도 그런 기적 같은 일들이 일어날 수 있게 해 주시옵소서.

우리의 연약한 부분이 더는 병들게 하지 말아 주시옵소서.
주님의 능력이 우리를 깨끗이 낫게 하실 줄을 믿습니다.

따뜻한 마음과 의학적 기술을 가진 의사와 간호사의 손길을 통해서도
우리의 병든 곳이 치유되어 완전히 낫게 하여 주시옵소서.

지금은 걱정과 염려 속에서 언제 이 고통이 끝날지 알 수 없지만
언젠가는 다시 건강한 일상으로 돌아갈 것을 믿습니다.

현재의 아픔과 고난이 단순히 괴로웠던 시간으로 지나가게 마시옵고
하나님께서 절망과 외로움 가운데 치유의 손길로 직접 돌보시고
내 모든 것을 주님께 온전히 맡겼던 소중한 시간으로 기억하게 하소서.

세상을 살며 주님께서 다시 주신 삶을 더 아름답게 바라보게 하시고
인생을 소중히 아끼고 귀하게 여기며 더욱 가치 있는 삶을 살게 하소서.

병으로 인해 괴롭고 힘들었던 지금의 시간들이
되돌아보면 주님과 가장 가까이서 함께 한 축복의 시간이었음을
고백할 수 있는 기적 같은 은혜를 주실 거라 믿습니다.

예수 그리스도의 이름으로 기도 드렸습니다. 아멘.

여러 모습의 간증

　대학교 전공 수업 중 <스피치 토론 실습>이란 과목이 있었다. 첫날 수업은 교실 앞에 혼자 나와 5분간 발표 실습을 하는 것이었다. 수강생 20여 명 모두가 저마다의 주제를 갖고 발표를 이어 나갔다. 평소 조용하고 말이 없던 난 예상대로 발표를 망쳤다. 표정엔 자신감이 없고, 목소리는 떨렸다. 다른 청중들과 눈조차 마주치기 힘들었다. 수업이 끝난 뒤, 친구들의 격려도 전혀 위로가 되지 못했다. 그리고 한주가 생각보다 빠르게 지났다. 부담스러워 피하고만 싶던 두 번째 수업 시간이 벌써 찾아온 것이다. 내 순서가 되어 다시 앞에 나갔다. 머리를 푹 숙인 채, 시선을 바닥을 향해 두었다. 그리고 천천히 나를 고백했다.
　"저는 말은 잘 못 하지만, 제 마음을 솔직하게 열 수 있습니다. 말하는 기술은 배우지 못했지만, 항상 거짓 없는 진실만 말해 왔습니다. 여러분 앞에 서는 게 떨리지만, 용기 있게 제 삶을 고백하고자 합니다."
　그리고 교회에서 간증하듯 내 인생 이야기를 말했다. 시작한 지 15분이 훌쩍 지나서야 발표를 마칠 수 있었다. 잠시 정적이 흘렀다. 그리고 박수 소리가 들렸다. 바닥을 향해 있던 시선을 올려 교수님과 학생들을 보았다. 그들의 눈빛을 보며 내 이야기가 감동적으로 전달되었음을 느꼈다.

해외 선교지 간증

2013년 여름, 전에 다니던 동네 교회에서 태국과 인도로 단기선교를 간 적이 있다. 우리 선교팀은 출국 한 달 전부터 태권도팀, 부채춤팀, 연극팀을 만들어 공연을 준비했다. 현지에서 사람들에게 복음을 전하기 위해서였다. 우리는 선교지에 도착해 버스를 타고 이동하며 교회 앞마당이나 학교 운동장을 빌렸다. 그리고 협력 교회의 현지인 목회자가 한국에서 귀한 손님들이 왔다고 사람들에게 알린다. 그러면 동네 사람들은 물론 먼 지역에서도 소문을 듣고 많은 사람들이 찾아온다. 사람들이 어느 정도 모였을 때 사탕이나 옷가지를 나누어 주었다. 모여든 사람들이 질서 있게 자리에 앉으면, 선교팀이 준비한 부채춤과 태권도 공연, 짧은 연극이 진행된다. 그리고 한두 명의 팀원들이 자신의 인생을 간증한다. 간증이 끝나면 우리 팀을 이끄는 담임목사님이 설교를 하는 방식이었다.

태국에서는 내가 간증을 하기로 했고, 인도에서는 나와 동갑인 디자이너 친구가 간증을 하기로 했다. 교회에서는 내 인생 이야기가 선교 현장에서 매력적일 거라 판단했던 것 같다. 목사님은 정신병에 시달렸지만 하나님의 은혜로 낫게 된 청년이라며 나를 소개했다. 영어로 소개해서 정확한 의미는 알 수 없었다. 현지인들은 무대 위로 나오는 나를 조용히 바라보았다. 그들의 시선을 받으며 나는 왠지 의기소침해졌다. 마치 사탄에 의해 귀신들렸다가 하나님을 만나 병이 나은 사람처럼 비추어지는 것 같았다. 일단 무대 앞에 서서 모여든 태국 사람들을 바라보았다.

미리 써 놓은 영어 간증문을 힘차게 읽어 나갔다. 절대 기죽지 않고 아파 보이지 않도록 힘차게 내 삶을 이야기 했다. 얼마 후 간증을 마치자 박수가 터져 나왔다. 많은 사람들이 내 이야기에 감동을 받은 것 같았다. 태국 선교 일정을 마친 뒤 곧바로 비행기를 타고 인도로 향했다. 이번엔 디자이너 친구의 간증 차례였다. 목사님은 이번에도 앞에 나와 영어로 디자이너 친구를 소개했다.

"여러분 삼성이란 회사를 아십니까? 이 갤럭시 핸드폰을 만든 대한민국에서 가장 큰 회사입니다. 그 삼성에서 디자이너로 일하는 우리 교회 청년을 소개합니다.

내가 소개받을 때와는 현지인들의 반응이 달랐다. 놀랍고 대단한 사람이 온 듯 탄성과 환호성이 들렸다. 호기롭게 무대로 나와 간증하는 친구를 보며 내심 나 자신이 초라하게 느껴졌다.

부흥사의 간증

동네 교회에서 신앙생활을 하는 동안 많은 사람들의 간증을 접했다. 개인의 복과 교회의 부흥을 지향하는 간증이 대다수였다. 불교를 버리고 기독교인이 된 유명 코미디언. 죄수들 사이에서 무섭기로 소문났지만, 하나님을 믿고 온화해진 교도소 소장. 작은 개척교회를 수 만 명의 대형 교회로 부흥시킨 원로 목사님. 그중에서도 부흥사로 왔던 원로 목사님의 간증이 기억에 남는다. 그분은 일주일간의 새벽 부흥회 동안 설교를 하셨다.

자신이 어떻게 교인 수를 늘릴 수 있었는지. 어떻게 작은 교회를 큰 교회로 성장시킬 수 있었는지 간증했다. 그 핵심은 교회에 헌신했더니 하나님이 몇 배의 복으로 갚아주셨다는 내용이었다. 그리고 일주일의 새벽 부흥회 기간 동안 매일 헌금을 낼 것을 권유했다.

담임 목사님 가정이 앞장서서 새벽마다 헌금 봉투를 냈다. 물론 많은 교인들도 담임목사를 따라 자신의 이름이 적힌 헌금 봉투를 냈다. 그러면 원로 목사님은 봉투에 적힌 교인들 이름을 한 명씩 불러가며 축복 기도를 해주었다. 나는 경제적 수입이 없어 일주일 동안 두 번 밖에 헌금을 내지 못했다. 그래서 목사님에 의해 이름이 불리는 축복도 이틀뿐이었다. 내 이름이 불리지 않는 날은 왠지 모를 죄책감과 소외감을 느꼈다.

"더 많은 헌금을 내면 하나님이 몇 배로 갚아 주신다는데.."

매일 더 많은 헌금을 내지 않은 것에 대해 후회했다. 원로 목사님 말대로 1만 원을 헌금하면 2만 원을, 10만 원을 헌금하면 20만 원을 하나님이 갚아 주실 거라 믿었다. 그러나 지금 생각해보면 그것은 하나님을 향한 기쁨과 감사의 헌금은 아니었다. 일종의 투자였다. 하나님이 그 어떤 금융보다도 믿음직하고 안정적인 투자상품으로 전락한 것이다.

그래서 간증은 은혜가 될 수도 있고 유혹이 될 수도 있다. 간증자가 성공과 명예심, 돈에 대한 욕심을 자극하는 순간 하나님은 사라진다. 그러면 사람들은 간증자에 대해 동경심과 부러움, 혹은 질투와 시기심으로 바라볼 수 있다. 나는 조현병 환자로서 간증했었다.

조현병 환자를 동경하고 부러워하는 사람은 많지 않을 것이다. 다만 대한민국 사회에서 혐오의 대상인 나 같은 자도 하나님이 쓰신다는 사실을 나누고 싶다.

한동대에서의 간증

바울의 가시가 책으로 나오면서 인생에 흔치 않은 기회들이 주어졌다. 커밍아웃이란 표현이 쓰일 정도로 조현병을 밝히는 당사자가 거의 없다. 그래서 당사자만 할 수 있는 역할의 기회가 내게도 주어지곤 했다. 뉴스에 출연하고 신문사 인터뷰에 응한 것도, 병원과 다양한 시설을 방문할 수 있었던 것도 모두 소중한 경험이었다. 특히 사람들 앞에서 내 삶을 간증하는 건 가장 특별했다.

전자책을 냈을 때부터 사람들 앞에서 간증하고 싶다는 생각이 들었다. 유명 연예인이나 성공한 CEO는 아니지만, 왠지 하나님은 그 길로도 인도 하실 거라 생각했다. 그러다 모르는 번호로 전화가 왔다. 한동대학교 사회복지심리상담학과 정숙희 교수님이셨다. 책을 읽고 내게 연락을 하신 것이다. 교수님은 내게 간증을 겸한 특강을 요청하셨다. 한동대에서의 간증기회는 놀랍고 감사했다. 그래서 흔쾌히 간증하겠다고 답변했다. 교수님도 처음엔 내가 간증 제안을 받아줄지 걱정했다고 한다. 하지만 난 이미 책을 통해 커밍아웃한 상태였다. 더 이상 숨길 것도 마다할 이유도 없었다. 이 또한 하나님의 이끄심이라 믿었다.

마침 한동대에는 내가 아는 학생이 두 명 있었다. 책을 읽고 감동을 받아 페이스북으로 친구신청을 해온 '송유중'이란 남학생이 있었고, 기도원 공동체에서 봤었던 여학생도 있었다. 두 학생 모두 나와 비슷한 아픔을 갖고 있지만 밝고 친절하게 학교를 안내해 주었다. 한동대는 기독교에서 높이 인정해주는 학교다. 입학을 위한 성적도 서울의 대학 못지않게 높다. 수시에서는 목사나 선교사 자녀, 혹은 신앙이 깊은 외국인이 합격할 확률이 높다. 이처럼 실력과 신앙까지 갖춘 학생들이지만, 마음의 병은 피할 수 없었다.

정신보건학이라는 수업 시간에 특강이 이루어졌다. 교수님의 안내에 따라 강의실 안에 들어갔을 때, 50여 명의 학생이 앉아 있었다. 긴장하지 않기 위해 학생들을 한 명 한 명 바라보았다. 얼굴을 눈에 익히고 그들의 집중과 열의로 마음에 힘을 얻기 위해서였다. 그렇게 간증은 시작되었다. 과거 선교 현장에서 했던 것처럼 담담하지만 자신 있게 내 이야기를 풀어나갔다.

어릴 적의 학대와 왕따 경험, 그로 인해 복수와 증오심으로 살던 학창시절, 이후 병으로 인한 고통과 하나님을 만나게 되는 과정까지. 되도록 슬픔과 괴로움의 감정은 내려놓고 담담히 내 삶을 전달하려 노력했다. 앞으로 현장에서 나 같은 환자들을 마주할 학생들이었다. 그래서 내 이야기를 그들의 머리와 가슴에 깊이 새겨주고 싶었다. 학생들이 훗날 현장에서 환자들을 진정으로 이해 할 수 있도록 도움을 주고 싶었다. 간증을 마치자 박수가 쏟아졌다. 내 진심이 학생들에게 전달된 것 같아 기뻤다.

이어서 질의 응답시간이 이어졌다. 다양한 질문을 통해 한동대 학생들의 생각과 삶을 조금이나마 알 수 있었다. 많은 학생들이 본인의 삶에도 비슷한 아픔이 있었다며 공감해주었다. 그중 한 학생의 질문이 아직도 기억에 남는다. 누나가 조현병인데 가족으로서 어떻게 대해야 할지 고민이라고 말했다. 나의 대답은 단순했다. 서로 화목하게 지내고, 다툴 때 용서하고, 맛있는 것도 많이 먹고 함께 행복한 시간을 공유하라고 대답했다.

사실 나에게도 달리 특별한 방법이나 비책은 없었다. 나 자신의 병도 다스리지 못했기에 남에게 조언을 줄 처지가 아니였다. 스무 살 발병 이후, 정상적으로 사회생활을 하는데 10년이 걸렸다. 매일 밤 빠지지 않고 잠드는 것도 발병 후 15년 후에나 가능했다. 여전히 약과 상담이 필요한 환자다. 하지만 한 가지 확신은 있었다. 내가 현명한 대답을 하든 뻔한 원론적인 대답을 하든 그 학생의 누나는 빠르게 병에서 회복될 것이다. 질문한 그 학생의 따뜻한 마음씨가 누나를 낫게 할 것이다.

교수님은 '브솔시냇가'라는 정신질환 관련 시설에서도 간증할 기회를 주셨다. 병원이나 요양원이 아닌 환자들이 자유롭게 오가며 생활하는 시설은 처음 접했다. 입구에 들어서자 천장에 "이관형 선생님! 방문을 환영합니다!"라고 적힌 플래카드가 걸려 있었다.

사실 환영을 받을수록 죄송함이 컸다. 당사자들 앞에서 간증할 때도 미안한 마음이 있었다. 그들이 겪는 아픔도 알고, 약으로 인해 부작용에 시달리는 고통도 알고 있다. 심지어 병으로 인해 인생의 포기해야 할 부분들이 많은 것도 알고 있다.

내가 당사자들에게 해줄 수 있는 것은 20여 분 동안 간증문을 읽는 것뿐이다. 난 운좋게 병의 고통에서 벗어났을 뿐, 더 이상의 도움은 줄 수 없다는 걸 알고 있었다.

삶으로 간증하는 사람들

조현병 커뮤니티에는 많은 정보의 글이 올라온다. 당사자의 시와 수필부터 의학적 정보까지 종류도 다양하다. 어떤 분들은 약의 부작용을 열변하고, 어떤 분들은 특정 의사를 소개하며 절대적으로 신뢰하는 분들도 있다. 이외에도 당사자로서 병을 이겨내는 여러가지 방법들이 올라 온다. 그중엔 옳은 정보도 있을 것이고, 틀린 정보도 있을 것이다.

분명한건 병을 낫기 위한 간절함이 서로의 경험과 정보를 나누게 한 것이다. 그만큼 당사자는 병의 고통에서 벗어나고자 하는 마음이 절실하다. 그 절실함이 내게 간증의 기회가 되었음을 알고 있다. 물론 나는 조현병을 안고 잘 버텨 왔다. 대학원도 졸업하고 책도 냈다. 하지만 병을 나을 수 있는 비법이나 방법은 알지 못한다. 내가 복용하는 약물의 이름도 모를 정도로 의학에 관심이 크지 않다. 정신질환 관련 국가의 정책이나 제도에 대해서도 잘 모른다. 그러나 이런 나의 성향은 무관심과 방치가 아닌 누군가에 대한 신뢰와 믿음으로부터 생겨났다.

내가 좋은 책을 만들기 위해 노력하듯, 각 분야에서 많은 사람이 저마다의 일터에서 간증하고 있다. 의학적으로는 의사와 간호사가 당사자의 회복을 돕고, 시설에는 여러 종사자가 당사자와 삶을 나누며 생활한다. 교수와 전문가들은 연구와 논문으로 도움이 되는 자료를 만들고 있다. 여러 단체가 당사자들의 인권을 위해 싸우고 있다. 마인드 포스트를 통해서도 많은 당사자들이 용기내어 자신의 목소리를 내고 있다. 그들이야말로 삶의 현장을 통해 몸소 세상을 변화시켜 나가는 참된 간증자다.

나도 그들처럼 출판과 강연으로 사명을 감당하고 싶다. 당사자뿐 아니라 종사자와 전문가, 각 분야 사람들의 이야기를 책으로 담고 마이크를 통해 직접 들려주고 싶다. 당사자로서 글과 말로 세상에 따뜻한 울림을 전할 수 있다면 축복받은 행복한 삶이 아닐까.

삶은 참 맛있다

먼저 하나님이 선물로 주신 삶이라는 냄비를 준비합니다.
어떤 냄비는 너무 커서, 또는 너무 작아서 불평할 수 있으나
냄비마다 쓰이는 용도가 다를 뿐 모두 귀한 도구입니다.

영적 밸브를 열고 가장 센 불을 피어오르게 합니다.
기도와 말씀이 강할수록 성령은 더 크게 타오릅니다.

살면서 흘렸던 눈물들을 모아 육수를 만듭니다.
아픔과 슬픔이 진할수록 더 깊고 진한 맛이 나옵니다.

기쁨과 슬픔, 성공과 실패라는 재료를 냄비에 넣습니다.
그것들이 서로 섞이고 어우러져 풍부한 맛을 낼 겁니다.

설탕의 단맛은 지나치면 해로우니 욕심내지 마시고
소금의 쓴맛은 썩는 걸 막아주니 빼먹지는 마세요.
처음에 매운 고춧가루도 나중엔 단맛을 낸답니다.

이젠 활활 끓는 냄비의 뚜껑을 닫고 기다립니다.
냄비 안에서 어떤 역사가 일어날지 주님께 맡기고 기다리세요.
어느덧 온 집안에 음식의 달콤한 향기가 가득 퍼질 겁니다.

뚜껑을 열고 한 숟가락 맛을 봅니다.
절망과 실패로 인해 버림받았다고 여겨졌던 당신의 인생이
하나님이 보시기에 이토록 맛있다는 사실을 깨닫게 됩니다.

하나님이 경영하는 옥탑방

　대학원 졸업 뒤 옥탑방프로덕션이라는 1인 출판사를 창업했다. 많은 사람이 왜 회사 이름이 옥탑방인지 질문했다. 우선 내가 생활하는 공간이 부모님 집 위의 옥탑방이다. 방의 크기가 비교적 넓어서 침대와 책상, 장롱과 서랍장까지 갖추고 있다. 커다란 창문이 2개나 있어 전망도 좋고 바람도 잘 들어온다. 다만 한 겨울에 난방이 잘 안 된다. 화장실을 가려면 가족들이 생활하는 아래층으로 내려가야 하는 번거로움이 있다. 그래도 친구들을 불러 옥상 마당에서 키운 상추에 고기를 싸 먹는 건 옥탑방의 정취와 낭만이다. 옥탑방은 왠지 사람 사는 냄새가 난다. 앞으로 만들 책에도 사람 냄새를 담고 싶다. 그래서 세련되지만 정확한 의미를 알 수 없는 영어로 회사명을 짓고 싶지 않았다. 성공하거나 유명하지 않아도 누구나 책을 낼 수 있는 출판사. 장벽이 낮아 누구나 작가의 꿈을 이룰 수 있는 출판사를 만들고 싶었다. 그리고 옥탑방하면 왠지 친숙하고 입에 잘 달라붙어 기억하기 좋을 것 같았다.

옥탑방의 시작

회사 이름을 정하고 호기롭게 구청에 갔다. 출판사 등록을 하고 사업자 등록도 마쳤다. 드디어 내 회사가 생긴 것이다. 게다가 대표라는 직함까지 얻어 기분이 좋았다. 어머니도 내가 사장이 되었다며 좋아하셨다. "이제 우리 아들 돈 버는 일만 남았네!"라며 기뻐하셨다. 하지만 한 달이 지나도록 일거리가 없었다. 계획했던 사업 구상도 아직 실현된 것이 없었다. 카드에서 빠져나가는 교통비만으로도 숨이 턱턱 막힐 지경이었다. 이대론 안 되겠다고 생각했다. 돈이 필요했다.

아르바이트 사이트에서 편의점 파트타임 구인 공고를 봤다. 일주일 두 번, 6시간 씩 근무하고 시급을 받는 조건이었다. 마음이 조금 복잡했다. 편의점 알바하려고 출판사를 창업했나? 자괴감이 들었다. 하지만 자존심 따위는 접고 좋은 경험이라 생각하며 도전하기로 했다. 점장님께 문자로 지원 의사를 밝히니 이력서를 들고 편의점에 오라고 했다. 편의점이 있는 동네에 조금 일찍 도착했다. 아직 시간이 좀 남았었다. 근처 책방에서 시간을 보내다 면접 10분을 남기고 편의점으로 걸어가던 중 전화가 왔다. 전혀 일면이 없었던 안양대학교 추태화 교수님의 전화였다. 예전에 내가 교육을 받았던 기독교 미디어 단체를 통해 연락처를 알아내신 것이다.

교수님은 전자책 제작에 대해 상의하고 싶다고 하셨다. 드디어 일거리가 생기려는 것이다. 인터넷에 검색해보니 하얀 수염이 매력적인 50대 중후반의 교수님이셨다.

추태화 교수님은 기독교 문화를 가르쳐 왔고 이미 많은 종이책을 쓴 경험이 있으셨다. 편의점 점장님께는 죄송하다는 문자를 남기고 알바 면접을 취소했다. 당장 교수님과의 미팅을 위한 포트폴리오와 기획안 준비에 집중해야 했다.

미팅은 안양대 교수실에서 진행됐다. 교수실의 한쪽 벽은 책이 빼빽이 꽂힌 서재로 채워졌다. 수십 년 전에 나온 듯한 낡은 책부터 최근 서적까지 천여 권은 족히 넘어 보였다. 심지어 바닥에도 책으로 쌓은 탑이 가득 차서 발을 딛기조차 힘들었다. 교수님은 서재에 꽂힌 저서와 책들을 보여주셨다. 그리고 "관형 씨를 통해 전자책 100권을 출판하고 싶다"며 좋은 동역자가 되자고 하셨다. 돈이 오가는 비즈니스 관계보다 하나님 안에서 함께 사역해나가길 원하신 것이다. 그렇게 옥탑방프로덕션의 첫 번째 동역자를 만날 수 있었다.

교수님을 통해 다양한 출판 경험을 접할 수 있었다. 기존 종이책을 전자책으로 변환하는 것은 물론, 만화책과 논문도 전자책으로 만들었다. 독일에서 유학하는 동안 쓰신 논문을 아마존에 올려 해외 출판 경험도 할 수 있었다. 전자책 판매량이 많지 않아 제작비를 받는 입장에서 죄송한 마음이 들었다. 그래도 계속 일을 맡겨 주셔서 감사했다. 사실 돈을 버는 기쁨보다 함께 교제하는 기쁨이 컸다. 교수님의 강화도 별장에 가서 바다를 구경하고 고기도 구워 먹었다. 때로는 영화도 보여 주시고 관광지에 데려가서 맛있는 음식도 사주셨다. 심지어 연휴에는 백화점에 데려가 명절 선물을 사주시기도 했다. 무엇보다 사업에 있어 초보였던 나의 부족함을 감싸며 격려해주시고 용기를 주셨다. 이를 통해 사업에 자신감을 가졌다.

옥탑방의 이름

이후로도 책을 내기 원하는 목사님들을 만날 기회가 있었다. 그분들도 자신의 이름으로 자서전을 내기 원했다. 그러나 출판 계약에 앞서 한 가지 장애물이 있었다. 그것은 '옥탑방'이라는 출판사 이름이다. 자신의 자서전을 내는데 출판사의 이름이 너무 없어 보인다는 이유다. 그래서 출판사의 이름을 바꿀 것을 권유받기도 했다. 대한민국 사회에서 성공의 제일 마지막 단계는 자서전 출판이라고 한다. 그분들도 목회자로서 인정받기 위해 책을 펴내려는 것 같았다. 나도 한때는 출판사 이름을 바꿀까도 생각했다. 일이 잘 안 들어올 것 같았기 때문이다.

그러나 성공한 사람들의 책은 이미 서점에 넘쳐난다. 자비로라도 책을 내서 유명해지고 싶은 사람들을 위한 출판사도 많다. 그 길이 출판사로서 돈을 버는 데 유리하다. 하지만, 명예욕이 강한 사람들이라면, 직업이 목사라도 함께 작업하고 싶지 않았다. 애초 출판의 취지와 맞지 않고, 그들의 갑질로 마음에 상처를 입을 것 같았다. 설령 출판을 해도 그 내용은 뻔하고 그저 그런 책이 나올 것이다.

오히려 내세울 것 없는 평범한 사람들의 이야기가 더 특별하고 감동적이라 믿는다. 특히 실패와 고난을 겪은 사람들의 이야기가 더 깊이 있고 가치 있다. 성공보단 실패가 자신을 성찰하고 삶의 의미를 다시 돌아보게 하기 때문이다. 물론 성공한 사람들이나 목사라 할지라도 마음이 겸손하고 삶에 깊이 있는 분들도 계시다. 그런 분들의 이야기를 책으로 만드는 것도 보람된 작업이 될 것이다.

옥탑방의 동역자

실제로 출판사를 하며 다양한 사람들을 만날 수 있었다. 그중 블로그 사역을 하시는 김활 목사님이 기억에 남는다. 본래 대기업에 재직하시다 늦은 나이에 신학을 공부하여 목사가 되셨다. 목사가 되기 전까진 교회는 다니나 하나님은 모르고 지내셨다. 또한, 세상적인 욕심과 죄악 된 행동을 많이 하셨다고 한다. 그래서 자신을 교회에서 목회할 자격이 없는 자라고 소개하셨다. 그러나 영향력은 웬만한 목회자보다 크다. 그분이 운영하는 '김활 목사의 기독교 바로알기'라는 블로그는 많은 크리스천들의 궁금증이나 고민을 해결해 주는 사이트다. 또한 교회에서 상처받은 영혼들을 위로하고 신앙생활의 올바른 방향을 제시해 주는 곳이다. 이 블로그의 하루 방문자는 많게는 2천명을 넘고, 총 방문자는 약 200만 명에 이른다. 그분은 자신이 블로그에 올렸던 방대한 양의 글을 전자책으로 만들기 원했다. 그래서 '전자책 출판 동역자를 찾습니다'라는 제목의 글을 올렸다.

마침 나도 전자책을 만드는 일이 주 업종이기에 운 좋게 연결이 닿았다. 목사님은 나에 대해 알고 싶다고 했다. 사명감으로 책을 만드는지, 돈만을 목적으로 책을 만드는지 알기를 원하셨다. 그런 목사님께 나 자신을 있는 그대로 보여주고 싶었다. 조현병 환자라는 사실도 숨김없이 드러내야겠다고 생각했다. 만약 옥탑방과 조현병에 거부감을 느낀다면 작업을 포기하는 편이 나았다. 마침 당시에는 바울의 가시가 전자책으로 출판된 이후였다. 목사님과의 미팅을 끝낼 때쯤 내 책을 소개했다. 그리고 목사님으로부터 전화가 왔다. 집에 돌아가서 바울의 가시 전자책을 읽고 감동을 받았다고 하셨다.

또한, 자신은 한번 신뢰한 사람은 끝까지 믿고 맡긴다며 출판을 진행하기로 약속했다. 결국 『교회 밖 카운셀링 : 바른 신앙을 위한 50가지 Q&A』이라는 제목의 전자책이 출판되었다. 청년들이 교회에서 받은 상처나 고민에 대한 목사님의 답변 내용을 담았다. 내용도 좋았고, 블로그 방문자들의 구매로 기독교 전자책 분야에서 주간 베스트셀러에 오르기도 했다.

그 후 많은 판매량을 올리지는 못했지만 『A와 B의 다이어리 : 조울증과 함께 한 감정일기』라는 전자책도 출판했다. 제목 그대로 A라고 표현한 조증과 B라고 표현한 우울증을 함께 겪는 여성의 이야기다. 남이 쓴 글을 책으로 낼 때마다 나의 부족한 디자인과 편집 능력에 죄송한 마음이 들었다. 어느 날 출판 계약을 위해 그 여성과 통화를 한 적이 있다. 통화 중 무심코 호칭을 '작가님'이라고 불렀다. 당시엔 무심코 지나갔는데 그 여성에게는 큰 감동이 되었던 것 같다. 작가가 되는 것이 그녀의 꿈이었기 때문이다. 비록 종이책이 아닌 전자책이고 판매량도 많지 않았지만, 보람을 느낀 작업이었다.

이후로도 정신질환을 겪는 당사자나 관련 전문가들로부터 출판 문의가 들어왔다. 일류대를 졸업했거나 외국 유학 경험이 있는 고학력자도 있었고, 대기업과 전문직에서 두각을 나타내며 일하는 분들도 계셨다. 아직 당사자인 사실을 커밍아웃하지 않아 자세히 소개할 수 없어서 아쉽다. 다만 조현병을 안고 각자의 분야에서 열심히 살아가는 모습이 아름다웠다. 이들의 이야기를 책으로 낼 수 있다는 생각에 설레고 책임감도 느낀다. 또한 같은 당사자로서 나를 믿고 출판을 맡겨 줘서 감사했다. 그들이 있기에 내가 하는 일에 기쁜 마음과 사명감으로 나아갈 수 있었다.

인생이란 건

감사라는 건
나의 힘만으로는 아무것도 가질 수 없음을 아는 것

용서라는 건
남들처럼 나도 실수하고 잘못을 저지를 수 있음을 인정하는 것

행복이라는 건
높은 곳을 바라보기보다 내 주위를 둘러보며 소중함을 아는 것

희망이라는 건
기쁨과 행복함보다 좌절과 절망 가운데 꿈을 잃지 않는 것

사랑이라는 건
능력과 가진 것을 베풀기보다 눈물과 가슴으로 안아주는 것

인생이라는 건
누구에게나 한 번뿐이고 매우 짧으며 금세 잊혀 지지만

당신이 베풀고 간 감사, 용서, 행복, 희망, 사랑이란 단어를
사람과 사람을 통해 전달하며 이 세상에 영원토록 남기는 것

23화

화재의 베스트셀러

새벽 6시면 원룸에서 눈을 뜬다. 얼른 샤워하고 옷을 입은 뒤 걸어서 10분도 안 되는 거리의 학교에 간다. 정문을 들어선 뒤에는 경비아저씨에게 인사를 한다. 그리고 교실 열쇠를 받는다.

"안녕하세요~, 출판학과 이관형입니다"

인사를 받은 경비아저씨는 "응~ 그래, 이관형 아니면 열쇠를 받아 갈 사람이 없지!"라고 말씀하시며 열쇠를 건네주신다. 입학 후 몇 달 동안 거의 하루도 빠짐없이 가장 먼저 학교에 도착했다. 경비실에서 받은 열쇠로 모든 교실 문을 여는 것도 나의 몫이다.

학교와 원룸을 오가며

2019년 초, 많은 고민 끝에 한국폴리텍대학교 출판편집디자인학과에 입학했다. 국민대학교와 경기대학원에 이어 3번째 입학이다. 학위는 나오지 않는 10개월 과정이지만, 엄청난 수업량을 감당해야 했다. 36살의 나이에 다시 학교를 다니는 건 쉬운 결정이 아니었다. 입학을 앞두고 끊임없이 갈등했다. 심지어 학교에 전화를 걸어 입학을 취소하려고도 했다. 그러나 입학처 직원에게 죄송해서 다른 얘기만 하다 전화를 끊었다. 결국, 3월이 되어 정식으로 입학하게 됐다.

월요일부터 금요일까지, 아침 9시부터 5시 30분까지 이어지는 빽빽한 수업 시간표는 극한에 가까웠다. 먼저 디자인에 필요한 프로그램 사용법을 익혔다. 출판에 대한 전반적인 이론 수업도 받았다. 심지어 표지 디자인에 쓰이는 캘리그라피도 배웠다. 어린 친구들과 수업을 들으며 가끔 한계를 느끼곤 했다. 디자인 감각은 어쩔 수 없다 쳐도, 시험 때마다 이론 과목 내용을 암기하는 것도 힘들었다. 그나마 제일 잘 할 수 있는 건 가장 먼저 교실에 도착하고 저녁 늦게까지 남아 있다가 교실 문을 잠그는 것이었다.

학교 수업에만 집중하고자 근처에 원룸도 구했다. 학교가 본래 살던 집에서 다니기엔 다소 거리가 멀었다. 또한, 원룸은 그저 가까운 장소의 의미를 넘어섰다. 스스로 밥을 먹고 빨래를 하고 청소를 해야 한다. 그동안 부모님 집에서 편하게 지냈다. 하지만 독립생활도 나름대로 재밌고 편했다. 살도 빼고 싶었다. 원룸에서는 혼자 밥 먹는 게 싫어서라도 식사를 멀리할 것 같았다.

무엇보다 경건한 신앙생활을 위한 환경도 갖출 수 있었다. 원룸에는 텔레비전도 없고 컴퓨터도 없다. 심지어 말 상대도 없다 보니 방에 홀로 있는 시간에 외로움이 찾아오곤 했다. 그나마 소통할 수 있는 대상은 하나님뿐이다. 불을 끄고 찬송가를 튼 뒤 의자에 엎드려 기도했다.

"주님, 바울의 가시가 좋은 책으로 출판될 수 있게 해주세요. 제게 진솔하고 진정성 있는 글을 쓸 능력을 주시고, 이 책이 많은 사람에게 도움이 되게 해주세요."

책이 출판되는 날을 꿈꾸다

언제부턴가 가장 이루기 힘든 기도 제목을 하나 갖게 되었다. 그것은 바로 하나님이 원하시면 바울의 가시 개정증보판을 내지 않는 것이다. 하나님은 내가 아니라도 다른 사람을 쓰실 수 있다. 내 책이 아니더라도 다른 방법으로도 일하실 수 있다. 그래서 기도했다. 바울의 가시가 나의 우상이 되지 않도록. 하나님의 뜻이라면 책을 포기할 용기와 결단을 달라고 기도했다.

그래서일까? 학교에 입학한 후 1학기가 끝나가도록 계속 기도만 했다. 개정증보판에 추가될 글자는 단 한자도 쓰지 않았다. 그저 기도만 했을 뿐이다. 그런데 지나고 보니 그 시간이 축복이었다. 밤마다 의자에 엎드려 하나님이 주시는 은혜를 충분히 받은 것이다. 책이 나오든 나오지 않든, 많이 팔리든 적게 팔리든 원룸에서 가진 하나님과의 교제가 가장 큰 은혜였다.

언제나 조심해야겠지만, 기도를 통해 새로 나올 이 책이 우상이 될 거란 걱정에서 조금은 벗어났다. 물론 여전히 책에 대한 애착이 크다. 그래서 나 자신에게 질문을 던지곤 했다.

"하나님이 원하신다면 이 책을 포기할 수 있는지? 세상에 전혀 알려지지 않는 사람으로 살아갈 수 있는지? 하나님이 주신 은혜를 혼자서만 간직하며 살 수 있는지?"

사실 내 힘만으로는 그렇게 할 자신도 확신도 없다. 다만 글을 통해 내 아픔과 고통, 은혜와 축복을 나누고 싶을 뿐이다. 그것을 위해 이 책이 돈과 명예만을 위한 우상이 되지 않도록 기도했다.

기존 바울의 가시에 내용을 추가하여 개정증보판을 준비해 나갔다. 이번엔 전자책이나 POD 서비스가 아닌 대량으로 출판하고자 마음먹었다. 천 5백 권을 인쇄해 서점에 유통하는 것을 목표로 정했다. 그 목표를 위해 폴리텍대학교 출판편집디자인과에 입학한 것이다. 편집부터 디자인과 인쇄에 이르기까지 10여 과목이 넘는 수업을 수강했다.

순조로운 출판 과정

학교 과정이 끝나갈 무렵, 본격적으로 출판 작업을 해나갔다. 1인 출판사로서 직접 원고를 쓰고 다시 편집했다. 디자인을 하고 파일을 인쇄소에 넘기기까지 모두 혼자서 해냈다. 외주를 맡길 돈도 없었고 지식과 경험도 직접 쌓아야 했기 때문이다. 배본이나 유통에 대해서도 거의 몰라서 인터넷으로 찾아 가며 공부를 했다.

책을 다시 출판하는 것이 하나님이 주신 사명이고 내 삶의 이유이자 목표라는 확신으로 지금까지 달려왔다. 작업은 순조롭게 진행됐다. 원고 작업도 거의 마무리 되었다. 새롭게 디자인한 표지와 내지를 교수님들과 학우들에게 보여주며 조언을 구했다. 기존 바울의 가시는 내용에 비해 디자인이나 인쇄 상태가 확연히 떨어졌다. 하지만 새로운 바울의 가시 개정판은 디자인도 더 세련되었고, 인쇄도 전문 인쇄소에 맡기기로 했다.

책이 인쇄되어 나오는 최종 날짜를 2019년 11월 23일로 정했다. 그날은 한국정신장애인 연합페스티벌이 있는 날이었다. 미리 행사 주최 측과 연락을 주고받으며 책을 기증하기로 약속했다. 폴리텍대학교도 11월 29일로 모든 수업이 끝나게 되어 있었다. 얼마 남지 않은 기간 동안 열심히 마무리 작업에 매달렸다. 완성된 디자인 파일을 인쇄소에 넘기고 며칠 후 1,500여 권의 책이 완성될 수 있었다. 이중 1,300여 권은 창고와 배송을 담당하는 배본사에 보냈다. 나머지 200여 권은 페스티벌 참가자와 외부원고를 써준 분들께 기증했다. 또한 교보문고, 인터파크, 알라딘, 예스24 같은 대형 서점과도 판매 계약을 체결할 수 있었다. 이제는 책이 독자들을 만날 일만 남았었다.

화재의 베스트셀러

페스티벌이 끝나고 며칠 지난 11월 29일 금요일, 지하철을 타고 집에 가고 있었다. 주말만 지나면 월요일부터 서점에서 책 판매가 시작될 생각에 마음이 설렜다. 휴대폰으로 이것저것 보며 시간을 보내다 한 통의 메일을 확인했다.

<긴급> 도서물류 "북스로드" 화재

북스로드 OOO 입니다.
금일(2019년 11월 29일) 05시경 창고 화재로 인하여
전산, 통신 등 마비가 되었으며,
소지하고 있던 핸드폰 역시 연기로 인하여
찾지 못하고 몸만 피해 나왔습니다.

거래처(출판사 외)의 연락처를 알 길이 없어
일일이 양해를 구하지 못하는 점 죄송합니다.

상황 정리되는 즉시 관계사분들께 연락드리겠습니다.

처음엔 이게 무슨 말인지 이해가 되지 않았다. 사람이 당황스럽거나 충격적인 이야기를 들을 때, 다시 되묻는 이유를 그때서야 알았다. 나 역시, 두세 번 메일 내용을 읽고 나서야 어떤 말인지 이해할 수 있었다. 곧 머리가 멍해지며 눈에서 눈물이 핑 돌았다.

보통 출판사가 대형 서점과 판매 계약을 하기 위해서는 먼저 배본사와 계약을 해야 한다. 배본사는 책을 보관하는 창고와 대형 서점에 책을 보내주는 배송 업체의 성격을 띠고 있다. 이 배본사와의 계약이 없이 출판사가 서점과 직거래 하는 것은 불가능하다. 나 역시, 좀 더 저렴하고 평판이 좋은 배본사를 찾다가 '북스로드' 라는 배본사와 계약을 맺었다.

화재 당시 배본사 대표는 새벽 5시까지 창고 2층에서 밀린 연말 업무를 처리하고 있었다고 한다. 아마도 일하다 졸기를 반복했던 것 같다. 그러다 1층에서 소리가 났는데 이미 화재는 진행 중이었다. 불을 끄기 위해 노력했지만, 새벽에 시작된 불길은 오후 1시가 되어서야 잡혔다. 이 화재로 인해 창고에 있던 50만 여권의 책들이 모두 불타거나 소방차에서 뿌린 물에 젖었다. 이로 인해, 50억 원의 화재 손실이 발생했다. 게다가 배본사는 화재보험조차 들어 있지 않았다.

그래도 한편으론 감사했다. 어떤 사람도 다치지 않아 불행 중 다행이었다. 페스티벌을 통해 많은 사람이 책을 읽을 수 있었던 것도 다행이고, 외부 저자분들께도 책을 보내 드릴 수 있어 다행이었다. 그리고 무엇보다, 바울의 가시가 나에게 우상이 아니었음을 확인 할 수 있어 감사했다. 이 책을 통해 돈이나 명예, 유명세를 얻고자 하는 마음이 커질까 봐 걱정해왔다. 그런 마음이 있었다면, 아마도 큰 상심과 슬픔에 빠져 있었을 것이다. 정신적인 충격이 커서인지 화재 이후 3일 정도 낮밤 가리지 않고 잠만 잤다. 그리고 다시 훌훌 털고 일어나 정상적인 일상으로 돌아올 수 있었다.

화재, 그리고 그 이후

마음이 진정되고 나니 배본사 대표가 걱정되었다. 그는 10년 전부터 알바로 배본사 일을 시작했었다고 한다. 일하며 모은 전 재산으로 자신의 사업체를 시작한 것이다. 친절하고 성실하다고 소문이 나서 많은 출판사들과 계약 맺을 수 있었다.

하지만 화재로 하루아침에 50억의 빚더미에 앉은 것이다. 나이도 40대 초반으로 비교적 이른 나이에 많은 걸 잃었다. 혹여나 잘못된 선택을 할까 걱정이 되었다. 내가 도울 수 있는 건, 카카오 톡으로 선물한 2만 원짜리 홍삼 액과 *"건강만 하면 다시 일어서실 수 있습니다!"*라는 문자 메시지뿐이었다. 감사하게도 그는 지금, 다른 배본사에서 다시 알바를 하고 있다. 물론, 알바비로 출판사들에게 빚진 돈을 갚는 건 불가능하다. 하지만 좌절하거나 포기하지 않고 묵묵히 자신의 길을 걸어가는 모습에 존경심마저 들었다.

한편, 피해 출판사들은 따로 모임을 만들어 대책을 논의했다. 네이버 카페와 단체 카톡방을 통해 여러 논의가 오고 갔다. 40여 개의 출판사 대표들이 모이다 보니 다양한 의견이 나왔다. 피해 배상에 대한 서로의 입장도 달랐다. 하지만 책에 대한 애착과 사랑은 모두가 같았다.

이번 화재는 언론에서도 관심을 가졌고, 방송을 통해서도 소개되었다. 영상 속 뼈대만 남은 창고의 현장은 참혹했다. 까맣게 타다 남은 책들의 잿더미는 거대한 무덤처럼 보였다. 내 눈은 보라색 조각들을 주시했다. 바울의 가시 표지가 보라색이기 때문이다. 그러나 끝내, 내 책은 보이지 않았다. 이어 화재 현장을 배경으로 촬영된 출판사 대표들의 인터뷰 내용이 마음에 와닿았다..

"책이 정말 자식 같아요. 내 애인 같고 가족 같고"

"그 책만 들여다보고 책을 만들었는데,
이게 한순간에 그냥 사라져 버린 거예요."

내가 바울의 가시에 공을 들인 것처럼, 다른 출판사 대표들도 한 권의 책이 만들어지기까지 많은 정성과 노력을 기울였다. 비록 대다수의 피해 출판사가 작고 영세했지만, 모두가 사명감을 갖고 책을 만들어 나간 것이다.

이후 감사하게도, '대한출판문화협회'라는 곳에서 회원사들을 대상으로 모금활동을 진행했다. 여기엔 교보문고, 알라딘 같은 대형 서점을 비롯해 길벗, 미래엔, 문학동네, 비상교육 같은 출판사와 다양한 협회, 개인들이 모금에 동참해 주었다. 그렇게 1억 2천만 원의 돈이 모였고, 피해 출판사들에게 배분하기로 정해졌다. 이를 통해 바울의 가시를 다시 인쇄할 수 있었다. 또한 디자인을 다듬고 내용도 추가해서 더 완성도 높은 책을 출판할 수 있었다.

출판 일을 시작하길 참 잘했다는 생각이 들었다. 처음엔 많은 사람들이 "출판 사업이 비전이 있냐고? 돈이 되냐고?" 물었었다. 비록 출판 시장이 힘들고 돈이 되지 않아도, 이 일을 할 수 있어서 기쁘고 감사하다. 책을 만드는 작업이 더욱 존귀하고 성스럽게 느껴졌기 때문이다. 작가와 편집자, 디자이너와 인쇄소가 심혈을 기울어 만들어 가는 한 권의 책은 많이 팔리건, 적게 팔리건 모두 베스트셀러다.

나는 조현병 환자다

나는 조현병 환자다.
스무 살 때 조현병 진단을 받았고,
지금도 상담을 받고 약을 먹는다.

하지만 누구보다도 부끄럽지 않게 살아왔고,
지금도 나름대로 열심히 살고 있다.

발병 초반에 비해 지금은 병세가 많이 좋아졌고
이제는 아팠던 티조차 나지 않는다.
먼저 밝히지 않으면 평생을 아무도 모르게 숨기면서 살 수 있었다.

하지만 그런 내가 반대의 일을 저질렀다.
자서전 일 수도 있고, 간증집일 수도 있는 이 책을 쓰고 출판한 것이다.

제목은 '바울의 가시'로 부제는 '나는 조현병 환자다'라고 정했다.
그리고 전자책과 종이책으로 만들어 출판하고 유통시키는 중이다.

정말 미친 짓이다.
미치지 않고는 할 수 없는 짓이다.

온갖 뉴스와 인터넷에서 조현병에 대해 어떻게 다루는지 알면서,
대한민국 사회에서 정신질환을 어떻게 바라보는지 알면서,
이런 짓을 했으니 미친 짓이 아닐 수 없다.

하지만 내가 태어나서 해온 일들 중 가장 자랑스러운 일이기도 하다.

또한 하나님이 내게 주신 특별한 축복이고 사명이라 생각한다.

이 한 권의 책을 낼 수 있었던 것은

내 주위 사람들이 병을 알게 되어도 선입견 없이 대해주었기 때문이다.

오히려 20대 발병 이후부터 현재까지

많은 사람들이 나를 위해

응원과 격려를 해줬고, 기도해줬고, 사랑을 베풀어 주었다.

그들을 신뢰하고 용기를 얻어 계속해서 정면으로 나아갈 수 있었다.

앞으로도 난 누구보다 떳떳한 조현병 환자로 살아갈 것이다.

사회적 인식과 부정적인 시선들,

굳어진 편견과 고정관념들 속에서도

숨거나 피하지 않고 정면으로 나아가며

당당하게 살아갈 것이다.

나에게 조현병은 축복입니다.

　이렇게 복지TV 강연을 통한 나의 이야기는 거의 끝나갔다. 스튜디오의 방청객과 스탭들 앞에서 더 말을 잘하고 싶은 욕심이 많았다. 하지만 20분의 녹화 시간 동안 원고를 외우지 못해 열 번의 NG를 냈던 것 같다. 긴장을 해서인지, 발음도 정확하지 못했다. 무엇보다 기독교 방송이 아니다 보니, 하나님의 이야기를 할 수 없어 아쉬웠다. 그래도 마지막 멘트만큼은 침착하고 진정성 있게 전달하며 강연을 마무리 할 수 있었다.

　"전 책과 강연을 통해 말하고 싶었습니다. 내 인생의 모든 아픔과 상처를 드러내서라도 말하고 싶었습니다. 우리는 아픈 기억을 안고 살아가는 사람들입니다. 그러나 결코 연약하거나 의지가 약해서 병에 걸린 것이 아닙니다. 작은 것에서 소중함을 깨닫고 병에서 조금씩 회복되어 가며 인생의 목표를 위해 계속 전진해 나가는 사람들입니다."

전문 강사를 꿈꾸다

바울의 가시 개정증보판 원고를 마무리하던 시점이었다. 페이스북에서 서울정신요양원 백윤미 원장님이 공유한 정보를 보았다. 보건복지부 장애인개발원에서 '장애인식개선교육 전문강사 양성과정'에 지원자를 모집하는 것이다. 우리나라 5인 이상 사업장 근로자들은 1년에 1회씩 법정 의무교육(성희롱 예방 교육, 개인정보 보호 교육, 산업안전 보건 교육)을 들어야 한다. 그리고 2018년부터 장애인식개선교육이 법정의무교육에 추가되었다. 그동안 많은 강사들이 교육 활동을 해왔다. 정부는 기존 강사들을 대상으로 더 체계적으로 교육하여 보다 전문적인 강사를 양성하려는 목적으로 과정을 신설했다. 지원 자격을 얻기 위해선 3년간 강사 활동을 했거나 강연 횟수가 다섯 번 이상 있어야 했다.

나도 지원 자격이 되는지 강연 횟수를 세어 보았다. 한동대, 브솔시냇가, 재은심리상담센터, 달리다쿰 정신 재활 공동체, 서울정신요양원. 나의 강연 횟수는 정확히 다섯 번이었다. 또한 『바울의 가시』 외에도 다른 저자의 정신장애 관련 전자책을 출판한 바 있다. 마인드 포스트의 기자 신분도 있으며, 평생교육원을 통해 사회복지사 자격증도 취득했었다. 사소하게는 2014년, 지역 장애인복지관의 주최로 열린 '장애인 인식개선 영상공모전'에서 최우수상을 받았다.

한동대 정숙희 교수님을 비롯해 많은 분들의 도움으로 강연 증명서와 자격증, 상장을 준비하여 서류전형에 제출했다. 예상대로 서류 1차 전형에 합격했다. 그리고 2차는 60초짜리 샘플 강연 영상 심사였다. 한밤에 아무도 없는 교회 카페에서 삼각대로 카메라를 고정하고 영상을 찍었다. 주제는 "지금까지 들었던 강연(강의, 교육) 중에 가장 감명 깊었던 강연과, 그 이유는?"이었다. 카메라 앞에 서서 준비된 대본을 읽으며 몇 번이고 녹화를 반복했다.

"저는 행복한 청년 이관형입니다. 사회복지 수업 때 교수님은 말씀하셨습니다. '자신의 상처와 아픔을 들어줄 사람이 3명 있다면, 그 사람은 행복할 수 있다!' 전 스스로를 불행하다고 여겼습니다. 아버지의 폭력, 학교 왕따, 노숙자 생활, 조현병 환자. 아무도 이런 제 이야기를 들어주지 않았습니다. 하지만 교수님의 강의를 되새기며 용기가 생겼고 책을 출판할 수 있었습니다. 지금은 수십, 아니 수백 명이 책을 통해 제 이야기를 듣고 있습니다. 교수님의 가르침대로 전 세상에서 가장 행복한 사람이 되었습니다."

다소 살쪄 보이는 영상 속 얼굴과 몸매가 마음에 들지 않았지만, 나름대로 자신감 있게 말하는 모습을 카메라에 담았다. 완성된 영상을 메일로 제출했고 며칠 뒤 합격을 통보받았다.

그리고 마지막 최종 3차는 면접이었다. 입을 만한 옷이 없어서 면접 전날 다급하게 캐주얼 자켓을 구입했다. 안에는 남방을 갖춰 입고 면접 장소에 도착했다. 다른 대기자들은 서로 아는 사이인지 친근하게 대화를 나누었다. 어쩌면 면접에 도움이 될까 해서 그분들의 말에 귀기울었다.

"아니, 오늘 쟁쟁한 사람들이 이렇게 많이 올 줄은 몰랐어요."
"저는 여기 면접 보려고, 오늘 잡힌 강의도 취소하고 왔다니까요."
"박사학위 따고 오신 분들도 많아요. 교수를 해도 될 분들이세요!"

그제야 깨달았다. 여기 모인 지원자들은 이쪽 계통에서 경험도 많고 꽤 알려진 강사분들이었다. 그래서 서로 아는 사이일 수밖에 없었다. 반면 나는 강연 경험이 극히 적었다. 교수법에 대한 교육을 받은 적도 없다. 강연을 하기엔 비교적 나이도 어린 편이었다. 그래서일까. 자신감이 사라진 상태에서 홀로 면접실에 들어갔다. 3명의 면접관 앞에서 많이 떨었고, 같은 대답을 반복했다. 1인당 주어진 15분의 면접 시간 중 10분도 채우지 못했다. 다른 대기자들마저 벌써 끝났냐며 놀랄 정도였다.

추석이 지나고 최종 합격자 발표 날이 되었다. 두근거리는 마음으로 홈페이지에 들어가 합격자 발표 게시문을 열었다. 30여 명의 합격자 중 내 이름은 없었다. 아직 젊고 기회는 많으니까 다음을 기약하기로 마음먹었다. 그런데 이상한 점이 있었다. 합격자 중 동일 이름이 중복으로 적혀 있는 것이다. 이름도 나와 비슷했다. 어쩌면 내 이름을 적는 칸에 다른 합격자의 이름을 잘못 적은 건 아닐까 의심했다. 담당자가 명단 입력 과정에서 실수할 수도 있기 때문이다. 혹시나 하는 마음으로 담당자에게 전화했다.

"강사 합격자 명단 보고 전화 드렸습니다. 합격자 명단이 중복되는 거 같아요. 혹시 잘못 적으신 건 아닌가 해서요."

"아, 네. 지금 저희도 확인중입니다. 곧 수정해서 다시 올리려 합니다. 혹시 전화 주신 분 성함이 어떻게 되시죠?"

난 이름과 휴대전화 뒷번호를 알려주었다. 그러자 담당자는 약간 격앙된 말투로 잠시 기다려 달라고 말했다.

그 후 수화기 너머로 정적이 흘렀다. 그 정적이 왠지 기분 나쁘지 않았다. 정적이 길어질수록 좋은 예감이 들었다.

"성함이 이관형님 맞으시죠? 최종 합격 되셨습니다. 곧 수정된 명단을 올릴 거니까요. 다시 확인 부탁드릴게요."

몇 분이 지나 수정된 명단이 다시 올라왔고 난 최종 합격자에 포함되어 있었다.

미성숙한 사회를 산다는 것

이후 매주 토요일마다 여의도에 있는 이룸센터에서 전문 강사 수업을 들었다. 첫 주에 강의실에 가보니 장애인과 비장애인 구별 없이 많은 사람들이 함께 어울려 담소를 나누고 있었다. 그중엔 왠지 얼굴이 낯익은 분들도 많았다. 우리나라 최초의 시각장애인 아나운서를 비롯해, CBS 방송국의 '세바시'(세상을 바꾸는 시간, 15분)라는 프로그램에 나와 강연을 하신 분들. 누구에게나 쉽지 않은 인생의 목표를 이루어 책을 냈거나 여러 뉴스에 소개된 분들도 뽑혔다. 이미 학교와 기업체에서 수십, 수백 번의 강연을 한 분들을 바라보며 배울 것이 많겠다고 생각했다.

교육과정에 비장애인과 다양한 장애를 가진 분들이 골고루 뽑혔다. 하지만 정신장애와 관련된 사람은 나뿐이었다. 우리나라는 장애 중에서도 정신장애, 특히 조현병에 대한 인식이 가장 안 좋다. 그래서 첫날, 자기소개하는 시간이 제일 걱정되었다. 전혀 알지도 못하는 사람들에게 직접 병을 밝혀도 괜찮을지 고민되었다.

"조현병 환자라는 이유로 나를 두려워하지는 않을까? 이상한 시선으로 바라보면 어쩌지?"

걱정이 많았지만, 용기를 내기로 했다. 입술은 약간 떨렸지만 당차게 나를 소개했다. 무슨 말을 했는지도 모를 정도로 정신없이 짧은 소개와 앞으로의 포부를 밝혔다. 그러자 사람들의 박수와 환호가 들렸다. 그 소리가 감사하게 느껴졌다. 마치 "우리는 당신을 편견과 차별로 대하지 않습니다. 당신을 응원합니다!"라고 말해주는 것 같았다. 그때서야 난 교실 안을 제대로 돌아볼 수 있었다. 사람들의 휠체어, 목발, 지팡이에만 머물렀던 내 눈이 사람들의 얼굴에 핀 온화한 미소를 보게 된 것이다. 그렇게 우리들은 장애와 비장애, 성별, 나이를 떠나 모두가 함께 어울려 교육을 받았다. 장애로 서로를 불쌍하게 보거나 불편하게 생각하지 않고, 있는 그대로의 존귀한 사람으로 대한 것이다. 한편, 각자의 경험담을 나누면서 장애를 대하는 이 사회의 미성숙함도 많이 느꼈다.

<휠체어가 들어오도록 기다려주지 않고 엘리베이터 문을 닫아버리는 사람들. 지하철에서 노약자석에 앉은 장애인 청년이 괘씸하다며 멱살을 잡은 전우회 할아버지. 전동휠체어를 타고 가는 사람에게 불쌍하다고 천 원짜리 지폐를 쥐여 주는 아주머니. 장애인 주차장에 차를 대어 놨다가 벌금을 물었다는 이유로 "장애인 씨, 장애인이 이 세상 사는 게 특권입니까? 장애인은 특권이 아니라, 일반인이 배려하는 겁니다"라고 경고장을 붙여 놓은 아파트 주민.>

이런 경험담을 직접 전해 듣고 적잖은 충격을 받았다. 대한민국 사회에 신체는 건강할지 몰라도 마음과 영혼이 병든 사람들이 많다고 느꼈다. 이런 사람들의 편견과 시선이 두려워 죄인처럼 숨어 사는 것은 억울한 일이다. 오히려 당당하게 나를 드러내어 가치 있는 활동을 하며 살아가는 것이 행복하다고 생각한다.

조현병을 통한 부르심

지금도 나는 당당하게 행복을 추구하며 살고 있다. 빠르지는 않지만, 바른길을 걸으며 나아가고자 한다. 하나님보다 앞서지도 뒤처지지도 않고 늘 기도와 말씀으로 동행하며 내 길을 가고 있다. 그렇게 하나님의 은혜로 많은 걸 이룰 수 있었다. 보건복지부 장애인개발원 교육을 마치고 장애인식개선교육 전문 강사로 위촉되었다. 그리고 함께 수업을 들은 30명의 강사들 중 11명의 우수 강사에 선정되었다. 이를 통해, 복지 TV라는 케이블 방송국의 강연 프로그램에 출연했다. 앞으로도 장애인식개선 강사로서 강연 활동을 해나갈 계획이다.

하지만, 장애에 대해 공부를 한 적도 없고, 경험도 부족해서 걱정이 많았다. 그러던 중 뉴스 기사를 통해 필요한 정보를 접했다. 2020년부터 대구대학교 대학원에 우리나라 최초로 장애학과 박사과정이 신설된 것이다. 내게 필요한 과정이라는 확신에 누구보다도 빨리 지원서류를 냈다. 비록 면접 때 잘 모르는 질문이 나왔지만, 아는 대로 당당하고 자신 있게 대답했다. 그리고 자신감이 통했는지 박사과정에 합격하여 공부를 시작하게 되었다. 이를 통해 장애와 관련되어 전문적인 강연과 출판을 이어 나갈 것이다.

조현병은 개인의 고통을 넘어 함께 누릴 수 있는 축복이 되었다. 과거에는 매일 찾아오는 새벽이 괴로웠다. 하지만 이제는 말씀과 기도로 하나님께 잠을 청한다. 가끔 침대에 누우면 대학 시절 동아리 선배에게 말했던 기도 제목이 생각난다. '마음의 평화를 얻는 것, 밤에 누워 있다가 스르르 잠드는 것.' 이제는 그 기도가 이루어진 것 같다. 더불어 이른 아침마다 찾아오는 햇살도 맞이 할 수 있게 되었다. 새벽마다 고통받던 어둠의 터널을 빠져나와 그토록 바랐던 빛을 온몸으로 맞이하며 나아가는 것이다. 그렇게 나는 날마다 작은 부활을 체험하며 기쁜 마음으로 하루를 시작한다.

내겐 꿈과 비전이 있다. 책과 강연으로 더 많은 사람들에게 하나님을 간증하고 싶다. 하나님은 조현병을 통해서도 일하신다고 말이다. 비슷한 아픔과 고통으로 힘들어하는 청소년들과 환자들에게도 나누고 싶다. 그들에게 위로가 되는 상처 입은 치유자가 되고 싶다. 그것을 위해 하나님은 가시를 허락하셨다. 때로는 성장시키기 위해, 때로는 받은 은혜로 생겨난 교만을 치기 위해 이 병의 고통을 허락하시지 않았을까?

삶이 내 계획대로 되지 않을지라도 늘 주님께 감사하며 살고 싶다. 설령, 이 병이 낫지 않고 평생 고통을 주더라도 현재 삶에 만족하며 살고 싶다. 이미 많은 멘토와 친구들이 곁을 지켜주었고 소중한 가족들과도 화목하게 지내고 있다. 늘 걱정해주고 관심과 사랑으로 대해 주었던 많은 사람들이 있었기에 지금까지 살아올 수 있었다. 이 모든 삶의 과정이 하나님의 기적 같은 은혜이고 사명을 주시기 위한 과정이었다.

하나님은 조현병이라는 가시를 통해 복수와 성공에 집착하며 세상의 노예로 살던 나를 부르셨다. 삶의 주인이던 내가 병을 통해 연약함을 깨닫고 완전하신 하나님께 주인 자리를 내놓을 수 있었다. 나는 앞이 보이지 않는 터널 속에서 빠르게 달렸고, 매우 높이 쌓은 탑 꼭대기에 앉아 있었다. 그러나 조현병으로 인해 급제동이 걸렸고 받침돌 하나 남김없이 모두 다 무너져 내렸다. 하나님 없이 세속적인 가치관에 따라 빠르고 높이 살려는 것이 얼마나 위험하고 교만한 것인지를 깨달았다.

이제는 빛을 따라 천천히 바른 목적지를 향해 나아가고 영원히 무너지지 않는 것을 쌓으려 한다. 또다시 잘못된 길을 가거나 우상의 탑을 쌓는다면 하나님은 조현병을 통해 바로잡아 주실 것이다. 내 모든 인생과 능력은 하나님을 향해 나아가고 하나님을 위해 쓰여야 하기 때문이다. 그렇기에 조현병은 하나님이 내게 허락하신 가장 크고 특별한 은혜이자 축복이 되었다.

마지막으로 성경 말씀 고린도후서 12장 9절을 인용하며 내 이야기를 마친다.

"

나에게 이르시기를 내 은혜가 네게 족하도다
이는 내 능력이 약한 데서 온전하여짐이라 하신지라
그러므로 도리어 크게 기뻐함으로 나의 여러 약한 것들에 대하여 자랑하리니
이는 그리스도의 능력이 내게 머물게 하려 함이라

"

(고린도후서 12장 9절)

간증에 대한 소감문

정현재
(한동대학교 상담심리사회복지학부 13학번)

목사님의 설교를 들을 때나 자기계발서를 읽을 때, 혹은 누군가에게 좋은 메시지를 들을 때 두 가지 다른 태도로 듣는 저를 보곤 합니다.

첫 번째로는, 그저 듣는 이의 입장입니다. 전달하는 이의 메시지가 좋은 내용임을 알고는 있지만 제 삶에 크게 와닿지는 않습니다. 그것은 머리로의 이해일 뿐 제 삶을 관통하는 무언가가 되지는 않습니다.

두 번째 태도는, 공감하는 이의 입장입니다. 말씀을 전하는 사람의 경험이 내 경험이었고, 나의 문제였고, 나의 싸움이었기에 그 사람의 심정을 헤아릴 수 있는 것, 고개를 끄덕이는 것이 아니라 가슴이 먼저 뜨거워지는 것. 어설픈 수긍이 아니라 떨어지는 눈물로 대답 할 수 있는 것이지요.

저는 간증을 들으며 학창 시절의 이관형이 되어 눈물 흘릴 수 있었습니다. 제 삶의 이야기와 매우 닮아 있었습니다. 칭찬에 인색하고 실수에 엄했으며 끊임없이 경쟁의 늪으로 날 몰아넣었던 엄마의 이야기, 경쟁 사회의 노예가 되어 높은 성적만을 추구하고 다른 것은 보이지 않던 학창 시절, 열등감에 사로잡혀 사랑받지 못하고 사랑할 줄도 몰랐던 불쌍했던 소년. 모두가 제 이야기이나 동시에 이관형님의 이야기였습니다.

사랑하지 못하고 사랑 받지 못하는 삶이 얼마나 가혹하고 잔인한 고문인지 알기에 저는 이야기를 듣는 내내 그저 눈시울을 적시기만 했습니다.

아프다는 것은 굉장히 특별한 경험입니다. 특히 삶을 극한의 고통으로 밀어 넣어 버리는 고통은 더욱 그렇습니다. 그곳은 주님께서 일하시기에 최적의 장소이기 때문입니다. 삶의 나락 속에서, 눈물과 증오로 얼룩져 버린 일상에서 하나님을 만난 이관형님은 이와 같은 고백을 하셨습니다.

"조현병이 아니었다면 하나님을 믿을 수 없었을 겁니다. 하나님 없이 정상인으로 살아가는 것보다 조현병과 함께 하며 하나님을 알고 사는 것이 더 행복합니다."

삶이 송두리째 파괴될 수 있었던 경험 가운데서 이관형님은 끝없는 비관의 늪이 아닌 하나님과 조우했고, 그것은 여태까지 받아왔던 상처와 고통보다 더 값진 사랑의 열매를 맺었노라고 감히 말하고 싶습니다.

상처 받았던 사람은 타인의 상처를 더 잘 볼 수 있습니다. 아팠던 사람은 아픈 사람의 심정을 더 잘 헤아릴 수 있습니다. 비록 과거에는 씻을 수 없는 상처요 아픔이었겠지만 그것들을 통해 하나님은 사람의 삶에 역사하십니다.

삶의 비극 속에서 더 큰 비극 속에 빠지지 않고, 희망을 잃지 않고 너무나 멋진 사람으로 성장해 값진 이야기를 들려주셔서 큰 감사의 말씀을 드리고 싶습니다. 하나님께서 더 크게 쓰실 삶을 기대하고 응원합니다.

하나님 안에서 만남의 축복이 이어졌다
모두가 각자의 십자가를 지고 함께 나아갈 것이다

귀한
동역자들과
함께 하다

"우리는 하나님의 동역자들이요
너희는 하나님의 밭이요 하나님의 집이니라"

고린도전서 3장 9절

4부
나눔의 가시

바울의 가시를 읽은 소감

배정규
(재은심리상담센터 원장)

    책의 저자인 이관형님께서 제가 운영하는 다음카페 '사라의 열쇠'에 책 소개문을 올려주셔서 이 책을 알게 되었습니다. 자신의 책을 적극 소개하고 광고하시는 모습이 좋아 보였습니다.
    우선 제목이 마음에 들었습니다. '나는 조현병 환자다'라는 부제목이 매우 강하게 와 닿았습니다. 자신의 병명을 이렇듯 당당하게 말할 수 있는 용기가 감탄스러웠습니다. 조현병 당사자들이 직접 쓴 자서전이 절실히 필요하다는 생각을 늘 하고 있었습니다. 그러던 차에 출판소식을 듣게 되어 너무나 반가웠습니다.

저자가 조현병과 투병하며 대학원에 진학하여 전자출판학으로 석사학위를 취득했다는 점도 반가웠고, 출판사를 차려서 자신의 책을 전자도서로 출판하고 이어서 이렇듯 활자본으로도 출판했다는 사실도 매우 감탄스러웠습니다. 정말 용기 있는 행동이라고 생각합니다.

'바울의 가시'라는 책 제목도 꽤 의미가 있는 제목이더군요. 저는 종교가 불교 쪽이어서 기독교에 대해서는 잘 모릅니다. 바울이라는 분이 성경책에 나오시는 분이겠거니 정도로만 생각하다가 어느 날 교회에 다니시는 분으로부터 설명을 들었습니다.

바울은 전도를 많이 하시고 너무 훌륭하셨던 분인데, 남들은 모르는 자기만의 고통스러운 병이 있어서 많이 힘들어하셨다 합니다. 그래서 하나님께 병이 낫게 해달라고 기도를 했는데 어느 날 하나님의 음성이 들렸다 합니다. 그래서 깨닫고 이후로 더욱 전도에 전념했다 합니다. 아마도 저자가 책의 끝부분에 써놓은 문장이 그 깨달음이지 않을까 싶습니다.

"여러 계시를 받은 것이 지극히 크므로 너무 자만하지 않게 하시려고 내 육체에 가시 곧 사탄의 사자를 주셨으니 이는 나를 쳐서 너무 자만하지 않게 하려 하심이라." (고린도후서 12장 7절)

'바울의 가시 : 나는 조현병 환자다'라는 책 제목이 너무나 마음에 듭니다. 책 제목 속에 이미 많은 이야기가 들어 있습니다. 책 제목만 봐도 어떤 삶을 살았을 지, 어떤 각오로 살고 있는지 짐작할 수 있습니다. 그냥 쉽게 쓰인 책이 아니라는 점을 짐작하게 합니다. 성장 과정에서 많은 어려움이 있었습니다. 중2 때 왕따 경험이 있었고, 대학 시험에 실패했고, 그 전후로 조현병이 발병했던 것 같습니다.

이후 많은 우여곡절이 있었는데, 대학에서 기독교 동아리에 들어가 활동하기 시작한 게 좋은 영향을 미쳤고 이후 지금까지 저자의 삶의 방향을 결정지어준 것 같습니다.

종교가 치료 또는 재기에 크게 도움이 되는 경우를 많이 봅니다. 기독교, 천주교, 불교처럼 어떤 종교든 본인에게 잘 맞는 종교를 만나면 크게 도움을 받는 것 같습니다. 제 생각에 종교는 살아야 할 이유, 삶의 방향, 삶의 의미 등을 제공해 줍니다. 또한 소속감을 느끼게 해주고 실천해야 하고 몰두해야 할 과업을 제공해 줍니다. 또한 용서를 하게 해주고 감사하는 마음과 겸손한 마음을 갖게 해줍니다.

'사라의 열쇠' 카페 회원분 중에 조현병이 단순히 병이거나 단순히 마음이 아픈 게 아니라, '기억'이 아픈 거라고 말씀하시는 분이 계십니다. 저는 그 말씀이 맞다고 생각합니다. 그리고 앞으로 우리가 조현병에 대해 '기억이 아프다'는 관점에서도 연구해야 한다고 생각합니다. 아무튼 책의 저자도 오랜 세월 '아픈 기억'과 싸워왔습니다.

하나님을 만나고, 교우들을 만나고, 장애인작업장에서 봉사활동을 하고 케냐 단기선교를 다녀오고 하면서 저자는 다음 두 가지 점을 깨닫고 지금도 그것을 실천하며 살려 노력하고 있다고 합니다. 행복하게 사는 방법은 첫째, 사람들과 친하게 지내는 것. 둘째, 열심히 일하는 것.

책을 읽어보면 저자는 정말 많은 노력을 해왔습니다. 몇 년 전에는 가족과의 관계도 많이 좋아져서 일본으로 다 함께 가족여행을 다녀왔다는군요. 정말 잘된 일입니다. '가족과 화해하는 것', '가족과 함께 행복하게 사는 것', 이것은 축복이기도 하고, 병을 낫게 하는 치료제이자, 병이 나았다는 증거이기도 합니다.

책의 전반적인 내용이 참 좋습니다. 저자는 스무 살인 2003년 처음 조현병 진단을 받고 투병생활을 했다 하니, 지금 나이가 30대 중후반인 것 같습니다. 아직 젊은 나이입니다. 그런데 벌써 이만한 책을 냈다는 것 자체가 매우 고무적입니다. 앞으로 10년, 20년 지나면 더 성숙된 삶을 간증하는 또 다른 책이 나오리라 기대합니다.

책 전반을 통하여 저자의 용기와 끊임없는 도전정신을 봤습니다. 그것이 저자의 큰 자산이지 않을까 하는 생각을 해봅니다. 그리고 이러한 저자의 노력을 뒷받침해주는 요인들이 있는 듯합니다. 무엇보다도 저자에게는 안전기지가 있다는 점입니다. 하나님과의 관계 속에서, 교회 사람들과의 관계 속에서, 그리고 주치의와의 관계 속에서 저자는 심리적 안정감을 느끼는 듯합니다.

저자 스스로 자신의 모든 허물을 알면서도 자신을 받아주는 사람이 너무나 많다고, 처음에는 숫자를 헤아렸지만, 이제는 너무나 많은 사람들이 자신을 좋아해줘서 그 숫자를 헤아릴 필요가 없다고 말합니다.

저자가 이 책을 쓰게 된 계기 중 하나는 '2013년 대한조현병학회 창립 15주년 기념 조현병 바로알기 캠페인 공모전'에서 수필부문 대상을 탔던 일입니다. 저는 종종 의사들 욕을 많이 하지만, 지금은 칭찬하려 합니다. 대한조현병학회가 정말 훌륭한 일을 했습니다. 이러한 공모전은 매우 뜻깊은 일입니다. 대한조현병학회만이 아니라 정신건강과 관련된 모든 학술단체가 매년 이러한 행사를 개최해 주면 좋겠습니다. 아울러 당선된 작품들을 자신들의 학회지에 수록해 주시기를 희망합니다. 그리고 가급적 전국의 모든 정신건강증진센터도 이러한 행사를 매년 개최해주기를 바랍니다.

이러한 행사가 당사자들의 의욕을 불러일으켜 주며, 당사자들에게 용기와 희망, 그리고 자부심을 부여해 줍니다.

저자는 대학시절 기독교 동아리 활동 때 모두가 돌아가며 200페이지 정도 되는 자서전 또는 자기고백서를 써서 발표하는 모임이 있었는데, 그 모임에서 발표했던 자료를 토대로 이 책을 썼다고 합니다. 그 기독교 동아리의 활동방식도 매우 바람직합니다. 당사자들이 자기 자신의 과거 경험, 아픈 기억, 원망, 좌절, 좋았던 일들, 욕구와 소원, 희망 사항 등, 자신에 관한 일들을 글로 쓰는 것은 치료에 크게 도움이 되는 일입니다. 글을 쓰는 과정에서 스스로가 자신을 좀 더 잘 이해하게 되고, 아팠던 기억들이 치유되고, 자신이 원하는 인생이 어떤 인생인지를 좀 더 분명히 알게 됩니다.

더욱이 이렇게 쓴 글을 남들 앞에서 발표할 기회를 갖는 것은 엄청난 치유효과가 있습니다. 책을 읽어보면 저자가 다녔던 기독교 동아리와 교회에서는 치유에 도움이 되는, 집단상담의 요소를 지닌 프로그램이 꽤 많이 있었던 것 같습니다. 저자가 별도로 심리상담을 받지 않았다 하더라도 이러한 모임들이 심리상담이 제공해주는 기능을 꽤 했던 것으로 보입니다.

저는 당사자들이 자신의 경험담을 소개할 때, 다른 당사자와 가족들에게 전하고자 하는 핵심 메시지가 무엇인지를 확실히 해야 한다고 생각합니다. 특히 치료-재활-재기에 도움이 된 요소는 무엇인지, 방해가 된 요소는 무엇인지를 자세히 묘사해야 합니다. 아울러 발병 시의 증상이 어떤 것이었는지, 그 증상을 경험할 때의 주관적인 감정과 생각이 어떠했는지를 자세히 묘사해야 합니다.

전문가들은 증상의 겉모습만을 알고 있습니다. 반면에 당사자들의 주관적인 세계에 대한 지식은 많이 부족합니다. 책에도 없고 논문에도 없습니다. 저는 당사자들이 전문가들에게 자신들의 내면 이야기를 들려주어야 한다고 생각합니다. 또한 치료의 촉진요소와 방해요소가 무엇인지에 대한 이야기를 들려주어야 한다고 생각합니다. 이러한 이야기는 전문가들에게도 도움이 되고, 모든 당사자와 가족들에게도 도움이 됩니다.

극복 수기나 자서전이 자칫 영웅담처럼 되는 일도 피해야 합니다. 자신감을 잃고 실의에 빠져있는 당사자들이 '내 이야기'처럼 느껴지는 글이 도움이 됩니다. 힘들었던 시기의 객관적인 상황들은 저마다 다릅니다. 따라서 객관적인 상황을 지나치게 자세히 묘사하면 '나와는 다른 이야기'라는 느낌을 주게 됩니다. 반면에 주관적인 경험을 자세히 묘사하면 힘든 시기를 보냈던 거의 대다수 사람들이 다 공감하게 됩니다.

저는 이관형님의 글을 읽고, 대니얼 피셔 박사가 제안한 10가지 리커버리(Recovery) 원리와 대조해 보았습니다. 리커버리란 재기, 회복, 극복 등으로 번역되며, '역경을 통한 성장'이라는 의미를 지닌 용어입니다. '낫는 것'이라고 번역해도 무방합니다. 아무튼 '낫는데 도움이 되는 10가지 원리'인데, 그것은 다음과 같습니다.

1. 자기 자신과 타인들을 신뢰하라.
2. 자기 결정의 가치를 소중히 여기라.
3. 당신이 회복될 거라고 믿고 희망을 가져라.
4. 사람들과 그들이 가진 풍부한 잠재력을 믿어라.
5. 깊은 정서적 수준으로 사람들과 관계를 맺어라.

6. 사람들은 언제나 의미를 만든다는 것을 인정하라.

7. 자신의 목소리를 내라.

8. 모든 감정과 생각을 인정하라.

9. 의미 있는 꿈을 따르라.

10. 존엄한 존재로 존중받아야 한다.

우리는 흔히 약물만을 치료제라고 생각합니다. 하지만 위의 10가지 원리가 모두 다 치료제입니다. 약물만으로는 부족합니다. 위의 10가지 요소가 투입되어야 합니다.

대니얼 피셔 박사는 생화학 박사학위를 취득하고 미국국립정신건강연구원에서 연구원 생활을 막 시작했던 시기인 23세 때 조현병이 발병합니다. 그때가 1970년도입니다. 이후 두 차례 더 재발해서 총 3회 입원하게 됩니다. 두 번째 입원했을 때 환자들에 대한 부당한 감금과 비인간적 처우에 분개하여 자신이 정신과의사가 되어서 환자들의 병실 문을 열어주겠다고 결심합니다. 이후 정신과 전문의로, 그리고 동료지원가로 활동했으며, 지금은 국립역량강화센터(NEC)를 만들어서 당사자들의 재기(Recovery)와 역량강화(Empowerment)를 위해 노력하고 있습니다. 그는 현재 미국 대통령 정신건강분야 자문위원이기도 합니다.

위의 10가지 요소는 국립역량강화센터(NEC)에서 체계적인 연구를 통해서 확인한 요소입니다. 저는 책의 내용에서 위의 10가지 요소가 등장하는지를 점검했습니다. 제 판단으로는 위의 10가지 요소가 모두 등장합니다.

이관형님 스스로는 명백히 밝히지 않았지만, 이관형님은 단순히 약물치료나 전통적인 정신의학적 치료만으로 현재의 상태에 이른 것이 아닙니다. 의미 있는 인생을 살기를 간절히 원했고, 올바른 방향을 선택했습니다. 그리고 용기를 냈고 실천했습니다. 이 과정에서 많은 시련과 극복을 반복하며 부지불식간에 위의 10가지 리커버리 요소를 모두 다 갖추게 된 것으로 보입니다. 약물이 아니라 이관형님 자신이, 특히 이관형님 자신의 '선택'이 이관형님을 일어서게 만들었고, 오늘 이 책이 나오도록 만든 것입니다. 이관형님은 이렇게 말합니다.

"누군가에겐 평범한 성과도 조현병 환자에겐 기적이 될 것이다. 하지만 반대로 누군가 겪는 어려움이 조현병 환자에게는 쉬운 일이 될 수도 있다. 우리는 직접 겪어 보지 않고는 알 수 없는 고통의 시간들을 보내왔다. 때로는 너무 힘들어서 생명조차 포기하고 싶을 때도 있었다. 하지만 지금 살아 숨 쉬는 건 그 고통을 잘 이겨내 왔다는 증거다. 결코 의지나 정신력이 약해서 병을 겪는 것이 아니라고 말하고 싶다. 오히려 일반 사람들보다 강하고 슬기롭게 이 병을 감당하고 있다. 내게 조현병은 장벽이 아니라 장벽을 넘게 해주는 발판이 될 것이다. 지금도 끊임없이 장벽을 넘으며 하나님의 능력을 증거 하는 삶을 살고 싶다." (14화 최초의 전자출판학 석사 내용 中)

이 내용을 읽을 때 가슴이 뛰었습니다. 이 내용은 이관형님만이 아니라 우리 모든 조현병, 조울증, 우울증 당사자들에게 해당되는 말이라고 느낍니다.

"지금 살아 숨 쉬는 건 그 고통을 잘 이겨내 왔다는 증거다." 그렇기에 모든 조현병, 조울증, 우울증 당사자들은 지금 이 순간 살아있다는 자체로 승리자입니다. 그들에게는 살아있다는 그 자체로 "애썼다. 수고했다."는 말을 해줘야 합니다.

아울러 조현병이 '장벽'이 아니라 장벽을 넘게 해주는 '발판'이 되도록 그들에게 지지와 격려를 보내줘야 합니다.

책의 내용 중에 이관형님이 출판사를 만들고 나서 처음에는 출판 의뢰가 없어 고생했다는 얘기가 실려 있습니다. 지금은 사정이 어떠신지 모르지만, 앞으로 이관형님께서 만든 출판사 '옥탑방프로덕션'은 우리나라의 일류 출판사로 발전해 갈 것입니다. 출판해야 할 책이 너무나 많습니다. 저는 당사자와 가족들 모두가 자신의 경험담을 책으로 출판하셔야 한다고 생각합니다. 작품이 훌륭하든 또는 덜 훌륭하든 간에 저는 출판을 원하는 모든 분들이 자신의 이야기를 책으로 출판하셔야 한다고 생각합니다. 출판은 그 자체로 치유적인 힘이 있고, 자부심을 느끼게 해줍니다. 한 개인의 소중한 삶의 기록일 뿐 아니라 역사의 기록이기도 합니다. 마인드포스트에 실려 있는 기사도 좋은 기사가 많고, 인터넷 카페에도 좋은 글들이 엄청 많이 올라와 있습니다. 이관형님께서 이 글들을 추려도 좋고 누군가 추려도 좋겠지요. 좋은 글들을 추리면 책이 되리라 생각합니다. 이 글들만 추려도 매년 몇 권씩 꾸준히 출판할 수 있지 않을까요?

저는 이관형님께서 이왕 출판사를 차리셨으니, 좀 더 적극적으로 마음을 내셔서 이쪽 분야에 출판 붐이 일어나도록 하면 좋겠다는 희망을 가집니다. 좋은 책을 펴내 주신 이관형님께 깊이 감사드립니다. 그리고 제 독후감을 읽어주신 모든 분께 깊이 감사드립니다.

당사자로서 세상을 사는 방법

장우석
(회복의 등대 대표)

『당신은 아파했던 만큼 행복할 수 있는 사람입니다』의 저자 장우석입니다. 저의 진솔한 경험담과 노하우를 올립니다. 바울의 가시 책에 조금이나마 유익과 도움이 되었으면 합니다.

저는 조울증 25년차 당사자입니다. 조현병 진단도 잠시 받긴 했지만, 최종적으로 조울증 진단을 받았습니다. 당시 94년도라 정신건강복지법이 태동하기도 전에 입원했었습니다. 총 2년간의 병원 생활 동안 3번의 입원과 퇴원을 반복하며 병식을 찾기까지 많은 내적 갈등과 죽을 것 같은 고통을 겪었습니다. 대인공포증, 우울증, 조증, 과대망상, 피해망상, 관계망상, 환청, 환시 등을 심하게 겪었습니다. 그로 인해 병원에서 1주일 동안의 격리와 강박을 수시로 겪었습니다.

당시 병원은 정신건강교육과 가족 교육이 미미한 시절이었습니다. 이로 인해, 정신적 질병에 대한 혼란과 두려움이 컸었습니다. 중학생 시절, 학교에서 가까운 병원 건물을 바라보았습니다.

건물 옥상을 산책하는 정신건강의학과 환자들을 보며 이상하게 생각했습니다. 우리랑 완전 다른 사람이라고 생각했습니다. 그런데 제가 이 병에 걸리고 많은 당사자들과 가족들을 만나보니 그들도 일반인들과 똑같은 사람이었습니다.

좀 다른 것이 있다면, 더 예민하고 섬세하며 감정과 생각이 풍부하고 개성이 넘치는 기질이 있는 것입니다. 다만 성장환경에서 겪은 트라우마와 소외감, 소통의 부재가 스트레스와 맞물려 정신질환을 겪는다고 말할 수 있습니다. 정신질환은 특별한 사람이 걸리는 병이 아닙니다. 성인 평생 유병률이 25% 이상이 되는 흔한 병입니다. 저도 예민한 기질, 가정의 스트레스, 사회의 기대치에 대한 꿈의 좌절과 욕구의 불만으로 정신질환이 발병했습니다. 살면서 주변에 저와 같은 이들을 많이 보았습니다. 이 병을 겪는 이는 곧 나의 가족이자, 나의 친구이자, 나의 이웃이 될 수 있다는 점을 알게 되었습니다.

저는 재활과 재기를 위해 먼저 신체적 건강을 회복하는 것에 초점을 맞추었습니다. 긴 병원 생활을 하고 보니, 다시는 병원 생활을 반복하기 싫었습니다. 병원에서 평생을 살다가 죽고 싶지 않았습니다. 그 번뇌로 인해 병식(병에 대한 자각)이 생겼습니다. 기본적인 약물 관리는 물론, 수면과 식사 관리, 심리상담을 6년간 지속적으로 받았습니다. 그리고 스트레스 해소를 위해 오랜 기간 다양한 취미생활을 했습니다. 영어 공부, 등산, 독서, 일기 쓰기, 영화 보기, 노래 부르기, 자전거 타기, 태권도 배우기, 댄스 등을 했습니다. 다시 사는 인생이라 생각하며 생명력 넘치게 살고 싶었습니다. 23세에 마지막으로 퇴원한 뒤에는 관리를 통해 재발을 예방할 수 있었습니다. 몇 년간은 약 부작용으로 고생을 많이 했습니다. 그러는 와중에도 방법을 터득할 수 있었습니다. 알바와 일을 위해 약을 저녁에 몰아 먹었습니다. 수면시간을 일정하게 했고, 평소 물을 많이 먹고, 주기적으로 운동을 열심히 했습니다. 그렇게 심신을 단련했습니다. 당시에는 집중이 안 되어 책도 거의 읽을 수 없었지만, 반복적으로 치유를 위한 책 읽기와 글쓰기를 했습니다. 상담을 지속적으로 받다 보니 많은 책을 읽을 수 있었고 일기도 계속 썼습니다.

우유부단한 과거 모습을 벗어나려 매 순간마다 내 인생을 위한 선택을 했습니다. 하고 싶은 것을 실천하고 부정적인 감정은 표현했습니다. 대인관계에서 자기주장과 자기표현을 하고 다른 사람들에게도 하고 싶은 이야기를 했습니다. 요구할 것은 요구하고 부탁하는 것도 하게 되었습니다. 많은 시행착오와 노력이 있었습니다. 그 바탕에는 가족들의 노력이 있었습니다.

1995년도, 교육을 받은 가족들의 저에 대한 태도가 달라졌습니다. 부모님과 형제들을 포함해 저를 지지해준 친구들과 지인들과 멘토가 있었습니다. 부모님은 24세에 미국 이민을 가셨고 저는 한국에 남았습니다. 부모님은 떠나시기 전 알바를 하며 재활을 위해 노력하는 제 모습을 보셨습니다. 전 차차 경제적인 독립과 심리적인 독립도 이룰 수 있었습니다.

1999년, 25세에 교회 청년부를 다니기 시작했고, 정신재활 극복수기를 써서 우수상도 받았습니다. 저는 내면의 정신질환에 대한 여러 편견을 깨고자 일상생활에 도전했습니다. 그도 하고 그녀도 하는데, 나는 왜 못하겠는가? 라는 마음도 있었습니다. 그리고 신앙생활과 봉사생활을 통해 삶의 가치와 의미를 찾게 되었습니다. 주님의 은혜와 사랑을 알게 되면서 약을 먹을 때마다 '상처 입은 치유자'로 살게 해 달라고 기도했습니다.

10년간 태권도 사범 일을 한 후 영적인 기도를 하며 늦게 대학에 입학했습니다. 사회복지학과를 졸업하고 제가 원했던 병원 정신건강의학과 사회복지사로 일하게 되었습니다. 이 일을 하게 된 계기는 27세에 알게 된 '달리다쿰 공동체(기독교정신재활공동체)'에서 정신질환자의 회복에 대한 사명감을 가진 것입니다. 이후 한 길만을 바라보고 달리면서 37세부터 병원 사회복지사로 일하게 된 것입니다. 그러면서 27세부터 현재까지 20년 가까이 달리다쿰 봉사를 했습니다. 20대 초반에 폐쇄병동의 중증환자였던 제가 이제는 폐쇄병동의 치료진이 되어 환자분들을 교육하고, 상담하고, 프로그램을 진행했습니다. 30대 후반에 치료진으로 일하며 출근 때마다 기쁨에 가슴이 뛰었습니다. 그리고 누구보다도 성실히 일했습니다.

처음 1년간은 과거 함께 입원 생활을 했던 아는 환자분들을 만날까봐 두렵고 불안했습니다. 그러나 일의 가치와 보람을 느끼며 두려움과 불안을 극복했습니다. 환자를 보면 나의 모습을 보는 것 같아 진솔한 태도로 열심을 다해 도왔습니다. 다른 직원들에게는 나의 과거 병력을 숨기고 일했습니다. 종종 서로 융화하는 점이 부족하기도 했습니다. 그러나 배우는 자세로 잘못된 행동을 조금씩 고쳐가며 적응했습니다. 때론 일에 대한 스트레스가 높고 힘들 때도 많았지만 사명이라 생각하며 고비를 넘겼습니다. 그러자 원장님도 차차 인정해주셨습니다.

병원에서 급성기에 입원한 환자분들의 불안정한 모습을 보곤 합니다. 그분들이 격리되고 강박 되는 걸 보면 제 모습 같았고 공감이 되었습니다. 그분들의 마음고생을 알기에 최대한 인격적으로 대하려 했습니다. 가끔 제 옷이 찢어지거나 다치기도 했습니다. 그러나 그분들은 본래 순한 양 같이 선량한 분들임을 알기에 잘 인내했습니다. 저도 과거 20대 초반에 그런 모습으로 입원했었기 때문입니다. 그래서 그분들이 충분히 이해되었고 수용 할 수도 있었습니다.

환자분들이 회복되어 퇴원하는 모습을 보며 보람을 느꼈습니다. 회복되는 모습을 보면 제 모습같이 생각되어 저도 진심으로 기뻐해주었습니다. 그렇게 힘들 때도, 긍정적이고 적극적으로 생각하며 동료들과 협력해서 8년을 근무했습니다. 고단하고 위험한 순간들도 많았지만, 신앙 안에서 기도로 이겨냈습니다. 그렇게 두려움을 감당할 수 있었고 감사하며 보냈습니다. 이후 회복과정을 정리해서 정신건강 에세이 책을 썼습니다. 또한 지역사회 정신재활시설에서 정신장애인의 취업과 적응을 돕는 직무지도원으로 일했습니다.

그리고 2019년 7월부터 청주에서 정신질환 당사자와 가족들을 돕는 '회복의 등대' 모임을 시작했습니다.

회복의 비결을 말씀드리자면, 비합리적 사고에서 합리적 사고로, 합리적 사고에서 성경적 사고를 갖고 사는 것입니다. 매 순간 염려하기보다 지금 만족하고 내일 일은 내일 걱정하는 단순한 삶을 습관화해야 합니다. 전 오늘 스트레스는 오늘 풀고 매일 말씀과 기도 생활을 합니다. 또한 나의 나 됨은 주님의 은혜라고 고백합니다.

뇌 과학자들이 공통점으로 이야기하는 것이 있습니다. 뇌 회복의 6가지는 △감사 △운동 △기도 △공동체 △영성 △가족의 지지와 격려입니다. 이런 부분이 함께 가지 않으면 당사자와 가족들은 계속 고통을 겪습니다. 저도 이 6가지를 조건을 충실히 따르며 회복될 수 있었습니다.

이처럼 정신건강에 회복의 길은 반드시 있습니다. 당사자는 지금 자기 위치에서 할 일을 해야 합니다. 권리도 중요하지만 자기 의무도 충실히 해야 합니다. 자신의 병을 인식하고 인정해야 합니다. 삶에 희망을 갖고 하루하루 충실히 재기의 과정을 걸어가야 합니다. 늘 감사하면서 수면, 식사, 운동, 생활 패턴 잡기로 자기관리를 한다면 사회의 일원이 되고 남들과 더불어 살아갈 수 있습니다.

또한, 자기 안에 자리 잡은 편견을 타파해야 합니다. 사회의 편견보다 무서운 건 자기 병 안에 갇혀 사는 것입니다. 신세를 한탄하고 자기비하와 학대적인 태도도 버려야 합니다. 자신 안에서 스스로 만든 편견의 틀을 깨고 세상 밖으로 나와야 합니다. 자기 개방부터 할 때 당사자는 건강한 행동과 진실한 목소리를 낼 수 있습니다.

이는 삶을 변화시키는 나비 효과가 되어 세상 편견의 벽을 차차 무너뜨릴 것입니다. 정신질환은 회복되는 병입니다. 가족을 변화시키고 관계를 새롭게 하며 이 사회를 정화하는 역할을 합니다.

고통에는 뜻이 있습니다. 보다 겸비된 자로 쓰시며 자만하지 않게 하며 세상을 새로운 시각으로 보게 합니다. 한 사람 한 사람에게 의미 있는 삶을 살게 하고 사회에 기여하게 합니다. 자신의 자리에서 먼저 할 일을 하고, 작은 것부터 감사해야 합니다. 그것이 가족과 사회와 세상을 변화시키는 힘의 원천입니다. 그리고 깨닫고 느낀 것이 있다면 작은 것부터 실천해야 합니다.

인생 여정에 누구나 질병이나 아픔으로 인생의 위기를 겪을 수 있습니다. 고통이 올 때 남 탓하지 말고 자신을 돌아봐야 합니다. 자만하지 않고 현실에 충실하며 주님 앞에서 겸손과 진실함으로 나아가야 합니다. 그러면 고통 속에 귀한 뜻을 발견하고 주님의 선하심을 보게 됩니다. 그것을 통해 나를 성장시키시고 새롭게 하시는 것을 깨달을 수 있습니다. 그래서 주님께 더욱 가까이 나아가 그분을 잘 따라갈 수 있습니다. 그러므로 고난도 내게 유익입니다. 주님께서 나와 함께하심을 알게 하십니다. 저의 글 읽어주셔서 감사합니다. 이 글을 읽으시는 당사자분과 가족분들께 건강과 회복, 치유의 기쁨이 늘 함께 하시길 기도드립니다.

사람들이 죽지 않았으면 좋겠다

송유중
(한동대학교 국제어문학부 17학번)

1. 사람들이 죽지 않았으면 좋겠다.
나는 왜 지금도 살아있는 걸까?

2. 운 좋게도, 2018년 2학기에 학교에서 이관형 선생님을 만나 뵐 수 있었다. 그때 뵌 뒤로 선생님께 자주 연락을 드린 건 아니었지만, 페이스북을 통해 선생님의 소식을 종종 들을 수 있었다.

그러던 어느 날 선생님께서 내게 연락을 주셨다. 당시 나는 우울증이 다시 심해져 휴학을 하고 고향인 제주에 내려와 있는 상태였다. 선생님께서는 내게 『바울의 가시』 개정증보판에 넣을 수기를 부탁한다고 하셨다. 선생님의 말씀을 들었을 때, 사실 내 마음 속에서는 만감이 교차했다.

바로 전날 저녁, 나는 자살을 심각하게 고민하고 있었다. 나는 집 밖 근처의 공터에서 홀로 서성이고 있었다. 그곳은 가로수로 심어 놓은 나무들과 오래 전부터 있었을 돌담, 그리고 흙 위로 아무렇게나 자라난 풀들이 있는 고요한 곳이었다. 나는 그날도 그곳에서 홀로 엄청 괴로워하다가, 어떤 마음이 들었는지 모르지만 다시 집으로 발길을 돌리게 되었다. 그냥 또 그렇게 되었다.

그리고 다음날 선생님의 전화를 받고 수기에 관한 말씀을 들었을 때, 조금은 혼란스러웠다. 그때 내가 죽었으면 선생님께서 슬퍼하셨을까? 어제 자살을 생각한 내가 우울증 수기를 쓸 자격이 있긴 한 걸까? 정말 꾹 참고 하루 더 살면 이런 일도 생기는 건가?

그러고는 선생님께 쓰겠다고 대답을 했다. 나는 사실 기뻤다.

3. 사람이 죽었다.
또 사람이 죽었다.
이번에도 어김없이 자살이라고 한다.

오늘날 한국 사회에서 자살이 유별나거나 특이한 일은 아니다. 유명 정치인이 스스로 목을 매었고, 활발한 활동을 하던 연예인이 혼자 죽은 채 발견된다. 얼마 전, 내 친구의 친구가 개인적인 아픔을 더 이상 견딜 수 없어 돌아올 수 없는 선택을 했다는 이야기를 듣는다. 우리는 주변 사람들과 있는 자리에서 '타인의 죽음'에 대해 아무렇지도 않게 이야기한다. 오늘날을 사는 우리에게 죽음은 일상이다.

인터넷 뉴스 기사에서 자살을 했거나 자살 시도를 한 사람에 대한 기사를 볼 때면, 기사 말미에 항상 자살예방상담전화를 할 수 있는 번호가 몇 개 적혀 있는 걸 볼 수 있다. 우리는 매일 보는 자살 소식에 무감각해진 나머지, 이제 그 번호들을 보아도 아무렇지 않게 금방 다른 기사로 넘어가곤 한다.

 오늘날 내 또래의 젊은이들은 힘든 일이 있거나, 우울한 감정을 느낄 때 '자살하고 싶다'라는 말을 입에 달고 산다. 그들의 생각으로는 농담으로 그 말을 했을 것이다. 어쩌면 오늘날 우리가 살아가는 세상이 '자살'이라는 단어를 가볍게 쓸 수 있을 정도로 가혹한 걸지도 모른다. 그러나 나는 '자살'이라는 그 단어 앞에서 아무 말도 제대로 할 수 없다. 상대방에게 그저 어색함이 티가 나지 않도록 밝은 표정이라도 지을 뿐이다. 그 이유는, 나는 알기 때문이다. 나는 '자살'이라는 말이 무엇인지 알기 때문이다. '자살'이라는 말속에 담겨 있는 의미가 무엇인지 알기 때문이다. '자살'이라는 단어를 입 밖으로 꺼낸 상대방이 속으로는 그동안 얼마나 괴로워했을지, 차마 나는 짐작도 못 할 것을 알기 때문이다. 그러므로 그 순간 나는 어떤 말도 쉽게 내뱉지 못하고, 상대방의 마음이 지금 얼마나 힘든 것인지 나름대로 최선을 다해 느낄 뿐이다.

 나 스스로가 직접 우울증을 겪고, 자살에 대해 숙고하게 된 이후로, 나는 나 말고 다른 사람들이 많이 힘들지 않았으면 좋겠다는 생각을 한다. 특히 항상 최선을 다해 열심히 살아가는 내 또래의 젊은이들이 정말 힘들지 않았으면 좋겠다고 생각한다. 그러나 내가 이 세상에 살고 있는 모든 사람의 마음속을 들여다 볼 수는 없는 노릇이다. 그렇기에 적어도 바로 내 옆에 있는 사람에게서 조금이라도 힘들다는 이야기를 들으면, 그 목소리를 정확하게 듣고 조심스럽게 위로가 될 수 있는 말을 하고 싶을 뿐이다.

4. 나는 왜 지금도 살아 있는 걸까?

사실 이 질문은 내가 지금 살아 있어서는 안 된다는 의미의, 나를 부정하려고 하는 질문이 아니다. 내가 이 질문을 적은 이유는, 말 그대로 정말로 내가 지금 살아있는 게 신기하기 때문이다. 내 인생에서 그렇게 죽고 싶은 순간이 많았는데, 어떻게 살아남아서 왜 멀쩡히 지금 이 글을 쓰고 있는 걸까? 도대체 무엇이 나를 그동안의 어려움 속에도 살아 있게 해서, 여기까지 오게 한 것일까? 이제 정말 내게 아무 말도 필요 없는 것 같은 순간들이 있었는데, 말도 안 되게도 지금 왜 나 여기 있지.

내가 정말 우울해서 정말 미쳐버릴 것 같았을 때, 어머니께 여쭈어보았다. 어머니께서는 자신도 나랑 동생 낳고, 산후 우울증 때문에 몇 번 집 옥상에 다녀왔다고 한다. 그때 버틸 수밖에 없었던 이유는 두 아기의 얼굴이 생각났기 때문이라고 한다.

스무 살이 끝나가던 해의 12월, 나는 정신병원에서 퇴원하고 나서 아버지와 같이 지내게 되었다. 그러나 집에서도 종종 스스로를 제어할 수 없는 상황이 찾아오자, 아버지께도 여쭈어 보았다. 아버지께서도 가장의 무게가 너무나 힘겨울 때, 같은 집 옥상에 여러 번 올라갔었다고 한다. 그 당시 어머니와 아버지께서 해 주셨던 말씀들이, 당장 나의 힘겨운 마음을 해소해주지는 못한다고 느꼈을 수도 있다. 그러나 결국에는 내가 마음 가장 밑바닥에 있다고 느낄 때, 그분들의 말씀이 나를 살아 있을 수 있도록 버티게 해주는 문장이 되어주었다.

우울증이 심해져서 올해 봄 학기를 휴학하고 본가에 내려왔지만, 나의 마음과 몸 상태는 회복할 기미를 전혀 보이지 않았다. 우울증이 무엇인지 모르는 주변 사람들에게 "내가 지금 우울증 때문에 힘들다."라고 말하면, 그들은 가볍게 집 밖에 나와서 햇볕도 쬐고 운동도 하라고 말한다. 안타깝게도, 내게는 그런 말들이 사실 상처로 다가왔다. 우울증이라는 병은 다름이 아니라 바로 그 일상적인 생활을 못하게 만드는 병이기 때문이다. 어떤 날에는 침대에서 일어나지 못한 채 몇 시간을 누워 있었고, 또 어떤 날에는 집 밖으로 문을 열고 나가는 게 너무 두려워 나가지 못했었다.

남들은 다들 부러워한다는 제주도에 있었지만, 나의 정신 상태는 계속해서 위험한 수준을 넘나들었던 게 사실이다. 그렇다 보니 내 인생 처음으로 자살예방상담전화에 전화를 걸어 도움을 청하기도 했다. 전화를 걸 때마다 얼굴도 모르는 상담사 선생님께서는 나보고 '정말로 잘하고 있다'고 말씀해주시곤 했다.

그러던 어느 날, 나는 집 거실에서 어머니와 동생이 있는 가운데 자살을 하러 가겠다고 선포를 해버리고 말았다. 당장 어머니와 동생이 집 대문 밖으로 나가려는 나를 말렸고, 16살밖에 안 되는 어린 동생이 나를 향해 화를 내시는 어머니를 달래며 어머니와 나의 사이를 중재했다. 조금 마음을 가라앉힌 나는 어머니와 동생과 이야기하면서, 그동안 마음속에 꽁꽁 담아두었던 온갖 서러움과 억울함, 분노 등 온갖 부정적인 감정을 폭발시키고 말았다. 그 자리에서 세 시간을 넘게 소리 내며 울었던 것 같다. 그렇게 그동안 말하지 못했던 오랜 나의 아픔과 상처를 이야기할 수 있었다. 그렇게 다시 한고비를 넘겼다.

조금은 어이없게도, 그 사건 이후로 나의 마음과 몸이 다시 회복되는 느낌을 받기 시작했다. 종종 힘든 순간이 없었던 건 아니었지만, 나의 우울 경험 정도와 빈도는 서서히 줄어들게 되었다. 이렇게 다시 안정을 찾아갈 수 있었던 이유에는 정신과 말고도 다양한 병원에서 도움을 받았기 때문이기도 하다. 하지만 내게 무엇보다도 중요했던 건, 그날의 최악의 순간에도 언제나 나를 믿고 함께 해온 '가족'이 그 자리에 있었기 때문이다. 덕분에 내가 다시 살아보려는 용기를 가질 수 있었던 게 아닐까?

처음 우울증을 느끼고 정신과에 찾아간 것이 16살, 중3 때였다. 정신없이 입시로 고등학교 3년이 지나고 난 뒤, 스무 살부터 나는 우울증으로 고통받기 시작했다. 정신병원을 전전하다 처음 입학한 대학을 자퇴하고, 재수를 선택했다. 두 번째로 입학한 학교에서의 시간은 정말 행복했지만, 그렇다고 우울증이 나를 놓아준 것은 아니었다. 작년 하반기부터 다시 우울해하며 힘들어할 때, 나 자신을 포기하고 싶었던 적도 많았다.

내 마음이 지옥 속에서 고통 받을 때, 나 자신을 그냥 버리고 싶었을 때, 나는 더 이상 버티려고도 하지 않았던 것 같다. 말 그대로 그냥 그 시간 1초, 1분이 지나가기를 기다렸던 것만 같다. 그 순간은 마치 끝없는 터널을 계속 달리는 것 같이 느껴졌지만, 일단 어떻게든 앞으로 나아가려고 했다. 수십, 수백 번의 그러한 순간이 지난 지금, 나는 여기에 있다.

우울증으로 고통 받는 내 인생을 한 방에 구원해줄 수 있는 마법과 같은 해결책은 존재하지 않았다.

그러나 주기적으로 찾아오는 그 우울한 순간들을 잘 버티면서 넘길 때, 나는 조금씩 더 불확신을 확신으로 바꾸어 가며 단단해질 수 있었는지 모른다.

사람들 덕분에 살고 싶은 용기가 생긴 나는, 요즘 '사람들이 죽지 않았으면 좋겠다'는 생각을 자주 한다. 내가 나의 존재 의미를 잊어버렸을 순간에 남들이 나를 사랑해준 것처럼, 이제는 타인이 자신의 존재 의미를 잊어버렸을 순간에 내가 그를 사랑해주고 싶다. 그럴 자신이 생겼다.

결국 내가 지금도 이렇게 살아있는 이유는, 사람이 사람을 사람으로서 사랑하기 위해서가 아닐까? 나는 세상의 그 어떤 것도 사랑을 이길 수 있는 건 없다는 진리를 깨달은 것 같아 기쁜 마음이 든다.

당사자 아들을 둔 어머님의 회복간증

강진희
(당사자의 가족)

저는 히즈빈스(장애인 커피전문가를 양성하는 사회적기업)에서 바리스타로 일하는 아들을 둔 강진희라고 합니다. 간증을 하려 지난 일들을 생각하니 3일 가까이 울었던 거 같습니다. 이것은 슬픔이 아닌 기쁨의 눈물이었습니다. 가끔 간증하시는 분들의 말씀을 들으면 어려움을 극복해 낸 과정들이 대단하고 존경스러웠습니다. 그분들에 비하면 제 어려움은 아무것도 아닌 것 같았습니다. 어려움을 이겨낸 뒤에도 하나님의 일을 이루어가는 것이 대단하게 느껴집니다.

저는 결혼 26년차로 몇 년 전 10년 넘게 파킨슨병을 앓으시던 시어머니의 장례를 치렀습니다. 한 지인이 제게 "이젠 힘든 일 없겠네?"라고 농담을 했습니다. 저는 6남매 가정의 맏며느리로 시동생과 시누이 모두 다 결혼한 후였습니다. 그때는 정말 힘든 일도 없고 룰루랄라 놀러 다니겠네 싶었습니다.

제게는 아들이 두 명 있습니다. 제 생각에 우리 두 아들은 모두가 겪는 사춘기도 말썽 없이 보냈고, 대학 진학까지 잘 해줘서 대견하고 자랑스러웠습니다. 저는 당연히 그래야 한다고 생각했습니다. 참 얼마나 교만했는지요. 저와 남편은 열심히 살았고 아이들도 잘 키웠다고 생각했습니다. 큰아이는 서울에 있는 대학에 갔고, 작은 아이도 경산에 있는 대학에 가서 원룸을 얻어 자취 생활을 했습니다. 그런데 작은 아이는 방학이 되어도 집에 잘 오지 않았습니다. 컴퓨터 게임을 하느라고요. 중고등학교 때도 게임을 많이 했지만 다행히 대학은 괜찮은 곳에 갔습니다. 그러다 2009년 3월에 작은 아이가 군대를 가기 위해 학교를 휴학했고, 7월 4일 입영날짜를 받은 상황이었습니다. 그때도 아이는 밤에 게임을 하고 낮에는 잤습니다. 그래서 남편은 아이를 때리기도 하고 저도 협박을 했습니다. 그래도 게임습관은 나아지지 않았습니다. 안일하게도 군대만 가면 군기가 들여서 고쳐질 줄 알았습니다.

원래 저는 할머니를 따라 절에 다녔습니다. 작은 아이는 대학에 가더니 선배의 전도로 가까운 교회에 다니게 되었습니다. 아이가 교회에 다니니 저희 부부도 아들을 따라 교회에 갔습니다. 주일에 아이가 집에 오면 남편과 셋이 교회에 다녀오곤 했습니다. 아는 목사님은 말씀하셨습니다.

"교회만 다니면 아이도 잘되고 부자가 됩니다. 잘되는 집안은 다 교회를 다니니까 하나님을 믿으면 더 잘 될 겁니다!"

가족이 교회에 다닌 지 몇 달 안 되어 아이는 언제부턴가 교회 가기를 거부했습니다. 결국 저 혼자만 교회에 가곤 했습니다. 어느 주일날, 방에서 잠만 자는 아이를 끌고 억지로 교회에 갔습니다. 마침 상담을 전공하신 부목사님께서 아이와 이야기를 나누었습니다. 그리고 제게 말씀하셨습니다.

"아무래도 아이가 이상합니다. 심리검사가 필요할 거 같습니다."

저는 심각하게 생각하지는 않았지만 일단 아이를 데리고 병원에 갔습니다. 검사를 받고 2주 뒤 검사 결과를 보러 다시 병원에 갔습니다. 의사 선생님께서는 아이를 집에 데려갈 수 없다고 말했습니다.

"아이를 집에 데려가서 어떤 일이 벌어져도 저는 책임 질 수가 없습니다. 그러나 의사로서 아이를 방관할 수 없어요. 입원을 시켜야 할 것 같습니다."

그 말을 듣고 눈앞이 막막했습니다. 하지만 어쩌면 아이를 잃을 수도 있겠다는 생각이 들어 결국 입원시켰습니다.

입원을 시키고 한 달 후 병원에 갔는데 아이는 달라져 있었습니다. 살이 엄청 쪘고, 아이는 집에 가고 싶다며 울고 불었습니다. 저희 부부도 함께 울었습니다. 그때는 막연히 의사 말을 들어야 고칠 수 있을 거 같았습니다. 결국 3개월이 지나 아이를 퇴원시켰습니다.

저희 부부는 새로운 환경에서 다시 시작하고자 아이를 이사한 새 집으로 데려왔습니다. 그러나 아이는 여전히 집에서 계속 잠만 잤습니다. 정신과 약을 먹어서인지 손을 떨며 침도 흘렸습니다. 입이 마르니 입술을 계속 움직이고 정말 이상해 보였습니다. 그래도 치료하면 낫겠거니 싶었습니다. 사실 아이에게 별 관심이 없었습니다. 제 상황에서 이런 모습의 아이가 받아들여지지 않고 용납이 안 되었습니다. 병원에 다니며 약을 먹이면 괜찮아질 거라 생각했습니다. 그런데 며칠 안 되어 아이가 죽겠다고 손목을 그어 자해를 했습니다.

놀라서 병원에 다시 입원시켰다가 치료 후 또 다시 집에 데려왔습니다. 그런데 이제는 아빠도 무섭고 엄마도 무섭다고 했습니다. 집에 있는게 싫고 병원이 편하다며 다시 자해를 했습니다. 그렇게 또 병원에 입원시키기를 반복했습니다.

그때는 거의 잠도 못 자고 매일 남편과 술을 퍼마셨습니다. 정말 죽고 싶었습니다. 왜 내게만 이러는지, 내가 무슨 잘못을 했는지, 정말 억울했습니다. 남편은 일밖에 모르는 성실한 사람입니다. 저도 젊은 시절 평탄치 않은 가정사로 인해 도망치듯 남편과 결혼했습니다. 저희는 정말 열심히 노력하며 살았습니다.

이런 상황에서 아이가 이렇게 되니까, 더 좋은 일도 없을 것 같고 미래도 보이지 않았습니다. 공교롭게도 안 좋은 일만 반복되었습니다. 남편은 교회를 다닌 후 이렇게 되었다며, 제게도 교회를 다니지 말라고 강제적으로 협박을 했습니다. 결국 저도 교회를 안 가게 되었습니다. 그러다 우연히 한동대에서 상담하시는 교수님과 연결이 되었습니다. 저희는 개인상담, 부부상담, 가족상담을 몇 달간 지속했습니다.

한편으론 저는 그때 점도 치러 다니고 스님에게 몇 백만 원씩 주며 정성을 들이기도 했습니다. 서울에 괜찮다는 병원도 알아보러 다녔습니다. 정말 별짓을 다했습니다. 큰 대학 병원에서 뇌 사진도 찍고요. 생각하면 웃음만 나옵니다.

다행히 아이가 많이 나아졌다고 해서 2년 만에 다시 학교에 복학했습니다. 아이는 원룸을 얻어 학교를 다니다가 방학이 되어 집에 왔습니다. 그런데 아이는 약을 꾸준히 먹지 않았습니다. 며칠씩 잠도 자지 않고 밤을 지새웠습니다. 결국 다시 입원을 시켰습니다. 의사는 "계속 나아지다가 증상이 재발되는 걸 반복하면 호전될 수 없다"고 말하였습니다.

"병이 더 이상 악화만 안 되게 해야지, 다른 보통 사람들처럼 정상적인 생활은 힘들 겁니다. 학교는 생각도 하지 말고, 아이가 먹고 자는 것만으로도 다행으로 여기고 살아야 합니다."

아이를 다시 입원시키기 위해 학교도 휴학시키고 원룸도 정리했습니다. 그때는 정말 매일 울고만 다녔습니다. 그러다 문득 생각했습니다.

"내 삶은 왜 힘들기만 할까? 나는 행복한 적이 있었을까?"

그런데 행복한 순간이 떠올랐습니다. 제가 다닌 중학교는 기독교 재단의 학교였습니다. 수요일마다 억지로 예배를 드렸습니다. 그때는 제가 부모님 밑에서 잘 자랐던 거 같아요. 그게 하나님의 은혜가 아니었나 생각했습니다. 그래서 다짐했습니다.

"교회에 가자! 가서 무조건 하나님께 매달리자! 아이를 고쳐 달라고 무조건 기도 해보자. 내가 할 수 있는 게 없지만, 하나님은 꼭 고쳐 주실 거야."

제게 기도에 대한 의지가 생겨났습니다. 불안한 마음이 신기하게도 안정되었습니다. 그때부터 다시 교회를 다녔습니다. 남편도 교회에 가기 시작했습니다. 그 교회에도 상담을 전공하시는 전도사님이 계셨습니다. 거의 멘토처럼 저희 부부와 아이에게 상담을 해주었습니다. 분명 의사는 "아이를 못 고친다. 학교에 못 간다" 했었습니다. 그런데 저희 부부는 아이를 집에 데려다 놓고 물었습니다. 다시 학교에 다닐 생각이 있는지 묻자, 아이는 다시 가고 싶다고 말했습니다. 그래서 복학을 시켰습니다.

사실, 집에서 놀거나 잠만 자는 아이를 하루 종일 바라보는 것이 힘들었습니다. 그래서 복학을 시켰고, 원룸 대신 집에서 통학을 시켰습니다. 그렇게 먼 거리 통학을 하면서도 학교를 졸업할 수 있었습니다.

제 지인들은 "그런 일이 있을 수 있느냐?"며 놀랍니다. 전 정신질환을 앓는 자녀를 둔 몇 가정들을 알고 있습니다. 그분들은 제 아이가 학교를 졸업했다는 말에 깜짝깜짝 놀랍니다. 저는 이것이 기적이라 생각합니다. 제가 교회를 안 가고 하나님께 돌아오지 않았다면 저희 가정은 벌써 깨졌을 겁니다.

졸업하고 또다시 아이가 집에만 있으니 전 잔소리를 하게 되었습니다. 그러다 아이가 포항의 정신재활시설인 '브솔시냇가'에 가겠다고 말하는 겁니다. 거기서 커피 교육도 해준다고 했습니다.

결국 아이는 커피 만드는 기술을 배워 '히즈빈스'에 바리스타로 취업을 했습니다.

제가 실제로 겪으면서도 정말 믿어지지 않았습니다. 아이는 일도 곧 잘하고 착하다며 칭찬을 받는다고 합니다. 정말 모든 것이 감사합니다. 주변에서 많이 도와주시고 이쁘게 봐주시니까 그런 거라 생각합니다. 저희 남편도 교회를 착실히 잘 다니고요.

아무나 못 하는 일을 교회와 브솔시냇가를 통해 이룰 수 있어 감사합니다. 저는 제가 가장 힘들게 살았고 억울하다고 생각했습니다. 그렇게 힘들게 살면서도 아이들이 잘 자라는 게 다 제가 잘나서라고 생각했습니다. 정말 어리석었죠. 사람들은 나름대로의 아픔과 상처를 갖고 사는 것 같습니다. 그 모든 것이 내 상처가 되는 게 낫지, 자식의 아픔과 상처가 되는 건 가장 힘들다고 생각합니다.

모든 가정의 자녀들이 아프지 않았으면 좋겠습니다. 저는 늘 불안감이 많았습니다. 남을 믿지 않았고 저 자신도 믿지 않았습니다. 세상에 되는 일보다 되지 않는 일만 생각했습니다. 남편도 그런 제게 말하곤 했습니다.

"당신은 왜 일이 생기면 안 되는 것만 생각해?
 참 이상한 사람이네!"

그런 제가 이제는 모든 것이 될 거라고 생각합니다. 왜냐하면 될 때까지 하기 때문이고, 또한 하나님이 함께 하심으로 반드시 이루어질 거라 생각하기 때문입니다. 제가 할 수 있는 일은 없다고 생각합니다. 다만 할 수 있는 노력은 다하고 기다리는 것이 최선이라 생각합니다.

저는 앞으로 더 이상 힘들지 않고 좋은 모습으로 살겠습니다. 왜냐하면 씩씩하게 사는 하나님의 자녀가 되고 싶기 때문입니다. 만일 또다시 좌절과 어려움이 와도 이겨낼 것입니다. 왜냐하면 하나님께서 함께 해주심을 믿기 때문입니다.

하나님의 사랑으로 기적 속에서 사는 것을 감사하겠습니다. 예수님 보혈로 죄 사함을 받았음을 잊지 않고, 죄를 짓지 않고 겸손하게 살려 노력하고 있습니다.

오늘은 어제보다 티끌만큼이라도 나아졌습니다. 몇 년 전, 몇 달 전을 생각하면 장애인 분들이나 저, 그리고 우리 모두 분명히 나아졌다는 사실을 알 수가 있습니다. 조금씩 낫기 위해 산다고 생각합니다. 정신질환 장애인들은 그 효과가 더디게 나타날 수도 있습니다. 그러나 천천히 꾸준히 치료하고 기다리면 분명히 나을 거라 생각합니다. 끝까지 믿음으로 병을 이겨냈으면 좋겠습니다. 그러기 위해선 가족들, 특히 엄마의 힘이 가장 중요합니다. 지금의 평안함과 강건함과 모든 것을 예수님 은혜로 알았고 하나님께 영광 돌립니다.

오늘 제가 말씀드린 제 가정과 제 아이들 이야기가 정신질환으로 고생하는 당사자와 가족들에게 힘이 되고 좋은 예가 되었으면 합니다. 우리 아들, 우리 브솔 친구들, 가족 모두에게 격려와 응원을 보냅니다. 함께 이겨냈으면 좋겠습니다.

사랑합니다. 고맙습니다.

사랑만 하겠습니다

백윤미
(서울정신요양원 원장)

하나님께서 정하신 눈물의 기도. 그 기도의 양이 차오르면 하나님이 일하시는 날이 올 것이라는 마음으로 살아갑니다.

"나의 유리(流離)함을 주께서 계수하였으니 나의 눈물을 주의 병에 담으소서 이것이 주의 책에 기록되지 아니하였나이까 내가 아뢰는 날에 내 원수가 물러가리니 하나님이 나를 도우심인 줄 아나이다 내가 하나님을 의지하여 그 말씀을 찬송하며 여호와를 의지하여 그 말씀을 찬송하리이다." (시편 56:8-11)

매일 아침마다 절박하고 간절한 마음으로 기도합니다.

"모든 것 되시는 주님. 나는 아무것도 할 수 없습니다. 나는 저 많은 분들의 기가 막힌 삶과 사연을 위로할 능력이 없습니다. 오직 하나님만이 우리를 위로하시고 다스리실 수 있습니다. 이곳을 하나님이 일하시고 만지시며, 앓고 있던 마음들을 회복시키는 하나님의 능력을 모두가 바라보게 하여 주시옵소서. 당장 눈앞에 보여 지는 것들이 아니라 길고 크신 하나님의 계획과 일하심에 대해 신뢰하고 주님만 바라보며 이 하루를 살아가게 하시옵소서. 우리 가족들의 이루 다 표현할 수 없는 아픔들을 만지고 품어 주시옵소서."

제 능력으로는 감당하기 힘든 부분들이 많기 때문이지요.

"왜 하나님은 나에게 이런 길을 걷게 하셨을까. 왜 하나님은 나에게 이렇게 책임감이 크고 어깨가 무거운 일을 맡기셨을까. 내 삶 하나도 잘 추스르지 못하는 연약한 자인데 하나님은 도대체 무슨 마음으로 300명이나 되는 정신장애인과 직원들의 삶을 나에게 맡기셨을까."

이곳은 만성정신장애인 약 270명이 살아가는 정신요양원입니다. 즉 발병한지 짧게는 10년, 길게는 40년이 넘어가는 조현병 환자들이 몸과 마음의 쉼을 위해 살고 계시는 곳이지요. 지하철에서 정신장애인을 한명만 보아도 사람들의 시선은 예사롭지 않은데, 그런 분이 270명이나 살고 계신 곳이라면 쉽게 상상이 되실지 모르겠습니다. 이름만으로는 참 조용한 듯 보이는 정신요양원. 그러나 그 속에서는 매일 매일 새로운 일들이 벌어집니다.

환청으로 보이지 않는 누군가와 계속 싸우시는 분, 일반적이지 않은 행동을 하시는 분, 피해망상으로 다른 사람이 나를 모함했다는 내면의 목소리와 끊임없이 다투셔야 하는 분, 정신과 약 부작용으로 여러 가지 신체적 고통에 시달리시는 분, 일주일이 넘도록 잠을 못 자고 배회하시는 분 등. 270명의 괴로움이 어쩜 그리 같은 부분이 없이 다 다른지 모르겠습니다.

그런 힘겨운 마음의 언덕들을 바라보고 하루하루 넘어갈 때마다 그저 아픈 가슴만 부여잡고 기도합니다. 도대체 제가 이 많은 분들을 위해 할 수 있는 게 아무것도 없는데, 제가 어떻게 이분들의 삶을 도울 수 있겠냐고 말입니다. 그럴 때마다 하나님께서 조용하고 세밀하게 말씀하시는 것들이 느껴집니다.

"너는 황무지에 기도로 나무를 심는 사람이란다. 네 기도의 양이 차올라 나의 시간이 오면, 사랑으로 서로를 감싸주고, 갈라져 있던 마음들이 다시 끈끈하게 엉겨 붙고, 진심과 안아줌이 있는 곳으로 바뀔 거야. 푸른 숲을 만들기 위해 황무지에 나무 한 그루씩을 천천히 심는 마음으로 그저 사랑만 하고 살아가렴. 네가 특별히 해야 할 것은 없어. 네가 해야 할 일은 그 사람들을 품어 주고 기도만 하면 된단다. 사랑만 하면 된단다. 반드시 그러한 예수 그리스도의 시간들이 올 것이고, 이곳에 있는 나의 자녀들이 마음으로부터 웃을 날이 올 것이란다."

그 음성만 붙잡고 하루하루를 살아오며 사무국장과 원장이라는 직분을 감당한 지 4년째, 아침마다 출근 직전 잠시 차 안에서 기도할 때마다 하나님은 마음속에 확신과 위로를 주시고, 그날그날 사랑할 수 있는 힘을 주셔서 사랑으로 살아나가고 있습니다.

물론 그 과정을 온전히 이겨 나가는 것이 쉽지는 않습니다. 평생을 상처 속에 살아오며 조현병이라는 상자 안에 자기를 가둬, 보호하지 않고서는 도저히 목숨을 부지할 수 없었던 기막힌 시간들. 그 길을 평생 걸어오신 분들이니 그 분노와 억눌림, 슬픈 마음들이 오죽할까요. 이유도 없이 생겨야 했던 인생의 상처와 누굴 향해야 할지도 모르는 깊은 분노가 자기 자신에게, 같이 사는 방 식구에게, 본인들을 모시는 직원에게 화살로 돌아가 서로가 서로를 아프게 하는 반복이 일어날 수밖에 없는 아픈 곳입니다.

하지만 오늘도 살아갑니다. 하나님이 그 마음들을 품어 주시기만을 바라며 기도합니다. 그 상처가 또 다른 상처를 만들어 내어 계속 악한 영의 노예와 쓴 뿌리가 되지 않게 해달라고 그저 기도만 하며 살아갑니다. 또한 이곳에서 수많은 분들의 상처를 온몸으로 받아내느라 영혼이 소진되어버린 우리 직원들과 가족들이 내 마음처럼 진짜 서로 안아주고 서로 사랑하고 서로 이해하는 곳이 되겠지 하는 마음으로. 기도하는 자의 심성을 하나님께서 관심 있게 듣고 계신다는 믿음으로 말입니다. 우리는 이 땅에서 잠시 머물다 천국에서 만날 식구들입니다.

"내 사랑하는 형제들아 들을지어다 하나님이 세상에서 가난한 자를 택하사 믿음에 부요하게 하시고 또 자기를 사랑하는 자들에게 약속하신 나라를 상속으로 받게 하지 아니하셨느냐"

(야고보서 2장 5절)

무언가 기적 같은 일이 요양원 가족들에게 일어나길 바라며 기도해 왔던 과거에 비해, 요즘은 어떤 큰 결과물보다도 이렇게 기도로 정신장애인들과 하루를 살아가는 과정 자체가 은혜라는 것을 깨닫게 됩니다.

요양원에 발령받은 첫날, 저도 모르게 하나님께 이런 기도를 드렸습니다.

"하나님, 내가 잘할 수 있는 건 아무것도 없지만, 단 한 가지는 지키겠습니다. 생활인을 위해 매일 예배를 함께 드리는 사람이 되겠습니다. 영혼을 살리는데 필요한 자들이 동서남북에서 달려올 수 있도록 사람들을 보내주십시오"

그런 제 마음의 중심을 하나님께서 보셨겠지요. 예배를 돕기 위해 목사님이 찾아와 주시고, 함께 기도해주는 동역자들이 생기고, 찬양 사역자들이 요양원에 오시기 시작했습니다. 여기저기에서 요양원을 보겠다고 오는 사람들도 생기고, 기도로 돕겠다는 사람들이 늘어나기 시작했습니다.

예배를 드리기 시작하니 하나님이 정말 셀 수 없는 많은 복을 부어 주시는 것들이 놀라웠습니다. 예배 시간에는 늘 감격이 넘쳤고, 하나님께서 한 사람 한 사람의 마음을 만져주시는 것이 그분들의 표정에 드러났습니다. 함께 예배를 드리던 직원들은 늘 성령이 주시는 감동으로 눈물 흘렸습니다.

2018년 8월은 정말 제가 이곳에서 근무한 많은 날 중 가장 잊을 수 없는 날 중 하루였습니다. 요양원 가족 중 하나님을 영접하고 싶어 하시는 분 80명을 모시고 세례식을 진행했지요.

"예수그리스도를 당신의 구주로 인정하십니까?"라는 목사님의 질문에 "아멘!!" 하고 목이 터져라 큰소리로 외치는 한분 한분의 목소리를 들을 때마다 가슴에서 울컥하고 눈물이 터져 나왔습니다. 이토록 이분들이 오랜 시간 동안 하나님을 기다리고 그리워하고 사모했구나 하는 마음에 그저 눈물만 흘렸습니다. 바울의 가시를 짊어진 수많은 사람들, 조현병이라는 가시덤불 속에서 샤론의 꽃이 피어난 듯한 감격의 시간이었습니다.

또 한가지 놀라운 일이 있었습니다. 그날, 평소에 예배를 한 번도 드리지 않던 가족 중 임OO님이 세례식에 오시더니 갑자기 세례를 받으시겠다는 겁니다. 그래서 바로 예수 영접에 대한 고백을 받고 세례를 진행한 후 예수님을 영접하였고 천국 백성이 된 것을 축하해 주었지요.

그런데, 세례식이 진행되고 바로 다음 날, 급작스러운 사고로 임OO님이 하늘나라에 가시게 되었습니다. 너무나 급작스러운 사망 소식이라 당황스럽고 슬펐지만, 한편으론 감사했습니다.

"아, 하나님이 우리 임OO님을 자녀로 삼아주셔서 하늘나라에 데려가시려고 세례식에 부르셨던 것이었구나!! 천하보다 귀한 한 생명을 포기하지 않으시고 이렇게 품어 주셨구나!!"

너무나 감사하여 또 한 번 눈물을 흘릴 수밖에 없었습니다. 우리의 짧은 인생 뒤에 영원한 세상이 있음은 분명한데, 당신의 자녀를 구원하시려고 그렇게 영접을 시키신 하나님의 섭리가 너무나 놀라웠습니다. 지금쯤 사랑하는 임OO님은 하늘나라에서 하나님 옆에 앉아 행복하게 웃으면서 제가 이렇게 글을 쓰는 것을 보고 있겠지요.

한 사람도 소홀히 여기지 아니하시고 천하보다 귀하게 여기시는 하나님의 깊고 놀라운 사랑을 찬양합니다.

어느 날이었습니다. 요양원 가족분과 예배를 드리고 나서 뒷정리를 하는데, 한 자매분이 저에게 찾아오셔서 활짝 웃으면서 이런 말씀을 하셨습니다.

"원장님, 사랑해요. 원장님, 우리 꼭 천국에서 만나요!!"

이 말씀을 하는데, 제가 그만 그 자매를 끌어안고 엉엉 울어버렸습니다. 세상에서 버림받고, 평생 바울의 가시 같은 고난을 짊어진 채, 가족도 친구도 돈도 없이 외롭고 가난하게 살아가는 이분들에게 진정한 위로와 소망은 정말이지 천국밖에 없기 때문입니다. 제가 이분들을 가슴에 품고 기도하는 단 한 가지 기도 제목이기도 합니다. 세상에서 이렇게 낮은 위치로 살았으니 천국에 가서는 꼭 하나님의 옆자리에 앉게 해달라고, 저는 찬 바닥에 앉아 있어도 좋으니, 평생 이 땅에서 고생만 하신 이분들은 천국에서 제일 좋고 따뜻하고 예수님이 잘 보이는 자리에서 영원히 행복하게 해달라고요.

가장 약하고 아프고 서러운 사람들의 마음을 아시고 끌어안아 주신다는 것이 얼마나 큰 위로가 되는지요. 우리 가족들이 하나님의 사랑 안에서 그 위로를 받고 산다는 것이 가장 감사합니다. 친구처럼, 엄마처럼, 자식처럼. 하루하루 사랑하는 게 가장 큰 목표입니다.

"너희가 만일 성경에 기록된 대로 네 이웃 사랑하기를 네 몸과 같이 하라 하신 최고의 법을 지키면 잘하는 것이거니와 만일 너희가 사람을 차별하여 대하면 죄를 짓는 것이니 율법이 너희를 범법자로 정죄하리라"(야고보서 2장 8절)

요양원에 오고가는 수많은 사람들이 있습니다. 각자 다른 형편과 다른 처지에 계신 다양한 분들. 그분들을 볼 때마다 제가 늘 간곡하게 부탁하는 말이 있습니다.

사회복지현장실습생이 실습을 하러 오면 항상 저와 대화하는 시간을 갖게 되는데, 저는 이렇게 말합니다.

"선생님이 사회복지를 하기로 마음먹은 이유가 무엇인가요? 사람을 사랑하는 마음이 선생님 안에 있나요? 혹시라도 사람을 긍휼히 여기는 마음이 느껴지지 않는다면 사회복지는 하지 말아주세요. 사람에 대한 긍휼함이 없다면 선생님이 하는 사회복지는 사람을 더 아프게 할 수 있어요. 선생님 안에 사람을 향한 사랑이 있는지 먼저 확인해 주세요"

나이가 많은 보호자가 자녀를 보러 오실 때 저에게 이런 말씀을 하십니다.

"내가 이제 이게 마지막 면회가 될 것 같아. 기력도 없고..
이제 내년에는 못 올 것 같아서 오늘 마지막으로 보러 왔어.."

글로는 다 표현이 안 될 만큼 참 애이고 가슴 아픈 말이지요. 그때 저는 일부러 씩씩하게 말합니다.

"어머니! 우리 OO님 정말 잘 지내고 계세요. 밥도 잘 먹고, 약도 잘 드시고, 밖에 외출도 자주 하세요. 어머니 절대 걱정하지 마시고, 우리 선생님들이 가족처럼 잘 챙겨드리니까 마음의 짐을 놓으세요. 그리고 어머니, 나중에 마지막 가시는 길에도 OO님 걱정하지 마세요. 저희가 어머님보다 더 사랑으로 모실게요. 그러니까 어머니는 어머니 건강만 잘 챙기세요. 아셨죠? 저희가 진짜 행복하게 모실게요."

매일매일 우리 요양원 가족을 모시는 직원들에게는 이렇게 부탁합니다.

"항상 내 엄마라고 생각해주세요. 내 엄마가 지금 여기서 살고 계시다면 어떻게 해드리겠어요? 내 자식이 지금 저 방에 있다면 어떻게 하시겠어요? 늘 그 마음으로 쳐다봐주세요. 항상 공경의 언어를 써주시고, 섬겨주세요. 사랑하는 마음으로 이해하려고 노력해주시고, 빈 가슴을 위로해주세요."

물론, 내 몸처럼 사랑하며 사는 것이 결코 쉽지는 않습니다. 그러나 그것이 하나님이 우리 삶 속에서 이루고자 하는 가장 중요하고 귀한 사명이기에 이 사명만큼은 놓치지 않고 온전히 이루어나가려고 생각합니다.

저에게 있어 요양원은 사명지입니다. 이곳에 하나님이 주신 사명은 이곳에서 살고 계신 분들을 온전히 사랑으로 섬기는 것입니다. 이곳에 계신 분들이 이생에서 짧은 여행을 하고 떠나가실 때, "가난하고 아팠지만, 요양원이 있어서 그런대로 행복한 여행이었노라!"고 말씀하시며 하나님 곁으로 가실 수 있게 기도로 이 사명을 잘 감당하렵니다.

회복의 여정 중에 있는 당신에게

조용혁
(아주대학교병원 정신건강의학과 전공의)

#1.

낮병원 프로그램을 마치고 밀린 병동일, 협의 진료 등에 마음이 급해 황급히 프로그램실을 빠져 나오려는데, 회원 한 분이 나를 붙잡고 수 초 간 뜸을 들이더니 조심스럽게 질문을 한다.

"선생님, 저 낫고 있는 건가요?"

스물을 갓 넘긴 청년의 얼굴엔 수심이 가득하다. 1년 전, 이 청년은 자신은 물론 부모조차 이해할 수 없는 행동과 생각으로 인해 내가 수련 중인 병원의 폐쇄병동에 입원을 했다. 그가 만난 첫번째 정신과 의사였던 나는 입원기간 중의 소견을 종합하여 그에게 '조현병(Schizoprenia)' 진단을 내렸다.

평소 운동을 좋아했고 속이 깊어 말썽 한번 부리지 않았던 외동아들에게 조현병 진단이 내려졌을 때, 그의 어머니는 내 앞에서 하염없이 눈물을 흘리셨다. 나와 어머니의 간절한 바람과는 다르게, 그는 여러 약물치료에도 불구하고 증상이 호전되지 않았다. 약물을 변경해서 좀 더 입원치료를 하자는 말을 전할 때마다, 그의 어머니는 한참 동안이나 눈물을 흘리셨다.

결국 그는 다른 환자에 비해 2배 이상 오랜 기간 입원치료를 하였고, 클로자핀으로 약물을 변경한 뒤에서야 다소간의 호전을 보여 퇴원을 할 수 있었다. 퇴원을 하던 날, 그에겐 입원 당시 보였던 공격적인 모습도, 무언가에 홀린 듯한 모습도 보이지 않았다. 그리고 입원기간 중 정기적으로 기록하던 정신병적증상 평가척도의 점수도 상당히 나아졌다.

하지만 그런 결과들이 무색할 정도로, 빠릿빠릿했던 과거의 모습과는 달리 무언가 둔해 보이고 다소 얼이 빠져 보이는 모습, 불안해하는 표정에 그의 어머니는 나에게 조심스레 질문을 해왔다.

"선생님, 조현병도 완치가 되겠지요?"

#2.

　'완치'는 일반적으로 '병을 완전히 낫게 함'을 의미한다. 예를 들어 특정 감염질환에서 원인이 되는 균이나 바이러스를 우리 몸에서 박멸하고 이로 인한 증상이 더 이상 나타나지 않는 상태로 돌아왔다면, 그리고 환자의 입장에서는 그에 따르는 후유증도 일상 생활에 거의 영향을 끼치지 않는 경미한 수준이라면, '완치'라는 단어를 쓸 수 있을 것이다. 또한 암을 완전히 제거하고 이후 5년간 재발이 없었을 경우, 또는 신체적 구조 이상들을 수술로 교정한 경우에도 '완치'라는 말을 쓸 수 있다.

　하지만, 학생시절 배웠던 수많은 질환들 중 위에서 언급한 조건에 맞는 질환은 생각보다 적다. 특별히 정신의학에서 다루는 질환들 중에서 '완치'를 이야기 할 수 있는 질환이 얼마나 있을까? 신체의 구조적인, 생리학적인 문제에서는 '완전히 낫는다'라는 말을 쓸 수 있지만, 정신질환에서 그 말을 그대로 쓸 수 있을까?

　정신질환은 몇 가지 특수성을 가진다. 우선 현재까지 진행된 수많은 연구에도 불구하고 아직 원인에 관한 추가적인 연구가 필요한 질환들이 대부분이다. 그리고 개인의 유전자적 이상이 원인에 깊게 연관되어 있는 경우도 많기 때문에 원인 자체에 대한 치료적 접근이 어렵다. 이뿐만 아니라 증상 자체가 인지기능, 감정, 현실검증 능력에 변화를 초래하여 한 개인의 삶 전반에 영향을 주기에, 정신과에서 말하는 치료의 범위는 단순히 증상 자체를 치료하는 것을 넘어선다. 때문에 정신질환의 치료에 있어서 의학적인 부분을 넘어 심리적, 사회적, 경제적 부분 등 다양한 삶의 측면들이 다루어져야 하고, 이를 위한 여러 전문가들과의 소통과 협력은 필수다.

하지만 정신질환에 대한 사회적 편견, 무지에서 오는 막연한 두려움, 그리고 의료사회를 둘러싸고 있는 여러 한계 속에서 우리는 정신질환의 특수성과 궁극적인 치료목표에 대해 소통하고 협력하지 못했다. 그 결과, 우리 사회는 정신질환의 '치료'보다 '격리'를 기대하고, 궁극적인 치료의 목표를 개인의 삶이 아닌, '증상'으로 한정시키는 비치료적이고 때로는 폭력적일 수 있는 접근을 하였다. 더욱 안타까운 것은 정신질환을 둘러싼 여러 전문가 그룹에서는 서로의 관점에서 이해한 정신질환만을 주장하며 서로에게 책임을 넘기거나 비난을 마다하지 않는다는 점이다.

#3.

나는 정신질환의 궁극적인 치료목표에 정해진 답은 없다고 생각한다. 앞에서 언급한 그 청년 또한 의료기록 상에는 '조현병'이라는 여느 조현병 환자와 같은 진단명과 환청/망상으로 수렴되는 공통된 정신병리에 대한 내용이 채워져 있을 것이다. 그러나 조현병은 애초에 질병의 스펙트럼이 넓은 질환이며 이 세상에서 똑같은 삶의 이야기가 없듯이, 이 세상에 똑같은 환청과 망상은, 똑같은 조현병은 없다. 분열된 자아 속에서 신음하는 각자의 이야기가 있을 뿐이다. 환자가 진단 받은 조현병은 그의 인생만큼 독특한 것이다. 이러한 까닭에 나는 '조현병' 환자를 대할 때 개개인의 유일성, 독특성에 집중하려고 한다. 그의 인생 이야기 속의 주인공이 환자, 자신이 아닌 보호자나 담당의인 내가 되지 않도록 스스로를 돌아보고 경계한다. 그리고 이러한 고민의 연장선에서 이 환자의 치료목표도 기존의 정형화된 틀로 획일화시키는 것에 대해서는 주의를 기울여야 한다.

정신질환이 인간의 다양한 삶의 측면에 영향을 준다는 점, 그리고 '조현병'이 현재의 정신과학의 패러다임상 하나의 질환명으로 분류될 수 있지만 실상은 '분열된 자아 속에서 신음하는 각자의 이야기'라는 점. 이러한 측면에서 나는 개인적으로 '완치'라는 단어는 치료의 범위를 개인의 삶과 그 삶을 둘러싼 환경에까지 확장하지 못한 채 환자의 문제와 증상의 소멸만으로 한정시킬 위험이 있으며, '완치'라는 일반화되고 획일화된 관점으로 환자의 치료를 몰고 갈 수 있는 위험이 있다고 생각한다. 때문에 나에게 '완치'에 대하여 질문하는 환자와 보호자들에게 나는 '완치' 대신 '회복'을 이야기한다.

사실 'Recovery'라는 단어는 우리에게 아주 익숙한 용어다. 특별히 현대의 정신과학/심리학 분야에서 'Recovery'의 개념은 빠질 수 없는 것인데 번역을 하는 사람에 따라 '회복', 혹은 '재기'라고 번역된다. 몇몇 전문가들은 '회복'이라는 단어가 은연중에 '특정 상태로의 회기'를 암시할 수 있다고 하여 좀 더 진취적인 의미로의 '재기'를 사용하자고 주장한다. 하지만 개인적으론 '~로의'와 같이 방향성을 제시함에 있어 재기보단 회복이 더 자연스럽다고 생각하고, 삶의 주권을 질병으로부터 자신에게로 다시금 되돌렸다는 의미를 전달하고 싶어 나는 'Recovery'를 '회복'으로 표현한다.

나는 회복이라는 단어를 생각할 때면 여행과 관련된 이미지가 함께 떠오르곤 한다. 더욱이 조현병을 포함한 정신질환에서의 회복을 생각할 때면, 피터 잭슨 감독의 <반지의 제왕>이라는 판타지 장르의 영화가 떠오르곤 한다. 악의 군주 사우론에 대항하여 절대반지를 파괴할 임무를 맡은 프로도의 험난한 여정이 마치 내가 만나는 조현병 환자의 '회복의 여정'과 닮았다고 생각하기 때문이다.

이 영화는 앞서 언급했듯이 판타지 장르이기 때문에 마법이나 절대 악이라는 개념, 그리고 인간 외에도 호빗, 엘프, 드워프, 오크 등의 종족이 등장하는 여러 상상적 요소들로 구성되어 있다. 특별히 개인적으론 이 영화 속의 주인공인 프로도가 판타지 세계관에서 여러 종족 중 가장 체구가 작고 힘도 약하며, 그저 소소한 삶을 추구하는 호빗 종족이라는 점을 참 흥미롭게 생각한다.

영화의 시작에서 프로도는 조용한 마을에서 안락하고 즐거운 삶을 살고 있었다. 그런 그에게 어느 날 갑자기 절대반지를 파괴하는 위험한 임무가 주어진다. 그는 험난한 여정을 떠나기엔 아직 어린 나이고, 체구도 작고 연약해 보이며, 할 줄 아는 것이 거의 없어 보였다. 그와 여정을 함께 한 인간 기사 아라곤이나 마법사인 간달프, 엘프 궁수인 레골라스와 비교해서는 말할 것도 없고 심지어 그와 같은 종족인 샘보다도 말이다. 3부작으로 만들어야 할만큼의 긴 여정의 영화 속에서 프로도는 대부분의 경우 무력했고 우유부단했다.

나는 영화를 보며 그가 아닌 다른 강하고 멋진 동료들 중 하나가 주인공을 했다면 훨씬 더 이야기가 재밌게 진행되지 않았을까 하는 생각을 영화 내내 떨쳐버릴 수 없었다. 그만큼 프로도는 주인공으로 매력적이지도, 강하지도, 적합하지도 않아 보였다.

그러나 3부작이라는 대단원의 결말에 다가갈수록 프로도는 여전히 작고 유약하지만, 끊임없이 성장을 했고 결국 그 어떤 강한 동료들도 해낼 수 없었던 자신만의 싸움, 바로 절대반지를 파괴하는 임무를 완수하게 된다.

#4.

누군가는 이러한 나의 비유에 동의하지 않을지도 모르겠다. 나의 비유를 환자에 대한 일종의 비하나 과소평가로 느껴 불편한 마음이 들지도 모르겠다. 나 스스로도 몇 년의 시간이 더 지난 뒤엔 나의 비유에 대한 한계를 느끼며 지금의 생각을 부끄러워할지도 모른다. 하지만, 지금까지 환자와 보호자를 만나며 그들의 회복을 함께하는 과정에서, 나는 종종 그분들에게 <반지의 제왕>을 언급하며 우리가 앞으로 함께할 회복의 여정은 이와 같다고 이야기하곤 한다.

첫째로 나는 가장 먼저 환자가 이 회복의 주체임을 이야기한다. 이 여정의 주인공은 바로 환자 자신이라고 말이다. 영화에서 프로도는 큰 일을 맡기에는 능력도 없고 약해 보였다. 그러나 그 일을 완수할 수 있는 것은 프로도 한사람 뿐이었고, 그는 이 짐을 수없이 벗어버리려는 유혹에도 불구하고 끝까지 지고 가기로 결심한다. 그리고 그 과정에서 그는 주변은 물론 자기 자신도 알지 못했던 자신의 강함, 쓰러지고 쓰러져도 다시금 일어나 풋대를 향해 나아가는 회복력(resilience)을 발견한다.

나는 이런 모습을 환자의 회복 과정에서 수없이 발견한다. 그 강함은 누군가가 그 짐을 대신 지웠으면 절대 발견할 수 없었던 것이었다. 따라서 나는 누구보다도 환자를 사랑하고 그들의 회복만을 바라는, 그래서 지푸라기라도 잡는 심정으로 의사에게 의지하고자 하는 보호자에게 힘을 주어 말한다: 보호자와 나의 역할은 주인공인 환자를 지지하고 조력하는 역할이라고 말이다. 그래서 자신의 의견과 일치하지 않더라도 환자가 정한 회복의 방향을 존중해 주어야 하며, 환자의 호흡에 맞추어 완급을 조절해야 한다고 이야기한다.

하지만 이러한 선언에도 불구하고 정신과 의사의 전문성과 보호자의 온정은 무척이나 유혹적이며 종종 환자의 주인공 자리를 위협하곤 한다. 환자가 회복의 주체임을 매일 같이 되새기지 않는다면 나의 최선이 환자의 최선이고, 나의 행복이 환자의 행복이라 착각하며 나에 의해 빼앗기고 강요된 여정을 환자에게 걷게끔 하는 비극적인 결과를 초래할 수 있다. 영화에서도 일부 동료가 프로도가 운반해야 하는 절대반지를 획득하게 되었을 때, 절대반지의 유혹을 이기지 못하고 자멸하거나 모두를 위험에 빠뜨리기도 하듯이 말이다.

둘째로 회복의 여정은 목적지에 도달했을 때만 의미 있는 것이 아님을 이야기한다. 영화에서 주인공과 동료들이 절대반지의 파괴라는 목표로 모였기에 반지원정대라고 부른다. 그 원정은 확실한 목표가 있다. 하지만 그 반지원정대의 이야기가 우리에게 감동을 주는 것은 단순히 절대반지를 파괴하는 것이 성공했기 때문이 아니다. 그 여정 속에 동료들간의 사랑, 우정, 신뢰, 희생, 인내 등이 배어 있기에 우리는 그 이야기를 보며 감동을 받는다. 나는 환자와 보호자에게 우리는 '행복원정대'라 부르자고 이야기한다. 목표는 환자와 우리 모두의 행복이다. 그리고 그 행복은 특정 목표에 도달했을 때만 주어지는 것이 아니라, 여정의 매순간 느끼고 나눌 수 있는 것이다. 종종 환자와 보호자 중 특정 상태를 고집하며 그 상황에 도달해야만 성취감을 느끼며 잠깐의 안도감을 느끼는 분들을 보곤 한다. 정신질환 환자의 치료는 더디고 어려운 일이다. 그의 특정 증상이 완전히 사라지는 것, 그가 발병 이전의 상태로 온전히 돌아오는 것 등을 목표로 잡는 것은 자연스러운 것이며, 이런 목표의식은 회복의 방향성을 잡는데 필수적이다.

적당한 목표의식은 회복에 필수적인 긍정적 위험감수의 동기가 되고 작은 성취들은 회복의 여정에 원동력이 된다. 하지만 왜곡된 목표의식은 찰나의 순간 외에는 행복을 느끼지 못하게 하며 서로에게 착취적으로 변할 수 있다. 때문에 나는 환자와 보호자에게 보장되지 않은 미래의 행복을 위해 현재의 행복을 희생하지 말자고 이야기한다. 우리의 여정의 목적은 회복의 여정을 함께 하는 매 순간 환자, 보호자, 의사 사이에 일어나는 깊은 유대와 긍정적인 감정, 그리고 행복을 나누고 누리는 것이기 때문이다.

 셋째로 회복의 여정은 오르막길과 내리막길의 연속임을 이야기하며 일희일비하지 않을 것을 부탁한다. 영화에서 주인공과 동료들의 여정은 위기의 연속이나 위기 중에도 서로 농담을 주고받으며 서로를 격려하기도 하고 종종은 안식처에서 쉼과 평안을 누리기도 한다. 이들은 매 순간에서 서로에 대한 감정을 공유하고 그에 대한 솔직한 반응으로 웃기도, 때로는 다투기도 한다. 우리의 회복의 여정도 마찬가지라 생각한다. 회복의 여정은 오르막길과 내리막길의 연속이다. 증상이 호전되어 퇴원을 하기도 하고 직장을 구해 이전처럼 일을 할 수도 있다. 하지만 증상이 악화되어 또다시 입원하거나 오랜 기간 치료를 했음에도 불구하고 기대수준 만큼 회복되지 못해 좌절할 수도 있다. 또한 오랜 치료 기간으로 인해 지쳐버린 보호자의 무력감과 마주하여 죄책감을 느끼게 될지도 모른다. 당사자의 입장에서 회복의 여정 중에 만나는 오르막과 내리막에 일희일비하지 않기란 쉽지 않다. 하지만 이 모든 순간에서 행복원정대인 우리는 매 순간 모두의 행복을 위해 발버둥 쳐야 하며, 우리가 함께 한다는 사실만으로도 행복의 이유가 될 수 있음을 서로에게 격려해야 한다.

#5

마지막으로 나는 '신뢰'에 대해 이야기한다. 이 회복의 여정에서 가장 핵심이 되는 가치를 이야기하라면 나는 신뢰를 이야기한다. 여기서 말하는 신뢰는 자신에 대한, 그리고 서로에 대한 신뢰 모두를 포함한다. 개인적으로 신뢰만큼 정직한 가치는 없다고 생각한다. 신뢰를 쌓는데 지름길이란 없다. 막대한 시간이 필요하고 그 시간을 진심으로 채워 넣어야 한다. 겉으로 보기엔 내가 나를 신뢰하는 듯, 내가 남을 신뢰하는 듯 보일 수 있으나 그 관계가 진정 신뢰적 관계인지는 직감적으로 내가 알고, 나와 관계하는 타인이 안다.

영화를 보면 고난과 역경이 다가올 때, 프로도는 자신을 믿지 못하고 동료를 믿지 못한다. 실제, 프로도는 믿었던 동료로부터 위협을 당하는 트라우마가 있기에 쉽게 마음을 열지 못하고 우유부단한 모습을 보이고 불안에 떨다 더 큰 위기를 맞이하기도 한다.

하지만 영화의 전반에 걸쳐 동료들은 프로도의 어떠함과 상관없이 그에게 아낌없는 신뢰를 주고 그 신뢰를 바탕으로 끊임없이 동기부여를 한다. 그리고 결국 주인공은 동료들의 신뢰 속에서 자신과 동료를 신뢰하는 모습으로 변해가고 종국엔 여정의 주인됨을 명확히 실현해 나간다.

우리의 회복의 여정도 이와 마찬가지라 생각한다. 환자는 스스로도 이해할 수 없는 불안과 정신병적 증상으로 혼란스러워 하고, 통제력을 잃게 된다. 그리고 이러한 경험은 타인 뿐 아니라 자신에 대한 불신을 강화시켜 회복의 여정 속에서 자신을 고립시켜버린다. 그리고 부재상태의 주인공 자리는 곧 무망감과 무력감의 차지가 된다.

칠흑 같은 어둠에 한 치 앞을 내다볼 수 없고 자의식마저 질병에게 잠식당한 그때, 환자에게 닿을 수 있는 한 줄기 빛은 바로 지지자와 조력자의 신뢰이다. 당장엔 내가 회복의 여정에 주인공인지 실감할 수 없고, 스스로에게 자신이 없을 수 있다.

하지만 든든한 지지자와 조력자가 흔들림 없이 자신의 회복을 믿는다고 이야기해줄 때, 환자는 그 신뢰를 의지해 조금씩 앞으로 나아간다. 그리고 어느 시점에서 온전히 빛으로 나와 홀로서기를 하는 모습을 보이게 된다. 제한된 예시나, 이러한 신뢰를 바탕으로 환자와 정신과 의사는 필요하다면 약물을 상의하고 행동요법에 대한 계획을 세우기도 한다. 약물을 복용하며 여러 부작용이 나타날 수도 있고, 행동요법 중 자신이 억압받고 통제받는다는 생각, 치료진이 자신을 미워하는 것 같다는 생각이 들 수도 있다. 환자는 당장이라도 약물 복용을 중단하고 싶고 행동치료 계약서의 서명을 철회하고 싶은 욕구가 들 수도 있다. 하지만 신뢰는 이러한 어려움을 극복하고 가장 서로를 치료적인 자리로 이끌 원동력이고 서로에 대한 존중과 배려의 초석이며 치료의 시작점이라 생각한다.

시선을 한 환자에게서부터 우리 사회로 확장해보았으면 한다. 우리 사회가 조현병 뿐 아니라 정신질환자에게 진정 회복지향적인 사회가 되기 위해선 역시나 신뢰가 필요하다. 이러한 까닭에 우리는 힘써 모여야 한다. 환자와 보호자가 그리고 환자의 회복과 관계된 정신과 의사, 사회복지사, 심리학자, 정치인, 법률가, 방송인 등 우리 사회의 다양한 구성원들이 함께 모여 소통하고 서로의 의견을 가감 없이 나누어야 한다.

서로에 대한 오해와 선입견이, 그리고 이해관계가 오히려 갈등을 조장하는 것처럼 보일지라도 신뢰에는 지름길이 없고 시간과 진심을 아낌없이 쏟아야 함을 상기하며 우리는 더 빈번히 소통해야 하고 닫아 두었던 자신의 마음을 열어야 한다. 나는 젊은 의사로서 점차 우리 사회가 회복 지향적 사회로 신뢰의 발걸음을 나아갔으면 한다.

#6
조현병을 포함한 정신질환의 회복은 험난하다. 누군가에겐 끝이 보이지 않을 만큼 길고 지루할 수도 있고, 누군가에겐 도저히 희망이 보이지 않는 깊은 좌절의 연속일지도 모른다.

폐쇄병동에 입원해서 약물과 면담, 교육 등 수단과 방법을 가리지 않고 여러 시도를 해보지만, 삶의 주인 됨은 고사하고 환청과 망상에서 벗어나지 못하는 조현병 환자를 볼 때, 지지적인 면담과 필요한 약물을 통해 증상이 호전되어 퇴원했지만 각박한 사회에서 다시금 쉬이 상처를 받고 입퇴원을 반복하는 성격장애 환자를 보며 답답한 마음을 느낄 때, 매일 같이 마주하는 응급실의 자살이나 자해 시도자들의 이야기 속에서 감히 상상할 수도 없는 인생의 무게로 내가 먼저 절망을 느낄 때, 세상 좋게 웃고 있는 치매 할머니의 악화를 보고만 있어야 할 때, 정신과 의사로서 환자를 마주하는 매 순간마다 사실 나는 회복에 대해 의심하고 그 험난한 여정에 지레 겁을 먹곤 한다.

그리고 그럴 때면 스스로에게 묻는다.

"나는 진정한 회복을 경험해 본 적이 있는가?"

"결국 완치가 어렵다는 말을 회복이라는 추상적인 단어로 에둘러 표현하는 것은 아닌가?"

"나는 정신과 의사로서 환자들에게 진정 무엇을 기대하는가?"

종종 이러한 생각이 나를 압도할 때면, 그간 회복에 대해서 떠들어 댔던 기억들이 부끄럽게 회상되고 이러한 나를 회복의 여정에 초대한 환자와 보호자에게 너무나 죄송스러운 마음이 든다.

하지만, 그럴 때마다 오늘도 어김없이 자신만의 회복의 여정을 걸어가며 그 여정에 부족한 나를 초대해주고 평안한 미소를 보내주는 환자와 보호자로 인해 다시 힘을 얻고 회복됨을 경험한다.

나는 이런 경험을 통해 환자와 보호자에게 이야기한다. 회복은 구성원 모두에게 동일하게 적용되기에 당신은 회복의 일방적인 수혜자가 아닌 다른 누군가를 회복시킬 힘이 있는 존재라고, 내가 오늘도 당신으로 인해 회복을 경험했다고 말이다.

#7.

  글을 마무리하며 회복의 여정 중에 있는 당신에게 도전하고 싶다. 회복의 여정 중에 있는 당신에게, 질병과 증상 그리고 스스로에 대한 왜곡된 정체성으로부터 빼앗긴 삶을 다시 회복하라고 도전하고 싶다. 질병 자체를 부인하거나 과소평가하라는 의미가 아니다. 질병이 있음에도 불구하고 충분히 아름다운 당신 자신의 고유한 삶을 살아낼 수 있음을 보여달라고 도전하고 싶다.

  회복의 여정 중에 있는 당신에게, 나는 당신이 주인공인 여정의 지지자이자 조력자, 그리고 진실된 친구로서 인식되길 소망한다. 회복에 대한 의심이 들 때, 험난한 여정에 지칠 때면 숨김없는 우정으로 서로를 격려하며 우리만의 오르막과 내리막에서의 매 순간 행복을 발견하길 소망한다.

  회복의 여정 중에 있는 당신에게, 나는 당신만의 꿈을 가지라 도전하고 싶다. 그래서 증상이 없어지는 것, 혹은 예전의 모습으로 되돌아가는 것에서 그치는 것이 아니라 회복의 여정을 통해 당신만의 꿈을 실현해 나가며 이전에 상상할 수 없었던 그 이상의 삶을 맛보길 소망한다.

  마지막으로 회복의 여정 중에 있는 당신에게 감히 함께 세상을 바꾸자고 도전하고 싶다. 우리의 회복의 여정이 우리 사회에 희망의 메시지가 되고 선한 변화를 일으키는 시작이 되길 소망한다. 그래서 누군가 우리에게 정신질환의 회복에 대해 물을 때, 우리의 삶을 통해 담대히 이야기 할 수 있길 소망한다.

  "네 회복할 수 있습니다. 우리가 함께 회복의 삶을 살고 있습니다"라고..

조현병에 대한 '마녀사냥'을 멈춰라

박종언
(마인드포스트 대표)

예전에 경북 영양군에서 퇴원한 정신장애인이 경찰을 흉기로 찔러 살해한 사건이 있었습니다. 그리고 인천에서 50대 남성이 길 가던 60대 남성을 이유 없이 흉기로 찌른 사건도 있었습니다. 이 피의자는 2002년부터 2016년까지 정신병원에 입원해 있었던 것으로 알려졌습니다. 역시 이 달 29일에는 같은 아파트 단지 내 이웃인 60대 여성을 흉기로 찔러 살해한 사건도 발생했습니다. 피의자 역시 조현병 진단을 받은 전력이 있었습니다.

그것뿐일까요. 이달 21일에는 자신을 정신병원에 강제입원 시켰다는 이유로 어머니를 살해하고 아버지를 폭행한 40대가 검거되기도 했습니다. 26일에는 50대의 어머니를 쓰러뜨리고 발로 밟아 폭행해 의식불명 상태로 만든 20대 남성이 긴급 구속됐습니다. 그는 최근 정신병원에서 퇴원했다고 합니다. 시민들은 분노했고 마지막에는 두려워했습니다. 조현병 당사자는 이제 범죄의 표상으로 날것으로의 세상에 서 있습니다. 범죄자 아니면 아무것도 아닌 이들. 그들이 조현병 당사자들입니다. 우리는 누구에게, 어떻게 호소해야 하는 것일까요.

미국은 1960년대 정신병원 환자들의 탈원화를 진행합니다. 20년 후 이들을 추적 조사했을 때 이들의 삶의 질이 병원에 있을 때보다 나아졌다는 정신의학계의 보고가 있었습니다. 이들에게 삶에 대한 자기결정권을 주고 병원이라는 시설보다 자신만의 집을 제공했을 때 회복의 속도가 더 빨리 진행됐다는 보고서도 있습니다. 그러나 사회적 인프라가 제대로 구축되지 않은 시점에 빠르게 탈원화가 진행되면서 일부는 노숙자나 범죄인으로 전락하기도 했다는 연구도 있습니다. 18세기 프랑스 정신과의사 피넬은 정신병원에 감금된 정신질환자들의 발에 묶인 족쇄를 풀어 주었습니다. 그전까지는 이들을 묶어두지 않으면 위험하다는 편견에 따라 감금하고 묶었지만 막상 족쇄가 풀린 이들은 오히려 더 얌전했다고 합니다. 20세기 이탈리아 정신과의사 바살리아는 '자유가 치료'라는 대의를 내세워 정신병원을 모두 폐쇄시키게 합니다. 1980년 이탈리아에서는 더 이상 정신병원을 찾아볼 수 없게 됩니다. 일본의 경우 정신병원 병상은 약 33만여 개입니다. 우리보다 세 배 정도 많은 병상을 갖고 있습니다.

심지어 50년 이상 정신병원에 머물러 있는 이들도 1천700여 명에 이릅니다. 그렇지만 일본은 현재 빠르게 병상수를 줄여가고 있는 추세입니다.

반면 우리는 정신병원 병상수가 기형적으로 증가해 왔습니다. 왜냐면 정신질환자 한 명을 입원시키면 국가가 치료 명목으로 병원에 돈을 주기 때문입니다. 환자 한 명 한 명은 자본의 표상이 되어 버립니다. 이 가운데 치료가 개입할 수 있을까요. 의료급여 환자의 경우 정액수가제에 묶여 질 낮은 약을 복용해야 하고 형편없는 식사를 해야 하는 상황에서 도대체 인권은, 그리고 환자로서의 권리는 어디로 사라져버린 것일까요. 무엇이 조현병 당사자들을 이렇게 아프게 하는 것일까요. 그리고 왜 우리는 늘 범죄의 표상으로만 존재해야 하는 걸까요.

니체가 신의 사망 선고를 내렸을 때 그의 선고는 서구 형이상학의 전면적 사망 선언이었다는 누군가의 글을 읽은 적이 있습니다. 니체는 그 신을 죽인 장본인으로 나와 너가 아닌 우리 모두라고 주장합니다. 내가 죽였고 네가 죽였고 우리 모두가 죽인 것이지요. 한 광인(狂人)이 낮에 횃불을 들고 '나는 신을 찾노라, 신이 어디로 갔는가'라고 중얼거리자 저잣거리의 사람들이 광인을 놀립니다. '글쎄, 신이 어디로 갔을까, 시장으로 갔을까' 하면서 말이죠. 그러자 광인은 이윽고 노여운 목소리로 말합니다.

"저 교회에서 울리는 피아노 소리가 신의 죽음을 애석해하는 장송곡이 아닌가. 저 교회야말로 신의 무덤터가 아닌가. 신이 죽어 내는 송장 냄새가 나지 않는가."

니체에 따르면 우리 모두는 신을 죽인 공범자입니다. 누구도 신의 죽음에서 자유로울 수 없습니다.

저는 여기서 광인을 주목합니다. 그는 비정신장애인이 아니라 정신장애인입니다. 어쩌면 조현병 환자일 수도 있습니다. 그는 정신병원으로 강제입원 당하지 않고 세상에서 자신만의 논리로 신의 세계를 이야기합니다. 그러나 어느 누구도 그의 말을 진지하게 들어주지 않습니다. 광인은 외로웠을까요? 그는 신을 죽인 게 우리 모두라는 점에서 가장 앞장서 신에게 속죄하고 싶었던 것은 아닐까요? 신을 죽였지만 신은 여전히 불멸의 표상으로 남아 있을 수밖에 없다는 것을. 그리고 신을 숭배하는 모든 행위들이 사실은 인간의 나약함과 두려움, 죄의식에 대한 방어기제로서의 의식들은 아니었는지 묻고 싶어집니다.

신의 사망을 선고했고 그 사망의 책임을 우리 모두에게 돌렸던 저 광인은 어쩌면 '자유인'이었을 겁니다. 마치 석청을 잡아먹으며 신의 세계를 알리고 속죄를 주장했던 사도 요한처럼 그도 진리를 전하는 자유인이었을지 모릅니다. 광기는 그렇게 자유에 포섭됩니다. 근대세계가 광인을 수용소와 정신병원으로 집단 수용시키지 않았다면 광기는 여전히 자유의 표상으로 세계를 이야기하는 한 부분으로 작동할 수 있었을 것입니다.

그러나 근대는 이들을 위험성으로 포섭했고 질병이라는 낙인을 줌으로써 사회적 안정성 이데올로기의 희생양으로 수용시설에 들어가게 만들고 맙니다. 즉, 병원이 있지 않았다면 정신질환도 없었을 거라는 말입니다. 광기는 자유를 잃었고 날것으로의 삶의 사유를 잃었습니다.

이후 광기가 얻은 낙인은 잠재적 범죄자이며 예견할 수 없는 불확실한 존재자로 명명됩니다. 만약 니체의 광인이 정신적 질병에 포섭돼 정신병원으로 갔다면 우리는 그를 통한 더 많은 사유를 잃어버렸을지도 모릅니다.

그러므로 저 광인은 우리 모두의 모습일 수 있을 것입니다. 우리 모두 어느 정도의 정신적 슬픔과 광기를 품고 있는 존재자들이기 때문입니다. 광인의 신을 찾는 슬픔을 알아주지 않고 그를 정신병원으로 보냈다면 신의 죽음에 우리 모두가 책임이 있듯이 그의 감금에도 우리 모두의 책임이 있을 것이라 생각합니다. 그래요. 우리 모두는 광기를 수용소에 집어 넣은 공범들이기도 할 것입니다.

이 두려움을 제거하는 가장 손쉬운 방법은 정신질환자를, 조현병 환자를 격리하고 영구 배제하는 것입니다. 사회적 위험은 시민인 곧 나의 위험성이며 그들이 범죄를 저지르지 않아도 '언젠가는' 범죄를 저지를 이성을 잃은 자들이기 때문에 그 격리는 기꺼이 사회적 합의를 얻을 수 있습니다. 그렇다면 이들을 정신요양시설과 정신병원으로 몰아넣은 사회는 그 책임이 없는 것일까요. 그리고 그 구성원은 그 책임에서 자유로운 것일까요. 니체의 광인처럼 정신장애인을 무조건 병원과 요양소로 보낸 것은 우리 모두의 잘못은 아닐까 묻고 싶습니다. 우리 모두가 신을 죽인 것처럼 우리 모두가 정신장애인을 죽여 버린 공범인 것입니다.

정신장애인은 살고 싶어 하는 존재자들입니다. 이들도 윤리적 사유를 할 수 있고 안과 밖의 경계를 구분할 수 있으며 사랑할 수 있고 다양한 욕구를 가지고 있는 시민적 존재들입니다.

그렇지만 사회는 이들의 목소리를 들어준 적이 없습니다. 이들의 목소리는 정신병원에서부터 거세되어 버립니다. 정신장애인의 바람은 정신과 전문의와 병원의 시스템에서 걸러져 사회로 나오지 못합니다. 1996년 정신보건법이 시행되기도 전인 그 오랜 기간 근대의 병원과 시설에 있던 이들의 목소리는 사회로 나오고 싶다는 것입니다. 다시 말해, 인간으로서 인간의 존엄을 갖고 살아가고 싶다는 절규였습니다. 다만 사회는 이를 외면했을 뿐입니다. 우리는 그들의 빼앗긴 자유와 감금에 책임은 없을까요. 우리 사회가 이들의 목소리를 듣고 이들의 욕구를 이해하고 포용해줬다면 어땠을까요.

최근 조현병(정신질환)에 의한 사건 사고가 일어나자 일부 언론에서는 현행 정신건강복지법을 전면 개정해야 한다고 강조하고 있습니다. 정신의학계에서는 입원을 까다롭게 해서 정작 제때 치료받아야 할 이들이 지역사회에 방치돼 사고를 일으킨다고 문제를 제기합니다. 저는 묻고 싶습니다. 당신들이 진정으로 바라는 것이 무엇인지를 말입니다. 이들은 적절한 시기의 치료를 강조하지만 치료 시스템이 작동하는 병원의 폭력성에 대해서는 왜 그 오랜 시간 침묵했는지도 묻고 싶습니다. 그리고 보호자 한 명의 동의만 있으면 밧줄에 묶여 정신병원으로 끌려가야 했던 저 불합리하고 부조리한 시절에 대해서는 침묵해야 하는지도 말입니다.

조현병 당사자들은 살고 싶어 하는 존재자들입니다. 왜 우리를 구속하려고만 하는 걸까요. 사회는 왜 우리를 침묵의 범죄자로 규정하고 있는 걸까요. 인구 1만 명 당 한 명이 저지르는 범죄를 갖고 일반화시키는 언론 보도는 이제 자제되어야 합니다.

조현병 당사자들이 어떤 사회적 환경에 처해 있으며 어떤 유무형적 제도적 탄압을 받고 있는지에 대해 언론은 관심을 가질 때입니다. 우리를 정신병원과 요양시설로 말없이 끌려 들어가게 한 책임도 언론에게 일부 있습니다.

언론이 우리를 두려워한다는 것을 잘 압니다. 그래서 기자들은 개인이 갖고 있는 존재론적 두려움과 사회적 왜곡된 분노를 표상화시켜 '마녀사냥'을 시작하게 됩니다. 이 악순환은 근대의 모퉁이에서 시작돼 아직까지 지워지지 않는 약자에 대한 강자의 억압 방식으로 작동합니다.

저는 우리에게 자유를 달라고 외치고 싶습니다. 우리에게 자유를 주세요. 우리가 인간으로 살아갈 수 있게 우리들의 목소리에 귀 기울이고 우리가 다만 정신적 질환으로 아파하는 존재들이지 이성이 거세된 폭력적 범죄자들이 아니라는 점을 알아주셨으면 합니다. 우리의 욕구를 들어주세요. 우리가 공동체에서 인간으로서의 존엄을 갖고 살아갈 수 있게 우리게 필요한 것들을 만들어주세요. 그래서 우리가 정신병원과 정신요양시설에서 존엄을 훼손당한 채 죽어가지 않게 해 주세요. 우리가 정신병원과 요양시설로 밧줄에 묶여 들어가는 한, 언론과 사회도 공범일 수밖에 없을 것입니다. 우리 모두가 신을 죽였듯이 우리 모두가 정신질환자를 범죄자로 생산하고 죽인다는 것을 알아주셨으면 합니다. 하나의 범죄로 정신장애인 전체를 범죄자로 보는 프레임을 이제는 멈춰 주십시오. 무엇보다 그것을 언론에게 요청하고 싶습니다.

치유자 예수님, 그 사랑의 품 안에서

추태화

(안양대학교 기독교문화학과 교수)

성경은 이렇게 하나님의 천지창조를 증언한다.
"태초에 하나님이 천지를 창조하시니라."(창세기 1:1)

전지전능하신 하나님께서는 우주 만물과 그 가운데 인간을 만드시면서 "보시기에 좋았다, 보시기에 심히 좋았다" 하셨다. 그런 의미에서 피조물은 그 자체로 완벽하다. 더구나 인간은 하나님의 형상(Homo Imago Dei)으로 창조되었으니 완벽할 수밖에 없다. 칸트의 개념으로 말하자면 존재 그 자체(Ding an sich)로 존재하기에 완벽하다는 말이다. 여기서 모든 인간은 하나님 앞에 평등, 즉 서로 비교할 수 없는 절대적 가치를 지닌다는 개념이 출발한다. 인간의 존엄은 비교할 수도 없고, 누구에게 전가할 수도 없는 각 인간 고유의 가치를 발산한다. 모든 인간은 하나님 형상으로서 전적으로 독자적이며 독립적인 가치를 갖는다. 그것은 남녀노소, 혈통, 문화, 나라, 사회 환경에 따라 변하지 않는다. 모든 인간은 하나님 앞에 존엄하다. 이 선언도 장애인이나 비장애인이나 구별 짓지 않는다.

완벽한 창조 세계에 장애라니!

사랑이시고 선하신 하나님께서 만드신 창조의 세계는 그렇다면 경이롭고 아름다울 수밖에 없다.

"여호와 우리 주여 주의 이름이 온 땅에 어찌 그리 아름다운지요."(시편 8:9)

여기에서 느끼는 감정은 긍정의 감정, 즉, 사랑과 기쁨, 행복과 만족, 평안과 온유, 자존감과 자긍심 등이어야 할 것이다.

그런데 인간 사회 안에 장애라는 현상이 있으며, 이 장애를 통해 상처와 아픔, 고통과 좌절, 차별과 무시 같은 부정적 감정이 있으니, 어떻게 이 현상을 이해할 수 있단 말인가!

신체적 장애와 정신적 장애(지적 장애, 조현병)를 두고 어떻게 완벽한 창조를 거론할 수 있겠는가?

그래서 사람들은 장애의 원인에 대해 질문하기 시작한다. 샤머니즘이 강한 나라일수록 그 생각은 이상한 방향으로 나아간다.

"이 상황이 왜 왔을까? 왜 내가 당하는가?"
"무언가 전생에 잘못된 인연으로 꼬였는가?"
"귀신이 노해서 이렇게 되었을까?"
"조상에게 잘못하여 저주가 임해서 그런가?"

장애를 두고 온갖 불안과 히스테리적 상상이 가미된다. 결국 장애는 일상으로부터 격리되고 나쁜 것이란 편견이 등장한다. 심지어 가정에서조차 숨기고 쉬쉬한다. 장애는 나쁜 것이 아니다.

예수님, 장애에 대한 인식혁명을 가져오다

일반 사회에서 장애를 이렇게 부정적으로 본다면, 성경은 어떨까? 예수님 당시에도 사람들은 장애의 원인에 대해 질문했다.

왜 이런 현상이 벌어진 것일까? 제자들이 묻는다.

"이 사람이 맹인으로 난 것이 누구의 죄로 인함이니이까.
자기니이까 그의 부모니이까."(요한복음 9:2)

사람들은 어떤 대답을 기대했을까. 예수님의 대답은 놀라웠다. 일반적인 관습으로 여겨오던 것과는 완전히 다른 대답이었다.

"이 사람이나 그 부모의 죄로 인한 것이 아니라 그에게서 하나님이 하시는 일을 나타내고자 하심이라."(요한복음 9:3)

장애는 그 자체로 비장애인이 살아가는 사회에서 생활하기 힘들고 불편하다. 성숙하지 못한 사회에서 장애는 지독한 편견과 왜곡에 휩싸여 있다. 마치 장애인 자신이 무슨 죄를 저질러서 죄값을 치루는 것처럼, 혹은 무슨 귀신에 사로잡혀 그리 고통을 받는 것처럼 말이다. 그래서 장애인들을 집에서 나오지 못하게 하고, 사회로부터 격리하려 했던 행동이 지금까지 자행되고 있다.

이게 믿는 자들이 행할 일이며, 계몽된 자들이 행할 수 있는 일이던가. 장애를 대하는 인간 사회의 몰이해성이야말로 인간이 아직도 야만적이라는 것을 말해주고 있다. 성경에 나오는 시각장애인도 그렇게 취급받았다. 예수님의 관점은 정말 놀랍다.

"그(장애인)에게서 하나님이 하시는 일을 나타내고자 하심이라."
(요한복음 9:3)

여기서 반문하게 된다. 장애가 얼마나 살아가기 불편하고 괴로운데, 하나님께서는 자신의 일을 보여주시고자 어떤 사람에게 장애라는 굴레를 씌운단 말인가. 장애는 적어도 훈장은 아니지 않는가. 장애를 갖은 이가 사는 삶이 얼마나 고통스러운데 그런 말씀을 하시는가. 하나님이 사랑의 하나님이라면 바로 치유해 주셔야하지 않겠는가. 성경에는 예수님이 아픈 자를 치유하시고, 심지어 죽은 사람을 살리시기까지 했다는 기록이 분명히 있는데, 이 분이 정말 사랑의 하나님 맞는가? 하나님은 정말 제 정신이신가? 자신의 일을 드러나게 하려고 장애를 허용하시다니. 아, 그런데 하나님은 정녕 사랑의 하나님이 맞으시다. 인간이 할 수 없는 엄청난 일을 하신 것이다. 바로 십자가 사건이다.

십자가에 오르시기 전 예수님

성부 하나님의 아들로, 인간으로 오신 예수님은 세상에 있는 자기 사람들을 사랑하시되 끝까지 사랑하셨다(요한복음 13:1). 예수님의 사랑은 친구를 위해 목숨을 내어주는 사랑처럼 자기의 생명을 내어주신다.

"사람이 친구를 위하여 자기 목숨을 버리면 이보다 더 큰 사랑이 없나니"(요한복음 15:13)

예수님은 십자가에 왜 오르셨을까. 오르시기 전에 어떻게 사셨을까? 예수님은 철저하게 사랑의 삶을 사셨다. 이를 행하기 위해 낮아지셨다. 바울 사도는 이렇게 증언한다.

"그는 근본 하나님의 본체시나 하나님과 동등됨을 취할 것으로 여기지 아니하시고 오히려 자기를 비워 종의 형체를 가지사 사람들과 같이 되셨고 사람의 모양으로 나타나사 자기를 낮추시고 죽기까지 복종하셨으니 곧 십자가에 죽으심이라"(빌립보서 2:6-8)

만왕의 왕으로 오신 구원자 예수님은 철저히 낮아지셨다. 낮아지셔서 낮은 자들과 함께 하셨다. 그들을 사랑하시고자, 사랑으로 끌어 안으시고자 목숨을 걸었다. 낮은 자 중에 신체적, 정신적 장애를 가진 이들이 적지 않았다. 그 가운데 조현병을 앓는 이도 있었다.

구원자 예수님의 치유사역

수많은 사람들이 예수님을 따라다녔다. 그 사람들은 각자 자기의 욕심에 따라 그리 행동했다. 예수를 이용해 권력을 잡으려는 자, 예수를 통해 명예를 얻으려는 자, 예수를 통해 물질을 구해보려는 자 등 다양했다. 또 어떤 이들은 진지하게 하나님 나라를 구하였다. 어떤 이들은 병을 앓고 있거나 장애를 가진 이들도 있었다. 모두 예수님에게 나아와 나음을 얻고자 하였다. 예수님은 어떻게 하셨을까. 한 나병환자가 외치듯 부르짖는다.

"주여 원하시면 저를 깨끗하게 하실 수 있나이다." (마태복음 8:2)

예수님은 즉시 그에게 손을 내밀어 고쳐주셨다.

"내가 원하노니 깨끗함을 받으라."(마태복음 8:3)

그 환자는 바로 깨끗함을 입었다.

가버나움이라는 동네에 가셨을 때 한 백부장이 달려와 도움을 요청했다. 자신의 하인이 중풍병으로 괴로움을 당한다는 거였다. 예수님의 태도는 놀랍다. 주저함 없이 "내가 가서 고쳐 주리라"(마태복음 8:6) 하시는 것이 아닌가. 그리고 환자를 염려하던 백부장을 칭찬하셨다.

"가라 네 믿은 대로 될지어다."(마태복음 8:13)

백부장의 하인이나 수로보니게 여인의 딸의 경우처럼 예수님은 현장에 가시지도 않고 계신 곳에서 원격으로 치유하심으로 하나님 아들로서의 권능을 드러내셨다. 예수께서 장애를 낫게 하신다는 소문이 세상에 두루 퍼져나갔다. 예수님은 식사보다 낮은 자들을 먼저 보살피셨다.

"오고 가는 사람이 많아 음식 먹을 겨를도 없음이라."(마가복음 6:31)

그런 중에도 여러 장애를 가진 자들을 고쳐주셨다. 12년 동안 혈루증을 앓던 여인이 예수님의 옷을 만졌다. 얼마나 애타게 치유를 갈망했을지. 예수님은 그 믿음을 보시고 즉시 낫게 하셨다.

"딸아 안심하라 네 믿음이 너를 구원하였다."(마태복음 9:22)

시각장애에 대한 예수님 태도

어느 때는 시각장애를 가진 자들이 주님을 따라왔다. 그러면서 고쳐달라고 소리 높여 외쳤다. 예수님은 가던 길을 멈추고 그들의 눈을 만지셨다. *"너희 믿음대로 되라"*(마태복음 9:29) 말씀하시니 치유는 즉시 이루어졌다.

예수님은 독특한 방법으로 시각장애를 고쳐주신 적도 있다. 한 시각장애인의 눈에 침 뱉은 흙을 바르며 말씀하였다. 그 말씀대로 실로암 못에 가서 눈을 씻은 사람은 '밝은 눈'으로 왔다. 시각장애를 두고 예수님을 시험하는 자들이 있었다. 그들은 예수님을 메시야로 인정하지 않았다. 어떤 이들은 예수를 메시야로 믿는데, 또 다른 이들은 예수를 배척했다. 진리를 보지 못하고 오히려 본다고 주장하는 경우였다. 예수님은 진리를 설명하는데 시각장애를 인용하였다. 진정으로 본다는 것은 어떤 뜻인가? 진리를 본다고 하지만 깨닫지 못하는 것은 눈이 먼 것과 같았다.

"예수께서 이르시되 너희가 맹인이 되었더라면 죄가 없으려니와 본다고 하니 너희 죄가 그대로 있느니라."(요한복음 9:41)

예수님은 장애인을 그냥 돌려보내지 않으셨다. 장애를 가진 수많은 사람들이 예수님께 왔다. 그들의 희망은 치유, 모두가 고침을 받으려고 주님께 나아왔다. 어떤 때 그런 이들이 예수께 오는 것을 제자들이 막은 적도 있었다. 그러나 예수님은 그들을 맞이하며 함께 하였다. 돌려보낸 적이 없으시고 그에 상응하는 어떤 보상도 대가도 받지 않으셨다.

오히려 오병이어, 칠병이어 같은 기적으로 무리들을 먹이셨다. 어느 때는 사람들이 너무 많아 예수님에게 오기도 힘든 때가 있었다. 중풍병자의 친구들이 지붕을 뜯어 구멍으로 그를 상에 달아내렸다. 예수님이 이 광경을 보시고 그들의 믿음을 인정하였다.

"작은 자야 네 죄 사함을 받았느니라."(마가복음 2:5)

거기에 모인 자들이 수군거렸다. 예수의 행위가 신성모독이라는 거였다. 예수님은 묵묵히 자신이 해야 할 일을 하였다.

"내가 네게 이르노니 일어나 네 상을 가지고 집으로 가라."
(마가복음 2:11)

예수님 앞에 장애는 차별이 없었다. 육체적 장애이든, 조현병처럼 정신적 장애이든 모든 약한 것을 고쳐주셨다. 사마리아 여인처럼 마음이, 중풍병 환자처럼 죄사함을 받는 영이, 혈루증 여인처럼 오랜 병 끝에 치유를 받은 사람들은 주님을 메시야로 인정할 수밖에 없었다. 예수님은 육과 영, 그리고 환경까지 전인격적으로 치유하신다. 그리하여 예수님은 치유의 근원이 무엇인지 아신다. 중풍병 환자에게 죄사함을 선포하신 걸 보면, 사마리아 여인에게도 남편이 몇이냐고 물어보신 걸 보면 문제와 치유되어야 할 핵심 부위를 아셨다. 예수님은 그 장애의 아픔을 지고 십자가에 오르셨다.

하나님은 실수가 없으신 분이다. 사랑의 하나님은 자신의 형상으로 지음 받은 사람을 결코 홀로 놔두지 않으신다. 끝까지 사랑하시고 한 치의 오차도 없이 살펴주신다. 그리하여 인간이 안고 가는 장애를 견디다 못해 그 고통과 아픔을 스스로 지기로 하셨다.

하나님은 긍휼의 마음으로 장애를 끌어안다 못해 이 문제를 영원히 해결하시고자 십자가에 올라가셨다. 그곳에서 사랑과 긍휼의 절정을 완성하셨다. 아픔과 상처, 죄와 고통, 죽음과 사탄의 권세를 다 멸하시고 구원의 길을 여셨다. 십자가에서 피와 물을 쏟으신 예수님은 *"다 이루었다!"* 외치시고 구원을 이루셨다. 이로서 장애를 대하는 새로운 조명이 필요해졌다. 예수님은 십자가에서 장애를 품에 안고 장애를 이기게 해주셨다. 장애에 대한 선입견, 편견에 일대 전환점을 만드신 것이다.

장애를 통해 일 하시는 하나님

첫째, 장애는 창조 세계에 들어있는 자연 현상 중 일부이다. 이 말은 성급하게 대하면 오해를 불러올 수 있다. 그래서 단계적으로 이해해야 한다. 창조는 '과정(Becoming)'이다. 끊임없이 생성하고, 변화하는 중에 어떤 끝을 향해 진행한다. 새 것은 헌 것이 되고, 헌 것은 언젠가 소멸한다. 거대한 과정이 창조 안에 포함되어 있다. 모든 창조된 피조물은 이 생성, 성장, 소멸의 과정을 지나고 있다. 장애는 그 안에서 드러나는 현상 중 하나라는 의미이다. 변화의 한 단계에 장애가 자리한다. 그러므로 장애는 좋다 나쁘다, 선악으로 판단할 대상이 아니라 상황 그대로 받아들이고 다음 단계로 변화를 따라 가야 하는 길목에 있다. 또한 창조는 무한히 다양하다. 숲을 보더라도 똑같은 나무는 없다. 똑같은 종류라도 생김새가 각각 다르다. 바위를 보더라도 그렇다. 자연 속에서 어디 똑같은 바위나 돌을 발견할 수 있을까?

이와 같이 사람도 다 다르다. 어떤 이는 장애인, 또 어떤 이는 비장애인. 조금 다를 뿐이다.

둘째, 장애는 인간 사회에서 인간성, 인격을 측정하는 매체이다. 장애는 피조세계 속에서 일어나는 수많은 현상 중의 하나이므로, 특별하게 차별하지 말고, 특이하게 격리해서도 안 된다. 현상을 현상 그 자체로 받아들이는 자세가 필요하다. 누구의 잘못이냐 따지는 일은 무익하다. 즉 장애에 중립적으로 다가가는 성숙한 자세가 요구된다. 과잉된 감정에 사로잡혀서도 안 된다. 정의로운 사랑의 마음으로 장애를 대해야 한다. 사회가 이런 관점을 얼마나 보편적으로 실천하고 있는가 하는 점이 곧 성숙과 미성숙의 분깃점이 된다 하겠다. 성숙한 사회는 장애를 그 자체로 받아들이고 대안을 찾아 나서게 한다. 장애를 무시하거나 무관심하게 대하지 않는다. 장애가 사회라는 인간의 자연 속에 공존하는 한 요소로 받아들이며 차별 없이 대해야 한다.

셋째, 장애는 변혁의 기회를 준다. 그러나 비장애에 비해 불편하다. 성숙한 인격의 비장애인은 장애인을 볼 때 겸손한 마음을 갖게 된다. 장애를 안고 살아간다는 것이 인간 사회에서 얼마나 불편한 것인지 인지한다. 비장애인은 최소한 자신의 상태를 겸허히 돌아보며 성찰의 기회로 삼는다. 비장애인은 장애인을 통해 인간의 삶을 통찰하게 되며 상호 상생의 길을 찾는다. 비장애인의 일방향적이던 사회 성향이 장애인과 함께 사는 사회로 변화를 추구하게 된다. 모두가 함께 행복하게 살아가는 상생을 위해 머리와 가슴을 마주 대할 때 인간의 향기가 풍겨난다. 그것은 장애와 비장애의 사이에서 무관심, 무지, 무시, 타성 등에 젖어있는 인식에 변화를 가져오게 한다.

넷째. 장애는 은혜의 통로이다. 참으로 역설적인 표현이지만 깊이 묵상하면 맞는 말이다. 장애는 불편하고 수고스럽다. 모든 일에는 앞면과 뒷면이 있다. 장애는 한 쪽에서는 부정적으로 보이지만 마음을 열고 보면 새로운 단계로 생각하게 한다. 장애를 통해 나를 새롭게 만나고, 나를 언제나 사랑으로 품어주시는 주 예수님과 동행하며 장애를 끌어안고 더 높은 차원으로 나아갈 수 있다. 장애가 없었다면 태만한 습성에 머물러 있을 수도 있었다. 장애로 심각한 수렁에 빠질 수도 있었다. 그러나 장애를 인정하고 수용하며 믿음 안에서 가슴을 열 때 장애는 새로운 가능성을 열어준다. 이런 상황은 비장애인에게서도 마찬가지이다. 비장애인도 장애에 대하여 가슴을 연다면 인간이 다시 보인다. 하나님 앞에 모든 사람이 각자의 상황에서 인정받으며 살아가는 모습에 숙연해진다. 다른 사람의 경우를 통해 삶의 본질을 다시 생각하게 되고, 다른 사람의 처지를 포용할 수 있게 되며, 크게는 하나님의 섭리에 대하여 머리를 숙이게 된다.

다섯째, 장애는 소망의 깃점이다. 이 땅에서는 조금 다르고, 부족해 보이는 장애. 우리에게 위로와 힘이 되는 사실은 주 하나님께서는 자신의 모든 자녀를 차별하지 않으신다는 것이다.

"내가 너를 지명하여 불렀나니 너는 내 것이라"(이사야 43:1)

사랑하고 아끼시기를 마치 "어미가 자식을 위로함 같이 내가 너희를 위로"(사 66:13) 하신다 약속하신다. 지상에서는 장애인이나 비장애인이나 모두 구별 없이 생성, 성장, 소멸의 과정을 밟으며 살아간다. 그러하기에 모습이 서로 다를 수 밖에 없다. 또한 지상에서는 모두가 부족하다.

그러나 주님 다시 오실 그 날에 하나님의 자녀들은 부활할 것이요, 주님 나라에서 영원히 살게 된다. 온전한 모습으로!! 영원과 완전함에 대한 소망은 하나님의 약속이다. 장애는 주님과 영원히 살게 되는 부활의 날에 완전한 몸으로 거듭나리라는 소망, 분명한 성경의 진리다.

장애를 통한 반전(反轉), 하나님께 영광을!

인생에는 수많은 위기와 위험의 순간이 있다. 이러한 때에 모든 사람은 장애의 문턱에 서있다. 한 순간 장애는 찾아올 수 있다. 장애인이나 비장애인이나 주 예수 앞에서는 구별이 있을 수 없다. 세상은 죄로 인하여 여러 면에서 왜곡되어 있다. 장애에 대해서도 마찬가지이다. 장애를 혐오스럽게 대하는 태도는 인간이 그만큼 죄로 물들어 있다는 비극적 증표이다. 재활 기관, 장애복지기관을 건립하는데 반대 시위하는 행위가 바로 그 증거다. 어떻게 그런 이기주의에 사로잡힐 수 있을까.

우리는 예수님이 이 지상에서 행하신 모습을 통해 작은 천국, 하나님 나라를 만들어가야 한다. 무엇보다도 한 명의 장애인이 섭섭해 하지 않고 더구나 멸시 천대받지 않고 차별 대우 없이 살아갈 수 있는 세상을 만들어 가야 할 것이다. 예수님 안에서는 장애를 가진 이도 천하보다 귀한 생명이다. 천하보다 귀한 생명을 가진 장애인의 발을 예수님은 씻기신 것이다.

"내가 주와 또는 선생이 되어 너희 발을 씻겼으니 너희도 서로 발을 씻어주는 것이 옳으니라"(요한복음 13:14)

진실로 그러하다.

"사랑은 모든 허물을 가리느니라."(잠언 10:12)

"무엇보다 뜨겁게 서로 사랑할지니 사랑은 허다한 죄를 덮느니라."
(베드로전서 4:8)

예수님이 우리를 십자가의 사랑으로 구원하시고 사랑하신 것처럼, 우리도 서로 사랑해야 옳다. 이 사랑의 거룩한 행위 앞에서는 비장애인이나 장애인이나 구별이 있을 수 없다.

"사랑하는 자들아 하나님이 이같이 우리를 사랑하셨은즉 우리도 서로 사랑하는 것이 마땅하도다."(요한일서 4:11)

장애를 장애로 여기지 않고, 극복할 수 있는 힘은 바로 주 예수님에게서 나온다.

"그러나 이 모든 일에 우리를 사랑하시는 이로 말미암아 우리가 넉넉히 이기느니라."(로마서 8:37)

장애 때문에 하나님께 오히려 감사드릴 수 있는 반전(反轉)은 주 예수님의 사랑에서 가능하다.

"항상 우리를 그리스도 안에서 이기게 하시고 우리로 말미암아 각처에서 그리스도를 아는 냄새를 나타내시는 하나님께 감사하노라"
(고린도후서 2:14)

우리는 이 말씀처럼 하나님께 찬양과 경배를 드려야 마땅하다.

나는 조현병 환자다
스무 살 때부터 자서전 원고를 쓰기 시작했다
그리고 2020년 서른 일곱의 나이에 이 책을 완성했다

바울의 가시는
나에게
축복이 되었다

"여러 계시를 받은 것이 지극히 크므로
너무 자만하지 않게 하시려고 내 육체에 가시 곧 사탄의 사자를 주셨으니
이는 나를 쳐서 너무 자만하지 않게 하려 하심이라"

고린도전서 12장 7절

바울의 가시

마치는 말

어느 날 온종일 명함 만드는 작업에 매달렸습니다. 앞으로 출판과 강연 활동을 하기 위해 새 명함이 필요했습니다. 아침 8시부터 시작된 디자인 작업은 저녁 9시가 지나서야 끝났습니다. 인쇄 업체에 주문까지 하고 나서 완성된 명함 디자인을 살펴보았습니다.

그런데 명함 속 이력을 보니 마음이 울컥했습니다. 사실, 스무 살 때부터 병으로 누워 지냈던 10년이 허무했습니다. 이후 남들처럼 돈을 벌지 못했던 30대의 시절이 부끄럽고 창피했습니다. 인생이 너무 느리고 힘들어서 낙심하고 투정만 부렸습니다. 그러다 오늘 명함을 통해 제가 걸어온 길을 되돌아 봤습니다. 그곳엔 하나님의 인도하심이 발자국처럼 새겨져 있었습니다. 빠른 지름길도, 잘 포장된 길도 아니지만, 하나님이 제 삶에 동행하고 계셨습니다. 하나님과 함께 걸어가는 과정 그 자체가 행복이고 축복이었습니다.

사실, 이 책을 직접 구입하거나 혹은 선물로 받아 읽으시는 독자 분들이 궁금합니다. 당사자나 가족, 관련된 전공의 학생이나 종사자, 그리고 기독교인이거나 종교가 없거나 종교가 다른 분들까지. 여러분은 어떤 사연을 갖고 이 책을 읽게 되셨나요? 그리고 제 이야기를 통해 무엇을 느끼셨나요?

어쩌면 이 책을 읽고 있는 누군가는 저보다 훨씬 아프고 외로운 길을 걷고 있을지 모릅니다. 전 그런 분들께 힘내란 말도, 앞으로 좋은 일이 생길 거라는 말도 할 수가 없습니다. 그런 말들이 더 상처가 될 수 있고 불확실한 희망만 줄 수도 있기 때문입니다.

다만 한가지 확실한 것은, 지금 이 순간에도 하나님은 당신의 곁에 살아 숨쉬고 계시다는 사실입니다. 종교가 있든 없든 어떤 모양과 모습으로 살든 하나님은 당신을 사랑하십니다.

더 이상은 제가 이 책에서 무슨 글을 써야 할지 모르겠습니다. 특히 여러 모양의 가시를 품고 살아가는 분들에게 어떤 글로 위로하고 힘을 줄 수 있을지, 더 이상은 모르겠습니다. 완전히는 아니라도 그 괴로움을 조금은 알기 때문입니다. 직접 겪지 않고는 상상조차 할 수 없는 그 고통의 무게를 조금은 이해합니다. 이 책 한 권이 여러분의 가시를 완전히 사라지게 하지는 못할 것입니다. 만약 당신이 이 책을 통해 위로와 은혜를 받는다면, 그것은 하나님이 주신 성령의 감동 때문입니다.

또한 이 책의 외부 원고를 써 주신 분들께 감사드립니다. 당사자로서, 가족으로서, 혹은 의사와 관련 종사자, 그리고 신학자로서 역할은 다르지만 전하고자 하는 글의 내용이 위로가 되고 감동이 되었습니다. 제게 부족했던 경험과 전문성, 지식 내용을 채워 주셔서 매우 감사하게 생각합니다.

이제는 이 책의 글을 마무리하려 합니다. 사실 글을 더 쓰고 싶은 욕심도 있었습니다. 원고를 마치는 이 순간에도 제게 놀라운 하나님의 은혜가 펼쳐지고 있기 때문입니다. 그 이야기들도 이 책에서 나누고 싶었습니다. 그러나 더 이상 글을 쓰다 보면, 어느새 나 자신만을 더 드러내게 될 것 같았습니다. 더 완벽하게 만들려는 욕심이 이 책을 또 다른 우상으로 변질시킬 것 같았습니다.

앞으로 디자인과 인쇄과정이 남아 있고, 서점에 유통하기까지 여러 과정을 거쳐야 합니다. 그 과정 속에서 내려놓을 것은 내려놓고, 해야 할 일은 충실히 하며 준비하겠습니다. 인쇄소를 거쳐 서점에서 판매되는 책이 사람들 품에 안기는 날을 꿈꾸며 이 글을 마칩니다. 이 책의 내용은 이렇게 끝나지만, 당신과 동행하며 일하시고 역사하시는 하나님의 이야기는 이제 시작입니다. 제게 임했던 놀라운 은혜와 축복이 당신에게도 일어나기를 기도합니다. 감사합니다.

바울의 가시 (나는 조현병 환자다)

개정증보판

© 이관형 2020

전자책 초판 발행일 | 2018년 2월 23일

종이책 초판 (POD) 발행일 | 2018년 5월 22일

종이책 개정증보판 (1쇄) 발행일 | 2019년 11월 23일

종이책 개정증보판 (3쇄) 발행일 | 2020년 8월 25일

글·편집·디자인 | 이관형

펴낸곳 | 옥탑방프로덕션

신고번호 | 제2017-000004호 (2017년 2월 23일)

주소 | 서울시 강북구 한천로132길 80

인쇄처 | 한영문화사

강연·간증·출판·투고 문의

전화 | 010-9949-5595

이메일 | otbpd@naver.com

페이스북 | facebook.com/snsworker

블로그 | blog.naver.com/otbpd

ISBN | 979-11-89679-06-4 (13230)

정가 | 15,000원